申论思维解码（精要）

上海华智公考学校 / 编著

复旦大学出版社

序 言
PREFACE

习近平总书记指出:"办好中国的事情,关键在党,关键在人。"当今中国面临着复杂多变的国际形势,承担着依法治国与国家治理现代化的重任,怀揣着中华民族伟大复兴的中国梦,这一系列形势与重任,需要坚强有力的党的领导和一支既讲政治又懂经济、有文化的高素质公务员队伍。

习近平总书记常说:物必先腐而后虫生,公务员"德""位"相配,正是党与国家肌体强健的根本。因此,为了使广大未来的公务员成为"德""位"相配的高素质人才,我从政治学的角度,提几点希望。

第一,政治上要讲忠,忠于党,忠于人民。作为中国共产党领导下的社会主义国家中的公务员,忠于党是对公职人员的基本要求。党政军民学,东西南北中,党是领导一切的。作为高素质的公务员,要紧跟党的步伐,坚定树立政治意识、大局意识、核心意识、看齐意识,成为合格的社会主义建设螺丝钉。此外,党的领导与人民当家作主是有机统一的。党的领导与人民当家作主密不可分,忠于党就是忠于人民,忠于人民则需要忠于党。

第二,工作上要讲勤,勤学苦练真本领。曾国藩有言:"古人修身治人之道,不外乎勤谦二字。"作为服务于国家与人民的公务员,要脚踏实地、勤学苦练、甘为孺子牛。这种勤奋与毅力,既是政治体制得以良好运转的保证,也是实现人生价值的重要方式。在社会治理领域要不断创新,坚持工作思维的人文精神,坚持治理主体的多元互动,坚持工作方法的与时俱进。

第三,做人上要讲德,修身立德方为人之本。《论语》有言:"君子务本,本立而道生。"德为人之本,德立而人立,德亡而人息。人有人之德,政有政之德,具体职务有具体职务之德。作为公务员,要具备仁、义、礼、智、信等基本德性,在工作中主要表现为,全心全意为人民服务。坚持走群众路线,取信于民,从群众中来到群众中去,坚持情为民所系、权为民所用、利为民所谋。

以上是我对未来公务员的几点希望与建议,希望华智这套解码系列的书,助力大家实现自身梦想。希望大家在未来的工作中把握政、勤、德的要义,牢记公务员的责任、使命与担当,在发挥个人价值的基础上,实现民族复兴。

复旦大学国际关系与公共事务学院
孙关宏教授

导 言
FOREWORD

上海公职考试录用制度，为有志于从事政府工作的优秀青年提供一个公开、公平、公正的竞争机会。与此同时，这种高度竞争的选拔考试在考题设置上难度颇高，正可谓"狭路相逢勇者胜"，掌握高效备考方案、方法技巧显得尤为重要。

上海华智公考学校致力于上海公职类考试研究16年，立足于最新考纲及历年真题的深度剖析，潜心研究出题规律及解题策略，并将理论研究的成果付诸十多年的考试实践检验，形成了广泛的口碑美誉度。本书是上海华智公考学校16年研发成果的一个体现，主要模块有走进申论、会解申论、申论热点透视，每个模块除了知识技巧讲解外，还配有历年真题，将知识学习和考试应用紧密地结合起来。

本书编写体现了华智公务员考试的特色，深刻把握了申论考纲的本质，讲解深入浅出。

综合性——本书侧重上海地区各类公职考试申论科目的讲解。通过一本书的学习，掌握上海市公务员考试、上海市行政执法类公务员考试、上海市公安系统人民警察学员考试及上海市事业单位考试等各公职考试的申论科目，实现"学一书而知上海公职考试"。

规律性——本书在总结多年公职考试经验的基础上形成，对各类常考题型进行归纳、总结，对上海地区各类公职考试的常考题型与命题特点进行了归纳，准确把握了申论命题规律，对申论考试有较强的预测指导性。

实战性——本书重实用，突出解题策略。主要从考生学习的角度对申论知识进行讲解，侧重于教会考生如何去做题，故每个模块都有实战解析。让考生更精准、更迅速地把握答题技巧，有针对性地学习。

延续性——针对申论，我们配有精要和练习。精要侧重申论理论和方法技巧的讲解，让考生知道如何应对申论；练习侧重申论各种题型的实战练习，巩固并提升申论能力，让考生申论成绩得到更有效的提升。

望广大考生在得此书之时，认真学习，夯实基础，稳步向前，实现梦想！上海华智公考学校祝各位考生成功上岸，一举成"公"！

上海华智公考学校
2019 年 7 月 2 日

上岸学生推荐语

华智伴我走过最美好的公考年，174.4 分，上海市前五名，成功上岸。

这套图书从根本上把握了上海市的考情趋势和考题变化，解题技巧清晰详尽，轻松举一反三。编排新颖有趣、学来轻松不累，核心考点和重点难点突出，准确把握住了高分关键。我认为是上考最适合采用的学习用书。

——黄同学

成绩公布了，笔试、面试、总成绩都是岗位第一名。

华智对上海本市公考考情研究得非常精细，哪里频考、哪里少考，以及上考有哪些误区，一目了然。

华智的母题教学法，讲解透彻，把握了命题规律，拿到试卷后看到绝大多数题目似曾相识，顿时确信自己胜券在握。

这本书里还体贴地配备了记忆表，对不善于管理学习计划的考生既是鼓励也是督促。

一套解码丛书，让备考变得 So easy！

——刘同学

老实说，查分的时候，手脚都是颤抖的。当看到超出分数线 18 分后，第一时间就想大声欢呼：我终于成"公"啦！华智，谢谢你！

大学时期，我的成绩乏善可陈。毕业后的工作又不尽如人意，后来报考了上海华智公考学校的事业单位备考班。刚开始还担心自己基础不好当"炮灰"，但没想到，华智作为专业公职类考试培训机构对本地考试特色把握十分精准，教学深入浅出、例题举一反三，我居然一举过关！

后来又因个人发展需要，想从事业单位编制升级到公务员行政编制，去年又毫不犹豫地报考了华智上考班。华智的教研创新让我赞叹：母题教学法升级换代焕然一新，行测课简直成为"捞分游戏"，申论则依据我个人的用语习惯适配了反套路亮点，考试再次一击即中！

如今我已金榜题名，顺利成"公"。每次路过华智学校，我都会深情回望，回忆自己艰辛的奋斗之路。

考公务员，到上海华智公考培训，华智辅导书一样干货满满，相信华智，你也一定行！

——孙同学

　　大学毕业后，我在事业单位工作了七八年，周围的朋友都劝我考公务员。2018年初的时候尝试考了一次，离最低合格分数线差了十多分。

　　2018年9月，听朋友介绍来到华智，开启了在华智的一段学习经历。在学习的过程中，老师对于各种行测题型都进行了非常详细的讲解。最大的收获在于，华智让我更多地认识我对题型的掌握程度。在一场考试中，一般很难完成所有题目，这就要求考生学会取舍，重点抓住擅长的题型，这样才能在有效的时间内获得高分。在申论题型中，老师对我所写的文章进行了详细批改。这次笔试，我超越了最低合格分数线10分，在选择好岗位后，以笔试第一的成绩进入面试。在面试培训班中，老师对于结构化面试题的讲解非常全面，模拟面试的形式让我有了较为充分的准备，从而在实际面试中不再紧张。

　　如果你想备考，不妨来华智体验。华智公考线上线下课程针对性强，按照不同学员的需求定制设计，图书教材内容全面，题目解析思路清晰。总之，华智是沪上老品牌培训，值得信赖！

——张同学

　　我是一名社会考生，今年报读的是华智高分班。在查到分数的那一刻，我觉得大半年的努力付出都是值得的，我超过了综合管理类合格分数线18分。在此，我要真心感谢华智所有老师的辛勤付出，感谢你们陪伴我们考生度过这半年。特别是申论的周老师、法律的孙老师、数理的郭老师以及逻辑课的老师，上课思路清晰，根据考纲安排上课内容，具有很强的针对性和实用性。我们考生在老师的辅导下，能够将知识点融会贯通、举一反三，通过真题领会考点；我还要特别感谢所有的教务人员，因为我们上课时间是周末和工作日的晚上，她们毫无怨言地为考生做好各种后勤工作。

　　目前市场上公考类书籍多而杂，华智主业是上海本地化公考的研究，选择华智公考解码这套图书没有错！衷心祝愿华智能帮助更多的考生踏上公务员之路！

——高同学

　　我来华智参加培训班，是因为身边好多人之前都参加过，跟我反映华智在各方面都挺好，本人首先也挺排斥网络上的那些不清楚底细的机构的广告，不敢轻易相信。鉴于身边那么多现实的例子，加上我自己的确想通过这次考试，所以我选择了华智培训。进来后，朋友的推荐很靠谱，华智教学水平一级棒！这边的工作人员服务态度也很好，我经常会遇到不懂的问题，不管是网络咨询还是现场咨询，他们都能给我满意的答复。这让我学习之余心情非常好，在一定程度上提升了我的学习效率，否则我不可能第一次参加考试就通过了！写下这些文字，就是想表达我衷心的感谢，文笔不是很好，请多包涵。

　　华智公考系列图书注重高效方法技巧的传授，简约而不繁杂，是公考路上值得信赖的好伙伴！

——陈同学

扫码了解华智

本书阅读提示
BOOK READING TIPS

▷ **全面了解申论**

了解考什么、怎么答、怎么评，建立自己的申论初步印象。

本部分通过解读、特点、题型、趋势等分析讲解带考生全面了解申论。

▷ **分题型掌握技巧**

此阶段尤为重要，关键点、易混淆处配有精选视频，可扫描对应二维码。

（1）成功攻克每一题型，应先从命题剖析、考频分析开始，了解实际考查要求。解题策略中尤其注意失分点、技巧点、答题步骤的详细分析。

（2）实战解析将考试的要点重点以案例形式呈现，配以材料剖析、思路分析、逻辑梳理、范例参考，做到重点掌握，便于消化吸收。

（3）扫描二维码，下载"考试通"APP，各类公职考试申论真题及模拟题反复练习，将理论联系实践，考前进行自我预测。

考试通

▷ **通过申论热点透视，吸收生活中的营养**

这部分设计巧妙，由目录可见一斑。

注意做到：把握大热点，解读思维规律，吸收热点词汇、美词美句，积累好对策。

如需专业老师予以申论批阅点评，扫描二维码获取。

申论批阅

本书与华智公考网课搭配效果更好，关注以下二维码能学到很多公考知识与技巧。

网课体验

目 录
CONTENTS

第一部分　走近申论 1
第一章　申论怎么考 2
第一节　申论的内涵 2
第二节　申论大纲解读 4
第三节　考试形式与特点 10
第二章　申论怎么答 21
第一节　申论思维 21
第二节　解题思路 23
第三章　申论怎么评 29
第一节　阅卷步骤和注意事项 29
第二节　评分阅卷特点 30

第二部分　会解申论 33
第一章　解码阅读技巧 34
第一节　材料四大关系 34
第二节　阅读三大方法 38
第二章　解码概括题 46
第一节　探究概括题 46
第二节　实战解析 55
第三章　解码对策题 83
第一节　探究对策题 83
第二节　实战解析 92
第四章　解码综合分析题 100
第一节　探究综合分析题 100
第二节　实战解析 104

- 第五章　解码应用文写作 ·· 115
  - 第一节　探究应用文写作 ·· 115
  - 第二节　剖析常考应用文 ·· 117
  - 第三节　实战解析 ·· 140
- 第六章　解码文章写作 ·· 149
  - 第一节　正视文章写作 ·· 149
  - 第二节　透视文章本质 ·· 152
  - 第三节　解读评阅规则 ·· 154
  - 第四节　驾驭写作技巧 ·· 157
  - 第五节　实战解析 ·· 193

第三部分　申论热点透视 ·· 203

- 第一章　政治建设 ·· 205
  - 第一节　不忘初心，牢记使命 ·· 205
  - 第二节　奋力担当新时代新使命 ·· 209
  - 第三节　优化营商环境 ·· 212
  - 第四节　扫黑除恶 ·· 215
- 第二章　经济建设 ·· 218
  - 第一节　上海的三项新重大任务和五项重点工作 ························ 218
  - 第二节　上海的"四大品牌" ·· 220
  - 第三节　提升上海城市的核心竞争力 ······································ 221
- 第三章　社会建设 ·· 226
  - 第一节　上海的精细化建设 ·· 226
  - 第二节　垃圾分类 ·· 227
- 第四章　文化建设 ·· 230
  - 第一节　上海的城市精神和城市品格 ······································ 230
  - 第二节　建党精神（红船精神） ·· 232
- 第五章　生态文明建设 ·· 234
  - 第一节　乡村振兴 ·· 234
  - 第二节　上海的绿色发展 ·· 235
- 附录　写作素材之好句积累 ·· 238

第一部分

走近申论

第一章 申论怎么考

第一节 申论的内涵

申论考试是选拔公务员的考试，政府及其对社会进行管理的政策行为应该并且能够在经济社会发展中发挥重大作用是申论考试的隐含假设和天然前提。本质上，==申论试题中涉及的一切问题最终都要联系到政府工作上面，立足于从政府的角度认识和解决问题。==

一、历史起源

从字义看，"申"的解释是"说明，申述，详细说明"。其核心意义在于"说明"，就是把事物、事理、事由解释明白，说明清楚；引申意义应该还包括"伸张""施展"，指进一步地表达观点，并把观点展开。"论"的解释是"分析和说明事理"，其核心意义是指，在说明事物、事理、事由"是什么"的同时，还要分析其"为什么""怎么样"，这种分析性的说明本身具有主观色彩。我们认为，"申"主要是客观的，一般不附加主观色彩，而"论"包括对事物、事理、事由的客观性分析和主观性论述。其中，"申"在"论"前，"申"是"论"的前提和基础，"论"是"申"的目的和归结；先有"申"而后有"论"，"申"不清则"论"不明，"申"不足则"论"无立；"申"字当头，"论"字为纲；"论"从"申"出发衍生，"申"为"论"保驾护航，"申"与"论"前呼后应、相互映照。

申论这一考试形式，有其历史渊源。科举制度是古代中国一项重要的政治制度，其实质是一种"选拔官员的制度"，其中一项考试科目是"策论"。"对策写作论"是《文心雕龙·议对》篇的一个重要内容。"风恢恢而能远，流洋洋而不溢"是刘勰对"对策"写作的形象性描述，是"对策"在写作上的美学要求，它体现了《文心雕龙》始终强调的内容与形式完美结合的理论原则。这一美学要求，既阐明了"对策"写作与一般议论文写作的区别，也阐明了"对策"写作与文学写作的根本区别，还给人们指出了提高"对策"写作能力和水平的根本途径。刘勰的"对策"写作理论，对于当今的申论写作仍有积极的理论指导意义。

现在考试中，"策论"大多要求考生就一些重大问题展开论述，即论证某项国家政策或对策的可行性与合理性，侧重于考查考生解决问题的能力。申论则要求考生从一大堆反映日常问题的现实材料中发现问题并解决问题，全面考查考生搜集和处理各类日常信息的素质与潜能，充分体现了信息时代的特征，也适应当今政府公务员实际工作的需要。

二、考试性质

在2000年中央、国家机关公务员录用考试中，申论第一次进入人们的视野。所谓申论，就是对所给材料作引申，并发表议论。这种考试是考查考生分析和解决问题的实践能力及写作能力。

申论是各级各类公务员录用考试的笔试科目，目的是选拔人才，因此它有三个区别于一般考试的特点：突出能力、淘汰率高、综合性强。能力包括阅读理解能力、概括问题和解决实际问题的能力、深入分析和引申论述的写作能力。淘汰率高是指不以某种常规分数线或稳定的尺度判定合格与否，而是一种按报考与招录比率随机筛选的竞争机制，进入第二轮面试的概率通常低于20%。综合性强是指申论考查应试者的知识、能力、学历、素质诸方面的综合。

从目的来看，作为考录公职人员的考试科目，申论要以选拔合格的政府工作人员为己任，由此延伸出申论与公文、学术论文、杂文评论和中高考作文的异同。申论与公文最相近，两者写作规律一致，甚至某些题型就是公文的变形，但前者对论述论证的要求更多、更高。与学术论文相比，申论作答更多依赖给定资料，语言更追求简洁有力，作答更强调政治性、可行性。相对于典型的杂文评论，申论既"论"又"申"，最后大文章的语言平实稳重、结构严谨，一般不会写出过激的观点和提出不切实际的举措。与中高考的材料作文相比，申论更加注重对政治精神的把握，尤其是要深刻理解党中央理论方针政策，站在政府的角度和人民群众的立场，用公共行政管理的眼光思考"是什么，为什么，怎么办"。

第二节 申论大纲解读

一、试卷形式

从形式看,申论是我国内地公务员考录公共科目笔试的科目之一。
试卷由注意事项、给定资料和作答要求三部分组成。
考试时间大多为150分钟,满分100分。
目前上海地区公职类考试的要求与题量分别如下:

- 上海市公务员考试申论科目考试时间大多为150分钟,满分100分;
- 上海市行政执法类公务员和上海市公安系统人民警察学员考试时间为120分钟,满分100分;
- 上海市事业单位考试综合应用能力卷的考试时间为120分钟,满分150分。

(一)给定资料

给定资料是考试作答的根本与前提,因而才有俗语:"申论就是抄材料"。虽然语句表达不正确,但是这句话表明了材料在申论考试中的重要地位与价值。

要做好申论题目,首先要会阅读材料、把握材料、理解材料。

材料通常根据考试主题的需要涉及政治、经济、法律、文化、社会的各个方面,内容涉及数据、图表、案例、理论等。

上海市公务员考试、上海市行政执法类公务员、上海市公安系统人民警察学员考试中申论材料长度一般在7 000~8 000字,上海市事业单位考试综合应用能力卷的材料长度一般在4 000字左右。

(二)作答要求

作答要求即考试中需要作答的主观题目。

上海市公务员考试主观题共4题(包括作文),需要作答的总字数在1 800字左右。

上海市行政执法类公务员、上海市公安系统人民警察学员和上海市事业单位考试主观题共3题(包括作文),需要作答的总字数在1 400字左右。

具体考查题型,我们结合考试大纲来讲解。

二、申论考试大纲

根据上海市公务员考试大纲(公务员、行政执法类、人民警察学员通用),申论主要测查报考人员从事公务员职业应当具备的综合能力。

申论材料通常涉及特定社会问题或社会现象，测查内容包括阅读理解能力、综合分析能力、提出和解决问题能力、文字表达能力等。申论主要是通过应试者对给定材料的分析、概括、提炼、加工，测查应试者解决实际问题的能力，以及阅读理解能力、综合分析能力、贯彻执行能力、提出和解决问题能力、文字表达能力。

（一）阅读理解能力

考试大纲中对阅读理解能力的界定为："阅读理解能力要求全面把握给定资料的内容，准确理解给定资料的含义，准确把握事实所蕴含的趋势、矛盾和本质问题。"

阅读理解能力是其他考核能力的基础，申论作答所依赖的分析、概括、提炼、加工均是在阅读理解过程中或过程之后，才能完成的。

具体而言，按照由浅入深的原则，阅读理解能力有三个层次。

一是认读能力，就是读字、识词、解句的能力，即通过对文字符号的认读和词义的感知，来了解字词所包含的意义和表达的内容的一种能力。汉代思想家王充说："文字有意以立句，句有数以连章，章有体以成篇。"就一篇文章和一部作品而言，字是组成词的因素，词是组成句子的基本单位，句是组成段落的基本部分。因字组词，以词成句，合句成段，缀段成篇，形成有组织的书面语言——文章或作品。培养认读能力，应从字词入手，扫清阅读中有关字词的障碍；通过对文字符号的感知和词义的理解，读懂读通一篇文章，从而积累语言的感性材料，掌握一定的语言知识。我们认为，此能力在作答中往往不产生直接效果，但正所谓"皮之不存，毛将焉附"，其仍然是基础之基础，占据无可争辩的重要地位。

二是理解消化能力，即由认字识词的感性阶段到理解内容的理性阶段的深化，它是构成阅读能力的核心部分。阅读中的理解消化能力，要求在了解一字一词表面意思的基础上，进而理解语言文字之间的内在意义及内部联系，理解文章的思想内容、篇章结构、写作方法。理解能力与思维能力密切相关。因为理解的过程就是思维的过程，离开了思维，理解就无法进行。例如，在阅读一篇文章时，要理解文章的全部内容和精神实质，就必须把整体分解为局部，把集中的内容分散理解，这就是分析；然后又由部分到整体，由分散到集中，这就是综合；就必须由个别到一般，从现象到本质，这就是概括；就必须由此及彼、温故知新，这就是联想。分析、综合、概括、联想等，都是思维能力在阅读中的表现。

理解性阅读是"究其义蕴"，要求从文章的立意构思、篇章结构、语言运用、表现技巧等多方面入手，对文章进行全面分析和深刻理解。我们认为，作为阅读理解能力的第二层次，这一能力可直接用于概括概述以及简单的原因分析等类型题目中，同时作为第三层次——"评论能力"的基础。

三是评论能力，即对文章作品的内容与形式进行全面评价和深入品评的一种能力。以分析综合为主要特征的理解性阅读，是偏重于对文章作品的全部内容、作者的观点及作者所介绍的知识的一种阅读。即在理解的基础上，通过对文章作品的鉴赏，受到启发和教育，获得经验和知识，从而提高自己的思想水平和写作能力。为达到此目的，就必须由理解性、鉴赏性阅读上升到评论性阅读。理解性阅读、鉴赏性阅读与评论性阅读的不同点在于：前二者多偏重于形象的直觉，以理解文章作品内容并对文章作品进行鉴赏为目的，其对象主要是作品本身，带有个人的主观色彩和趣味；后者多侧重于理性的认识，主要在于识别文章作品的价值，对其进行全面、深入、正确的评价，要求客观地、实事求是地加以论述。在评论性阅读中，既可以评价作者的思想、作品的内容，还可以评价作品的形式、作品的技巧，或总结写作中的经验与规律。这样，评论性阅读的过程，也就是申论分析判断、对策评估、观点整合等过程，成为阅读理解的最高层次，直接与综合分析、提出和解决问题等后续能力融为一体。

（二）综合分析能力

考试大纲中对综合分析能力的界定为："综合分析能力要求对给定资料的全部或部分的内容、趋势或矛盾进行归纳分析，多角度地思考资料内容，作出较为全面系统的评价。"

从根本上说，申论中的综合分析能力可以分为分析概括能力、分析理解能力和综合概括能力。

1. 分析概括能力

一要弄清申论材料反映的问题；二要对复杂问题进行综合分析，分清主要问题和次要问题，分清有关联的问题和无关联的问题，分清可解决的问题和不可解决的问题。

有的申论材料集中反映社会生活中发生的、有一定影响面而又亟待解决的具体问题，以客观陈述为主。这类问题涉及的对象往往是双边的、具有案例的某些因素，但并不是一个完整的案例。

有的申论材料是围绕某一社会热点问题摘录、组装而成的。它可能是影响范围很大的突发事件，也可能是积久未解的社会难题，与新闻综述有些形似，但绝非是成型的新闻综述。分析概括的过程是对各则子材料的含义、性质、价值确认的过程，是对各则子材料之间是否具有关联性的分析判定的过程，是对各类不同信息整合的过程。

2. 分析理解能力

分析理解能力是人的思维能力中非常重要的一种能力，也是申论考试着重考查的能力之一。面对申论资料，考生需要完成的分析理解的任务主要包括两个方面：一是分析给定材料的量的方面，即反映的内容和问题、方面或层次；二是分析质的方面，即给定材料表达的观点和意见。在实际应考过程中，既要抓住矛盾的特殊性，具体情况具体分析；又要充分考虑材料中论点包含的两极，避免片面性、绝对化。给定材料反映的论点可能带有明显的侧重性，在分析时不仅要注意到这个侧重面，还要考虑到与之相反、相对的另一侧重面，以免走极端。

3. 综合概括能力

分析是指把整体分解为部分进行认识和思维；综合是指把事物各个部分的认识有机结合，形成对事物整体的认识和思维。就思维的一般过程而言，分析理解是第一位的，综合概括是第二位的，先有分析，后有综合，而且综合概括的质量如何，直接依赖分析理解的水平；但分析的结果必须依赖综合概括表现出来。就应对考试而言，通俗地讲，就是通过对一类事物的全体进行面的归纳，找出其共同点，予以归类。当然，这里的概括和归类与专门的科学研究不同，既不可能也没必要对各事、各种都进行完全的归纳性研究，更多的时候是对事物或事物的部分属性做分析和概括。因此要求考生必须立足于对给定资料进行整理，又要跳出资料予以归纳。

在考试中，这一能力以<mark>概括题和综合分析题</mark>考查。

（三）提出和解决问题能力

大纲把提出和解决问题能力的表述为："提出和解决问题能力要求借助自身的实践经验或生活体验，在对给定资料理解分析的基础上，发现和界定问题，作出评估或权衡，提出解决问题的方案或措施。"

既然要解决问题，首先就要发现问题，只有对问题的把握准确到位，解决问题才能更有针对性。

其次解决问题时，考生要明确自身立场，一般题干未明确说明时，专家认为考生均应以"政府角度"作答，即思考作为政府工作人员会如何着手解决问题。如果题干明确限定身份，考生便可按照题目要求转换身份，提出解决方案。

"提出和解决问题能力"在历年申论考试中均有考核。其中，"借助自身的实践经验或生活体验"代表对解决问题方案或措施的现实可行性要求；"自身"不是考生本人，也不是一般大众，而是一个政府机关准公务员的一个高标准要求。众所周知，实践经验或生活体验有直接和间接之分，对于这方面欠缺的应届生而言，可能更需要增加"间接经验"。

"在对给定资料理解分析的基础上"要求解决问题方案或措施必须紧密结合材料：问题来自材料——不要搞出无中生有的问题，要发现材料中隐含的问题并作合理界定；

问题解决的思路主要来自材料，材料中反映出的方案和措施是否合适、是否完善等，"借助自身的实践经验或生活体验"做出评估或权衡即可。

在考试中，这一能力以==提出对策题==考查。

(四) 文字表达能力

大纲对文字表达能力的表述为："文字表达能力要求熟练使用指定的语种，运用说明、陈述、议论等方式，准确规范、简明畅达地表述思想观点。"

大家对"说明、陈述、议论等方式"并不陌生，在此重点强调"准确规范"，在作答时请考生避免使用口语、网络用语，应使用书面语、机关常用语、惯用语，力求达到大纲要求，建议考生多阅读政府工作报告及官方网站，多多学习积累。

"文字表达能力"作为申论考试的"出口"，向来是难点和重点，考生应注意以下三点。

(1) ==熟练使用指定的语种==。语种即语言种类，申论考试的指定语种即为"现代汉语"。对此，考生务必遵守现代汉语书面表达的各项规范，如正确使用标点符号、准确用字用词和造句等。我们认为，本条说明的出现，使卷面、错别字、标点符号等因素扣分更加"有法可依"。

(2) ==采用说明、陈述、议论等方式==。说明、陈述的方式多用于概括概述、观点分析、提出方案或措施等题型的作答中，而议论文体典型地存在于三大"申论文"中。本条再次强调了申论考试所用文体。

(3) ==准确规范、简明畅达地表述思想观点==。"思想观点"是上述阅读理解、综合分析、提出和解决问题的结果，对"文字表达能力"的考核正是要求考生将此结果"准确规范、简明畅达"表述出来。要达到此目标，考生宏观上应注重长期的积累，多读而后多写，从模仿开始；中观上要学会"同义改写"，学会"分析概括提炼加工"的技巧；微观上就是相信"文章不厌改，修改出佳篇"，追求"吟安一个字，拈断数茎须""二句三年得，一吟双泪流"，以及炼词、炼句、炼段。

在考试中，这一能力在==每一题型中都有考查，尤其以作文考查==。

三、上海市事业单位考试综合应用能力大纲

(一) 考查的五个方面

上海市事业单位考试综合应用能力卷的能力要求基本来源于上海市公务员考试的申论卷，并在其基础上有一些特色化的要求，以下针对上海市事业单位的大纲进行说明。

上海市事业单位综合应用能力在改革后，主要测查应试人员综合运用相关知识和技能发现问题、分析问题、解决问题的能力，着重从以下五个方面进行考查。

- 管理角色意识：对管理岗位的职责权限有清晰认识，能够从管理者的角度理解、思考和解决问题，具有服务意识。
- 分析判断能力：面对工作情境，能够发现和界定问题，分析问题原因及影响因素，做出恰当的评估和判断。
- 计划与控制能力：能够根据岗位职责和工作要求，利用可支配的资源，设想可以解决问题的方式方法，使工作按预想的进程和方向发展，以获得期望的结果。
- 沟通协调能力：能够在管理工作中向有关人员征询意见、传递信息、施加影响，获得支持与配合。
- 文字表达能力：能够根据管理工作需要撰写文稿，准确和清晰地进行书面表达。

（二）具体解读

（1）管理角色意识。行政事业单位的主要职能在于为国家各类经济组织、人民群众提供社会公用事业或类似职能的相关服务。这就需要考生站在政府或相关单位或岗位的角度，理解其工作的职责与任务，通过充分运用资源、发挥职能解决问题或服务于群众。在作答过程中也要从政府角度、岗位意识去思考。

（2）分析判断能力。在行政事业单位日常工作中，面对工作任务或难题，需要考生能够从多个角度或层次对问题进行分析，能够发现问题、分解问题，对问题进行研判，了解问题的表现、产生问题的原因，考虑问题会带来的后果等，进而为解决问题打下基础。在作答过程中，要求考生能够吃透材料，对材料阅读分析，得出结论。

（3）计划与控制能力。行政事业单位的相关岗位需要我们能够根据岗位职责和工作要求，去完成工作任务或解决工作难题，是在分析问题的前提下，提出解决问题的措施，并通过计划和方案及进程把控，确保措施高效执行，保证工作结果。在作答过程中，要求考生在分析阅读材料的基础上，提出对策。

（4）沟通协调能力。行政事业单位日常工作中，有"上传下达"的职能与要求，既能够"向下"收集意见，向社会或受众公开信息，获得支持；也能够"向上"汇报工作，提交成果；还需要与"平行"单位或工作人员沟通，达成协作。通过这样的沟通协调能力完成日常工作。在作答过程中，考生要结合材料，以公文写作的一些文体来展示自己能恰当运用这一能力，完成既定目标。

（5）文字表达能力。与申论要求一致，即"要求熟练使用指定的语种，运用说明、陈述、议论等方式，准确规范、简明畅达地表述思想观点。"

综上所述，综合应用能力大纲虽有其特点，但如果对其进行分析与解读，再结合考试真题，不难发现其思路和命题基本与申论一致。因而在备考中，其所需要具备的能力与申论基本一致，在备考中也应稍加注意。

第三节　考试形式与特点

给定材料和作答要求是申论试卷的主干部分。材料通常涉及某一个或几个特定的社会问题或社会现象，考生在阅读、理解、分析给定资料的基础上，从不同角度，采用不同形式，完成相应题目的作答。

一、申论主题与给定材料特点

以申论历年材料为例，内容的专业门槛不高，涉及政治、经济、法律、文化、社会的各个方面。一套试题的材料少则5~6则，多时达到十四五则，每部分又分若干段落，总字数常在6 000~8 000字。给出材料是杂乱的、零乱的，只有把相关的材料进行归纳才能形成整体印象。形式上呈多样化的趋势，有新闻报道、理论论述、公文法律节选或访谈的形式，也有引用数据和图表等。

历年国家和各地省考申论考试真题中，大致有5类主题，如下图所示。

以下分别从这5个方面，分析历年来公务员阅读材料主题的变化趋势。

（一）政治类主题

近年来，国家公务员考试、各省市公务员考试的申论命题越来越贴近现实问题、热点问题，其中，政治类主题与政府工作关系最直接、最密切，也是上海地区申论考试出现频率最高、考查力度最大的热门题材，虽然在国家公务员考试中较少单独考查，但在上海市公务员考试（包括上海市公安系统人民警察学员考试）中历来"高烧不退"。

政治主题又多与社会主题相关联，除考查考生对政治热点主题的敏感及熟悉程度外，更对解决实际问题的能力有所侧重。

近年政治类题材的命题趋势有以下3个特点。

一是与其他题材交叉性命题，呈现复合化趋势。政治与经济题材交叉、政治与社会问题交叉，如政府决策与民生、经济问题的听证会制度，政府决策与市政建设、公共资源利用。如2014年上海市公务员考试A卷考查"政府职能转变的核心"，材料围绕政府职能这一主题，列举了各地简政放权、政务服务大厅管理等材料。

二是表面考经济、社会、民生问题，实则考查政治观点和政治理论，政治题材的隐蔽性加深。考生仍然需要一切从政治角度着眼，站在政府的立场思考问题，才能不为题材的伪装所惑。例如，2017年上海市公务员考试考查"提升公共服务满意度"，材料中举出政府购买体育服务、政府购买教育、政府购买养老的大量事例，一些考生如果仅从表面出发，容易认为是体育、教育和养老等社会民生话题的材料，但如果结合主题考虑就会明白其中的命题思路，考查的是政府公共服务管理。

三是回避敏感问题和重大时政题材，呈现一定的脱敏性和滞后性。重大敏感事件、中央尚无明确结论的事件和问题，一般不会在当年考题中出现；只有已经得到解决的问题，或针对类似事件中央出台了新政策、地方取得了新经验，才会作为考试的命题。如云南孟连事件得到了妥善解决，并为类似群体事件的处置提供了经验教训，具有启示和借鉴意义，才会作为2013年上海市公务员考试申论的考试题材。

（二）经济类主题

经济类问题是前些年申论的常见主题，无论是在中央还是地方的申论考试中，都占有很大比例。而在考经济类主题的时候，通常与科学发展观、政府职能转型、生态文明等融合在一起。主题类型较为宏大，在考虑与回答问题的时候注意与最新的理论政策结合起来，进行高层次、宽领域的思考。

近一两年的申论主题具有综合性，直接以经济为主题的已较少，但是，"经济"仍作为考核其他主题的重要背景或例证出现。例如，2012年国家公务员考试申论副省级卷中的申论以食品安全问题为实例，2017年上海市公务员考试申论B卷以制造业转型升级为背景。

科技发展带来的经济发展、产业转型升级、低碳经济、发展循环经济等主题都是时下社会关注的热点经济问题，需引起考生的注意和重视。

(三) 社会民生类主题

近年来,各省市公务员考试的申论命题越来越贴近现实生活、关注社会民生问题,而且更加侧重对考生解决实际问题能力的考查。民生类主题将与经济、生态主题并列为申论最重要的命题题材已经十分明确,通过民生类问题的考查可以体现中央和地方政府对社会民生问题的重视和关注。

近几年社会民生类问题一直在国家和各省市公务员考试中占很大比例,比如,2014—2019年,国家公务员考试每年的主题都是当年的时政热点,多省市联考的申论主题一般也是如此,上海地区的公职类考试更是根据国内经济社会发展的最新动态来命题。

上海地区历年社会类主题出题频率高,且偏重于社会治理领域的话题,如2015年上海市公务员考试申论A卷主题为"创新社会治理",2015年上海市执法类公务员考试申论卷也以"从管理到治理"为话题,2017年上海市公安系统人民警察学员考试申论卷以"消费者权益维护,推进市场法治"为主题,2018年上海市公务员考试申论B卷又以"利用新兴技术,推动城市治理创新"为主题。

社会民生类问题考查范围十分广泛,主题繁多,出题方式也在不断更新。在上海市公务员考试中,养老、就业、食品安全、社会保障、公共服务等主题常成为考试的材料。当然,一些社会问题暂时并没有考过,如医疗卫生体制改革、"入园难"、抑制高房价、和谐劳资关系建设等主题,但这些都是时下社会关注的热点问题,考生可加以重视。

(四) 文化类主题

近年来,在中央及知识分子中间持续掀起一股"文化热",并上升到国家的理论政策层面,在党和政府的重要文件中都有体现。如"十九大"报告突出强调了社会主义文化建设的战略地位和全局意义,强调要增强文化自信。每年政府工作报告中也对此加以强调,曾经作为政治局高层的学习主题。

文化类主题的命题方式较为新颖,通常与一些国内刚热起来的话题相联系,如前几年的建设文化大省、非物质文化遗产资源开发与保护、红色旅游等。近一两年,更是通过社会中某个具体问题上升到精神文化的层面。例如,2011年国家公务员考试申论(副省级)卷通过治理黄河谈到"黄河精神",2011年国家公务员考试申论(地市级)卷由农民工子女的教育问题谈到"失根危机",2012年国家公务员考试申论(副省级)卷在列举市场经济及社会中的一些现象后落脚到诚信道德体系建设等。

自2007年以来,每年都有两三个地方以文化类主题进行命题,近一两年更多,要想写好确实有一定的难度。而且文化类主题涉及的领域也比较广泛,有农村文化、阅读文化、手机短信文化、非物质文化遗产以及红色旅游文化等。

具体而言，文化类申论题材主要有以下两方面特点。

一是与社会其他题材相结合。例如，2012年国家公务员考试申论（副省级）卷以市场经济及社会中出现的一些事例为依托，激发人们在道德文化等方面的思考；2011年国家公务员考试申论（副省级）卷将弘扬黄河精神与可科学治理黄河相结合；2015年上海市公务员考试申论卷将提篮桥监狱建设、新天地和田字坊等话题结合，阐述了城市文化这一主题；2018年上海市公务员考试中，申论提供的材料是袁隆平等人的先进事迹，阐述信念与精神的主题。

二是地方申论题材凸显地方文化特色。如2019年上海市公务员考试申论卷，以"契约精神"为主题，提供的材料是上海城市精神、江南文化等，将契约精神这一主题与上海地方特色文化充分结合。

就上海市公务员考试而言，==文化类主题越来越得到重视==。例如，2015年上海市公务员考试申论B卷的主题是"城市文化的传承与创新"，材料重点阐述了地方文化的保护与建设；2016年上海市公务员考试申论B卷的主题是"新形势下如何肩负起历史赋予我们的使命与担当"，材料涉及了抗战历史、弘扬英雄精神和民族精神等内容；2018年上海市公务员考试申论A卷以"坚持信念，传承精神，开拓事业"为主题，材料中涉及了科学家们的艰苦奋斗精神，涉及年轻人一些错误的思想倾向等。==有关文化体制改革、文化创新以及高科技对文化的作用等问题暂未出现==，但这些都与我国的文化建设政策密切相关，==要关注每年精神文化类的热点话题==，有重点地进行准备。

（五）生态文明类主题

在全球应对气候变化、推动低碳转型的背景下，随着政府和社会各界对生态问题的持续关注，以及研究和实践的不断深入，生态问题逐渐升格为经济缓冲时期颇为引人注目的话题，并将越来越成为长期性、恒久性的人类共同课题。由于它与政府工作的关联性以及非敏感性，在未来相当长一个时期，生态文明类主题将是公务员考试申论命题的主流，成为从国家到地方，各级各类考试普遍采用，且经常考、随时考的一个热点。

在具体命题角度上，申论的命题总是理论研究和社会生活实践的反映，对生态类主题的考查，必然根据生态文明建设的发展，按照新形势、新情况、新政策，提出新问题、新任务，从理念到制度，从生产到消费，从资源环境的保护到经济社会的转型，不同时期、针对不同问题会有不同的切入点和侧重点，视野将会异常宽广，角度将会不断变换，呈现出丰富多变的趋势。

上海市公职类考试以生态为主题的不多，但在==申论考试材料中常出现==。如2016年上海市公安系统人民警察学员考试，申论主题为"推进生态文明"；2014年上海市公务员考试申论B卷"新型城镇化的核心"中，材料包括大量出现城市污染、乡村污染等内容并进行了小题命题。

各省市公务员考试通常以国家的命题、选材为方向标，也==加强了对生态文明建设的重视与考查==，但是地方公务员考试直接以生态为主题的很少。

附：上海市公职类考试历年申论主题及选材

上海市公务员考试

年份	内容	字数
2016	A卷：加强市场监管	7 000字左右
	B卷：新形势下如何肩负起历史赋予我们的使命与担当	8 000字左右
2017	A卷：提升公共服务满意度	8 000字左右
	B卷：脚踏实地，实现民族复兴	8 000字左右
2018	A卷：坚持信念，传承精神，开拓事业	8 000字左右
	B卷：利用新兴技术，推动城市治理创新	8 000字左右
2019	A卷：创新驱动与追求卓越	8 000字左右
	B卷：契约精神与海纳百川	8 000字左右

上海市行政执法类公务员考试

年份	内容	字数
2015	社会管理方式的转变	6 000字左右
2016	社会风气	5 000字左右
2017	行政执法如何跟上科技的快速发展	6 000字左右
2018	长效机制（城市治理主题）	6 000字左右

上海市公安系统人民警察学员考试

年份	内容	字数
2015	交通执法（新交规）	6 000字左右
2016	生态文明建设（大气污染）	6 000字左右
2017	消费者权益维护	6 000字左右
2018	拜群众为师、重调查研究、做群众工作，促问题解决	6 000字左右

上海市事业单位考试综合应用能力卷

年份	内容	字数
2017	医通卡（医疗主题中的小主题）	6 000 字左右
2018	图书馆占座系统（校园管理主题中的小主题）	4 000 字左右
2019	房屋管理（民生住房主题中的小主题）	4 000 字左右

通过对历年上海公职类考试申论以及其他部分省市公务员考试申论命题选材的比较分析与总结，我们可以知道，上海公职类考试申论主题，一直保持着自己的传统与特色，其选材主要包含以下5个隐性原则。

（1）申论命题选材关注的大多是当前政府面临的重要的或有长远影响的普遍性社会问题（既具有时效性又具有难度、深度、复杂性、长远性等），考这些问题有"问计于考生"的目的。例如，2018年上海市公务员考试考的是"利用新兴技术，推动城市治理创新"的问题。

这类问题往往还是社会改革的难点和焦点。改革难点是党和人民政府需要解决的社会、政法、经济问题，如教育体制改革、医疗体制改革、政府机构改革、就业等，社会焦点如环境污染、个人所得税调整、教育改革、医疗改革、房价控制等。

（2）申论命题选材有引起社会重视，普及宣传、引起社会思考的意识。例如，2015年上海市公务员考试考创新社会治理问题，就有宣传普及并引起社会重视与推行的意识；2016年上海市公务员考试考加强市场监管，既是当年工作的重点，也与相关政策要求相关。

此外还有一些理论热点一般不直接考，但是包含的具体内容是必考的，如2014年上海市公务员考试考了政府职能、简政放权、新型城镇化等内容。另外，重大理论是分析问题、解决问题、论述问题的工具，是必须关注的。

（3）申论命题选材的内容有很强的国情特色，与国家重要的政策、会议或当年热点相关。例如，2014年上海市公务员考试考查新型城镇化，恰逢国家出台"国家新型城镇化规划"，中央层面也多次在会议上强调，新型城镇化是当年重要发展战略。

（4）上海公职类考试申论选材体现地域特色，与地方重要政策与发展相关。2019年上海市公务员考试考了关于上海创新驱动的问题，2018年上海市公务员考试考了智慧公安等内容。近年来，上海地方题材越来越多地在考试中体现。

（5）上海市事业单位考试常从事业单位的日常工作着眼，选择小热点、小主题进行考查，相对而言，很难准备。

二、申论考试题型

以往，申论多年稳定考查概括概述、提出对策、综合分析、作文四大题型，通常是四道题。当前，国家公务员考试增加了公文写作，上海市事业单位考试向其靠拢，申论题型逐渐演化为五大类。

（一）概括题

（1）概括全部内容。有的是概括全部材料的内容，有的是概括一则或者数则材料的全部内容。

（2）概括部分内容。主要就是概括问题、原因、对策等。

【真题示例】

2011—2013年上海市公务员考试申论A、B卷第一题：

"结合给定资料，概括给定资料1~4的主要内容。"

2016年上海市公务员考试申论B卷第一题：

"结合给定资料，总结两个抗战遗址保护不力的案例中存在的共性问题，并简要分析原因。"

部分内容概括的题目每年都有，在上海市公职类考试中是必考题型。

（二）对策题

申论必考题型，属于传统考题。

【真题示例】

2018年上海市公务员考试申论A卷第三题：

"资料中提到'靡不有初，鲜克有终'，结合给定资料，请对公职人员如何做到不忘初心、有始有终，提出对策。"

要求：观点明确，条理清楚，语言流畅，对策可行，不超过300字。

这类题型一直是公职类考试的重要题型，无论在哪类考试中都会出现。

（三）综合分析题

【真题示例】

2011年国家公务员考试申论副省级卷第二题：

"给定资料3介绍了密西西比河、亚马逊河、

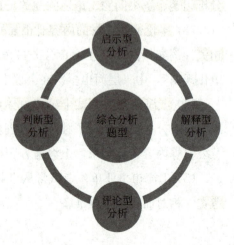

尼罗河等流域出现的生态危机以及各国政府的治理举措。请对这些材料进行归纳，并说明我国治理黄河可以从中受到哪些启示。"

2017年上海市公务员考试申论B卷第三题：

"结合给定资料，分析'工匠精神'与培育和践行社会主义核心价值观之间的关系。"

这类题型在上海市公务员考试中近年出题频率增高、难度较大，而在上海市行政执法类公务员、公安系统人民警察学员考试和事业单位考试中较少出现。

(四) 应用文写作

应用文即公文。

【真题示例】

2011年国家公务员考试申论（地市级）卷第二题：

"L县政府拟进一步宣传寄宿制学校的办学模式，以期更好地提高办学效益和质量，请根据给定资料3，以县教育局的名义草拟《给各村中小学生家长的一封信》。"

2018年上海市事业单位考试综合应用能力卷第二题：

"为缓解图书馆相关部门工作人员的工作压力，给图书馆营造一个良好的阅读和学习环境，图书馆馆长决定就材料三中座谈会上反馈的问题，从大一到大三的学生中招募一些志愿服务人员，请你拟写一则招聘启事。"

此类题型属于国家公务员考试的重点题型，在上海市公务员考试、行政执法类公务员考试、公安系统人民警察学员考试中目前不考查，但是属于上海市事业单位综合应用能力考查的重点题型。

(五) 文章写作

文章写作即传统大文章，是国家公务员考试和上海市所有公职类考试，申论卷的最后一题，且分值高、难度大。

【真题示例】

2018年上海市公务员考试申论B卷第四题：

结合给定资料，以"充分利用新兴科技，推动城市治理创新"为主题，写一篇文章。

要求：(1) 自选角度，自拟题目；(2) 观点明确，联系实际，分析具体，条理清楚，语言流畅；(3) 总字数800~1 000字。

2018年上海市公安系统人民警察学员考试申论第三题：

结合给定材料，以"拜群众为师、重调查研究、做群众工作、促问题解决"为主题写一篇文章。

要求：(1) 参考给定资料，自选角度，自拟题目；(2) 观点明确，联系实际、分析具体、条理清楚、语言流畅；(3)总字数800~1000字。

2018年上海市事业单位考试综合应用能力卷第三题：

图书馆座位管理系统上线后，在充分调研听取老师、学生代表意见的基础上，作了调整和修正，阅览秩序有很大改观，受到了师生一致好评。图书馆办公室主任要求你就图书馆民主管理，写一篇议论文发表于校报上，重点论述"充分发扬学生民主参与，共同维护公共秩序"的经验与思考。

作答要求：论点清晰，重点突出，文意流畅。字数在800~1000字。

附：上海市公职类考试题型对比说明

上海市公务员考试

年份	作答要求			
	第一题	第二题	第三题	第四题
2019年A卷	结合给定材料，概述张江国家自主创新示范区近年来取得的成功经验（20分）	结合给定材料，从公共管理角度分析现阶段我国在创新发展中主要存在的不足（20分）	结合当前经济社会发展形势，阐述为什么必须让创新成为发展新引擎（20分）	追求卓越是上海城市精神的重要内容。结合给定材料，以"创新驱动与追求卓越"为主题，写一篇文章（40分）
	概括题	概括题	概括型分析题	作文
2019年B卷	结合给定材料，阐述"上海文化"形成的过程中，红色文化、海派文化和江南文化之间的关系（20分）	结合给定资料，阐述上海在全方位传承红色基因、传播红色文化方面可以采取哪些措施（20分）	结合给定材料，概述张江国家自主创新示范区近年来取得的成功经验（20分）	海纳百川是上海的城市精神。结合给定资料，以"契约精神与海纳百川"为主题，写一篇文章（40分）
	分析题	对策题	概括题	作文

上海市行政执法类公务员考试

年份	作答要求		
	第一题	第二题	第三题
2018	结合材料2~4，概括在推行精细化治理过程中上海采取了哪些措施	结合材料5，谈谈河长制的积极意义	根据给定资料，围绕"长效机制"这一主题写一篇作文
	概括+对策题	概括题	作文

上海市公安系统人民警察学员考试

年份	作答要求		
	第一题	第二题	第三题
2018	谈谈上海市公安部门转变工作作风的主要目标是什么	结合给定材料1和2，分析上海市公安机关在整治小区"飞线"充电隐患和外卖骑手事件中主要应用了哪些公共管理方法，这些管理方法的共同点是什么	根据给定资料，围绕"拜群众为师、重调查研究、做群众工作，促问题解决"这一主题写一篇议论文
	概括题	概括＋对策题	作文

上海市事业单位考试综合应用能力卷

年份	作答要求		
	第一题	第二题	第三题
2018	座谈会结束后，办公室领导责成你根据座谈会上各代表的发言，概括当前座位管理系统存在的主要问题并提供相应的解决思路与建议，供办公室领导决策参考	为缓解图书馆相关部门工作人员的工作压力，给图书馆营造一个良好的阅读和学习环境，图书馆馆长决定就材料三座谈会上反馈的问题，从大一到大三的学生中招募一些志愿服务人员，请你拟写一则招聘启事	图书馆座位管理系统上线后，在充分调研听取老师、学生代表意见的基础上，作了调整和修正，阅览秩序有很大改观，受到了师生一致好评。图书馆办公室主任要求你就图书馆民主管理，写一篇议论文发表于校报上，重点论述"充分发扬学生民主参与，共同维护公共秩序"的经验与思考
	概括题＋对策题	公文写作	作文

三、变化趋势

至今，上海等地方公务员考试申论科目，已走过十多个年头。在此期间，几经摸索，多次创新，申论的材料、题型逐渐定型，并有如下变化趋势：

（一）公务员分卷测试的特点

近年来，申论考试分卷测试趋势明显。

国家公务员考试按照省级以上（含副省级）综合管理类、市（地）以下综合管理类和行政执法类职位的不同要求，设置两类试卷。上海市则按照报考条件，要求"具有两年以上基层工作经历"的职位考 A 类试卷，招录对象基层工作年限"不限"的职位考 B 类试卷。

A、B 卷等不同类别试卷的考试题型没有本质区别，都遵循公务员考试的基本出题规律，只是侧重点略有不同，主要体现在申论 A 卷公共行政类的主题偏多，而申论 B 卷文化或社会类话题偏多。因而，在平时的阅读和积累时可有偏重。

（二）理论方针政策的取向

上海市公务员考试申论出题具有很强的时政性，一般紧跟时势或最新理论。

例如，2015 年，中国政府实施制造强国战略第一个十年的行动纲领，正式出台《中国制造 2025》规划；2016 年，国务院总理李克强多次在会议上强调要推进制造业转型升级，"工匠精神"成为当年热点词汇。2017 年上海市公务员考试申论 B 卷（考试时间为 2016 年 12 月）以中国制造业发展为背景材料，并针对制造业和工匠精神出了小题。

对此，我们建议考生学好党中央最新理论、方针和政策，关注考前一至三年影响重大的会议、文件、政策或理论，关注影响重大的热点事件等，这些都有可能成为申论考试的素材或主题。

（三）公务员专项考试倾向

2015 年开始，城管等行政执法类考试从公务员统考中脱离，单独招考，在申论考试中也有自身的特点。2018 年，上海辅警开始进行统一招考。这些变化表明在公务员考试领域，倾向于结合政府机构改革进行专项考试，不同专项考试的申论命题也会考虑到招考的要求而更加个性化。

（四）题目多元化、分值平均化

传统的申论考试，题目多元化、分值分散化（或叫作"碎片化"）的特点明显，在国家和地方公务员考试申论均如此。

比如，2009 年上海市公务员考试申论四道题目中，仅有最后一题是以"流动人口子女教育"为主题写一篇文章，为 40 分，其他三题分值均不等：第一题为判断分析题，共 ABCDE 五个待判断项目，15 分；第二题分为两个小题，共 35 分，一个 15 分，一个 20 分；第三题为一篇公文改错，10 分。

而近年来，申论题型仍多元化，但分值倾向于平均化和重点化兼具。如 2018 年上海市公务员考试申论共 4 题，1~3 小题均为 20 分，作文 40 分。事业单位考试综合应用能力卷 1~3 小题为 35 分，作文 80 分。上海市公安系统人民警察学员考试和行政执法考试中，申论 1~2 小题，各 25 分，作文 50 分。可见，作文一直是重头戏，而小题即概括概述、综合分析、公文写作类题目的分值则倾向于平均化。

第二章 申论怎么答

第一节 申论思维

一、政府思维

俗话说，站得高、看得远。在申论考试的对策及文章写作中，考生要展现自己视眼开阔、高瞻远瞩。尤其是申论写作，要着眼长远利益，透过现象看本质，善于高屋建瓴，善于升华主题。

比如，在写申论作文时，要从政府角度考虑，"小题大作"。申论文章的"大"强调的是善于透过现象把握本质，从宏观上全面、系统、深刻地分析问题和解决问题。申论写作区别于传统的议论文章，它考查的重点是根据特定的问题或事实分析原因、提出对策并加以论证的综合性能力，而不仅仅是单纯的写作和论证的能力，其重点在"论"，更在"申"。现代申论考试中出现的特定社会现象和问题，必须要通过系统的方案和配套的措施才能得到彻底解决。如果提出的对策局限于某一条具体的措施，或者是政府某一个方面的能力，那么这个问题的解决就是非常困难的。公职人员要善于升华材料，善于从宏观上把握事物、制定宏观政策。所以，考生在确定文章主题时要善于归纳和提炼宏观的主题思想，从"大"处着眼；但在具体写作时，从小处着手，写深写透，以点带面，具体周到。

因而，申论作答（如文章写作时）所谓的立意高、主题高，其判断的标准和尺度主要体现在政治方面，即申论文章的立意和主题要有政治的高度。要保持一定的政治高度就必须注意培养良好的政治素养，就必须积极学习党和政府的主流价值观，与时俱进。

二、材料思维

申论作答时拟对策和写文章，分析的问题和提出的对策要具体可行。要学会挑选、概括材料中的内容，内容要符合材料的实际和社会的实际。提出对策时一定要结合材料，注意可行性、有效性和针对性，不能脱离材料和社会实际瞎编乱造。

例如，申论文章要有理论的高度，但同时要防止"假"而"空"，要做到"实"而"精"。虽然，我们强调写作申论文章时要"小题大作"，但是要杜绝"空"字当头，防止和克服理论很多很虚、解决问题的实际措施很少很空泛的毛病，要使文章做到理论与实践相结合，其中很重要也很简单的结合实际的方法，就是结合材料的实际和内容。

三、辩证思维

申论考试中分析问题、解决问题的思路甚至材料内容的概括方面，都要求涵盖周全。这里的周全包括两个方面的要求，一是思考或概括时可能涉及的内容要点涵盖要全，答案务必要根据材料反映的主要内容进行全面归纳，只有如此，才能保证多得分、得高分；二是概括和思考的思维角度和层次要周全，要善于运用辩证思维，不能以偏概全。

所谓思维要全方位、多角度，指的是把握好材料的整体倾向，客观地看待给定资料中出现的问题，千万不要偏颇、偏激。在解决问题拟对策时，应该善于运用多角度的分析方法，全面思考问题。例如，分析宏观现象的原因不仅要想到经济的原因、政治的原因，还要想到文化的原因，要学会从政治、经济、文化、社会等不同的角度去分析。既然是"多角度"，势必分析要全面，不能看到问题就只看到其消极影响，而忽视其积极意义，要"综合"各方面内容进行"分析"，这样才能"作出较为全面系统的评价"。

所谓学会进行辩证分析，是指应试者要善于运用发散性思维来进行答题，防止偏激狭隘的思维，只有这样才能客观、全面作答。毕竟申论考试的角度和方式既具有灵活性、机动性和多变性，又有较大的开放性。可以说辩证思维对我们解决实际问题和做好申论文章非常有帮助。

【技巧解码】

申论考试作答的语言不仅要准确、精练，还要规范、有表现力。首先，申论文章要求语言准确、精练，切忌废话过多；其次，要注意申论语言的规范及表现力。申论作为一种文体，其语言是有特定风格和要求的，其阐述内容也是具有一定规范的。初学申论或者文艺腔较强的人，可以多看看政府机关公文的语言，申论文风在一定程度上具有公文语言简洁、规范、干练的特点。

第二节 解题思路

在申论考试的阅读过程中，我们要带着问题去阅读，即在阅读材料前，先看问题（试题、作答要求）或者边看问题边阅读材料，以问题为导向，根据材料本身的价值与问题的关系来取舍材料，决定哪些精读、哪些略读。

下面我们结合实例来说明带着问题阅读材料，同时对如何答题有初步认识。

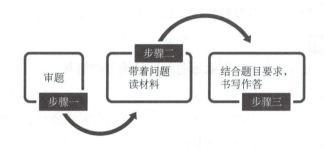

一、审题

审题也就是阅读作答要求，是在仔细阅读给定资料之前的一个必要的步骤。审题是否切实、有效，关乎考生在阅读中能否准确把握寻找要点的方向、寻找信息耗时是否合理，以及辅助检测要点的全面性等。因此，审题主要审的是什么，是考生应该明确的问题。下面，我们详细讲解如何正确审题。

（一）审出具体资料范围

申论中的给定资料约有七八千字，需要我们通过审题审出资料范围。只有通过审题缩小具体的阅读范围，明确问题涉及的是某一则材料还是一部分材料，才能提高阅读效率，进行有针对性的精读。

（二）审出作答要点

在考生确定所给资料范围后，才能根据题目的具体要求，围绕作答对象，对材料进行整理。在整理过程中，将材料要点罗列出来，并且根据题目要求整理作答思路与答题方式，从而对材料要点进行合并归类、删除、完善等，根据一定的逻辑思路将要点表述出来。

（三）注意"要求"

申论考试中，在每一道题目的后面都会注明其"要求"。有些同学可能觉得大同小异，但是不要忽视"要求"。首先这个"要求"从内容和形式等方面对作答该题目提供一定的思路，另外特别要注意字数的限制。超过是要扣分的，因为申论阅卷人对语言的简练性有一定的要求。

二、带着问题读材料

第一遍阅读已经看过问题的题干，在针对问题阅读的时候，要把所有的问题结合起来，注意发现问题与问题之间的关系。这样回答一个具体的问题时就不会完全拘泥于一个小问题，而是在一个开阔的视野下来回答，是对全部题目整体的把握。

【技巧解码】

结合具体题目进行阅读时，排除那些与题目无关的材料，选取与文体直接相关的材料。例如，解答概括类的题目，就要回到相应的段落中；解答对策类题目，就把与对策相关的材料选出来……把材料选出来之后就可以有针对性地进行阅读。这样的阅读方式一定是奠定在对材料有整体把握的基础上的，没有浏览材料时对材料的全面梳理，是难以做到这点的。

在阅读过程中，首先要求尽可能全面、准确地整理要点，然后对这些要点进行概括归类，否则答题时要点杂乱，显得答题太松散，不具有概括性。这就需要我们在分的基础上把信息点合起来。分是为了更加清楚全面，合是为了更加具有概括性。这两个步骤都是有必要的，甚至可以说是必不可少的。

三、结合题目要求，书写作答

【经典真题】

根据给定资料，概括我国民众读书现状不令人满意的原因。（20分）
要求：概括准确、语言简练，字数不超过300字。
【审题】
材料范围不确定，需要结合关键词"我国民众"（材料5为国外材料，排除）。
"读书现状令人不满"，仅阅读有读书问题的材料，初步确定材料2~4。
审题确定要求找"原因"，读材料带着问题找，即回材料找"读书问题的原因"；字数不超过300字，要求书写内容比较多；要求概括准确，同时提示要点基本来自材料。

【给定资料】

2. 据统计，我国有68.8%的国民认为当今社会阅读非常重要或比较重要，有32.1%的人对个人阅读情况表示不满意，有58.1%的国民认为自己的阅读量很少或比较少。有关全民阅读的调查显示，我国人均年阅读图书仅为4.5本，远低于韩国的11本、法国的20本、日本的40本、俄罗斯的55本、以色列的64本。2009年，我国18~70周岁国民中，图书阅读率为50.1%，报纸阅读率为58.3%，期刊阅读率为45.6%；人均每天读书时长为14.70分钟，人均每天读报时长为21.02分钟，人均每天读杂志时长为15.40分钟，人均每天上网时长为34.09分钟。与上年相比，国民每天阅读接触图书、报纸、期刊的时间有所下降，而上网阅读和手机阅读的时间则在增加。

据统计，我国内地人均购书经费是0.794元。在购书经费的投入上，全国绝大部分省份都没有达到平均水平，其中，上海的人均购书经费达到了7.612元，而河南只有0.158元。全国各地公共图书馆的发展也极不平衡。全国公共图书馆人均藏书量是0.501册，上海的人均藏书量是3.39册，最少的三个地方安徽、河南、西藏都只有0.17册，大部分省、市、自治区在0.1至0.3册之间。根据联合国发布的公共服务指南，公共图书馆的藏书量应该以每人1.5到2.5册为标准。

在C市阅读情况调查中，关于"您一般多久买一次书？"的调查结果是：9%的人每个月都买，20%的人2~3个月买一次，28%的人3~6个月买一次，35%的人7~12个月买一次，8%的人是一年以上买一次。关于"您认为书价多少合适？"的调查中，3%的人认为图书平均价格应该在15元以内，83%的人认为应该在20元以内，10%的人认为25元以内，4%认为30元以内。单女士说，很多喜欢阅读的人都被价格吓住了，与10年前相比，现在的图书价格涨了1倍多。

材料2第一段，点明阅读少的问题。

材料2第二段，点明购书经费投入少、图书馆藏书量低的问题。

（图书馆藏书少可成为原因。）

材料2第三段，点明购书频率低、图书价格高的问题。

（价格高可成为原因。）

3. 据有关青少年阅读的调查研究报告显示：我国7~14周岁的少年儿童中，每个学期课外书的阅读量平均仅有3本，其主要原因是孩子们课业负担重，自由阅读的时间太少，书太贵，作业多，以及找不到感兴趣的图书。在中小学，学生主要阅读的是课本与教辅材料，大部分学生的课外阅读主要是为了应付考试而阅读。一些教师和家长教导孩子们：当务之急是课内学习，要把眼前时间多用在学习课本及课后练习上，少看或者不看"无用"的课外闲书。

    材料3第一段，少年儿童存在的阅读问题及其原因。

    （学生课业负担重，自由阅读时间少等；老师与家长教导学生学习为主，少读"无用"书。）

目前，部分大学生读书主要以流行、时尚、省时、省力的"快餐化读物"为主，很少阅读经典名著和"大部头"的理论书籍。在某著名大学，记者调查发现校内报亭每天各进2份的几种大报，直到傍晚仍无人问津。报亭老板说，思想性、人文性较强的《读书》杂志，最多时一个月卖掉4本，以后就不再进货了。在该校门外的书店里，卖得较好的书有四类：一是实用书，如《股市操练大全》等经管、炒股书籍；二是考试辅导书，如《GRE红宝书》《世界500强面试题》等"应考宝典"；三是青年作家或网络作家的小说，如《暖暖》《杂的文》等；四是有"噱头"的书，如《20几岁决定女人的命运》《如何在大学里脱颖而出》《甩了、甩了、甩了他》等。一些畅销书的趋势是"快餐化"：插图越来越多，内容越来越少，趣味越来越"戏说"，功利化越来越强，精神性越来越弱。部分学生也表示，读"深"的读物乏味吃力，读"浅"的轻松有趣，还能作谈资。

    材料3第二段，大学生存在的阅读问题及其原因。

    （原因：社会氛围差，无论是书店或是媒体普遍宣扬功利、名利，阅读功利化严重，精神性弱。）

在各地书店、书市，一些形形色色的"升职记""营销三十六计""商战孙子兵法"等书籍，一些不遗余力宣扬穷小子只要肯干、无须读书，就能挣大钱、成大名、立大业的，如《比尔·盖茨如是说》《李嘉诚如是说》等书籍，受到白领们的广泛追捧。而曾连续十周占据某报周图书排行榜第一的是《把吃出来的病吃回去》。此外，时下前仆后继的各类电视选秀、婚恋节目、各类大腕走穴造成

    材料3第三段，年轻人存在的阅读问题及其原因。

    （社会氛围、社会舆论的影响。）

一些年轻人只想一夜成"名"、"名利"双收。热衷于走这条"捷径"，何必读书呢，读书还不如参加一场选秀节目出名更快、挣钱更多。

4. 图书馆是知识和信息的集散地，也是读者集中阅读交流之地，"为人找书，为书找人"是图书馆的重要责任。近日，某图书馆馆长在接受记者采访时坦言，现在中国的读书氛围是很糟糕的，迫切需要清除社会中那些浮躁的观念。现在读书的人越来越少，生活越来越浮躁，很多人觉得自己没有时间，还没有形成习惯；现在的书籍市场太乱，图书的质量参差不齐，一些所谓的专家、学者出版的书，你抄我，我抄你，还有代笔写的，没有自己的研究，出版两年就扔到垃圾堆了；有些书，不是一种精神食粮，而是一种污染，导致"开卷"未必"有益"；图书馆有责任来推动书评、向读者推荐好书。

2009年3月，全国各地图书馆开展了形式多样的全民阅读活动；2009年7月，中国图书馆学会的科普与阅读指导委员会更名为"阅读推广委员会"，其下设的专门委员会由6个扩展为15个，工作深度和广度不断延伸；2010年的"世界读书日"，国家图书馆举办了"2010·书香中国"大型专题活动，新华网读书频道也向全国网友发出倡议："让我们一起读书"。在构建学习型社会的今天，重要公共读书场所、重点新闻网站正在进一步肩负起社会责任，大力倡导全民阅读之风。

1995年，联合国教科文组织宣布每年的4月23日为"世界读书日"，旨在让各国政府与公众更加重视读书，享受阅读乐趣，尊重和感谢为人类文明做出过贡献的文字、文化、科学、思想大师们，保护知识产权。选择4月23日是因为这一天在世界文学领域具有纪念意义。世界文学巨匠莎士比亚、塞万提斯、加西拉索·德·拉·维加和莫里斯·德吕翁等也都是在4月23日出生或辞世的。

每年的4月2日是"国际儿童图书日"，这是由国际少年儿童读物联盟（IBBY）发起的。4月2日是丹麦童

材料4第一段，点明原因。

（读书氛围糟糕，社会浮躁；书籍市场混乱，图书质量差；图书馆没有履行好推荐好书的责任。）

话家安徒生的生日,这一天也被设定为"中国儿童阅读日"。当前我国儿童阅读状况与世界发达国家相比,差距还很大。据有关统计显示,我国儿童读物拥有量在全世界排名第68位,是以色列的1/50,是日本的1/40,是美国的1/30。在国内,30%的城市儿童拥有80%的儿童读物,70%的农村儿童只拥有20%的儿童读物,在许多乡村,孩子们只有课本没有课外书。在一些地方的县城书店里,除了教辅资料,几乎找不到许多适合孩子阅读的书。

材料4第四段,点明原因。

(我国农村地区,适合孩子阅读的图书缺少。)

【阅读】

在阅读材料的过程中,快读(材料4中与问题无关的材料直接略过)与精读(关键词阅读、信息分类)相结合。

要将读书问题与产生读书问题的原因分开,这是此题的难点,题目问的是原因。(如右栏备注)

【作答】

将划出的要点进行整理,重复的合并,加工语言,规范书写,形成答案。

(1) 全国各地公共图书馆的发展也极不平衡。全国公共图书馆人均藏书量低于国际水平,投入低。尤其是我国农村地区,缺少适合孩子阅读的图书。

(2) 图书市场混乱。市场上图书的质量参差不齐,有些书甚至是一种污染;且图书价格不断上涨,书价高。

(3) 老师与家长教导错误。他们教导学生以学习为主,少读"无用"书;且学生课业负担重,自由阅读时间少。

(4) 读书氛围糟糕,社会浮躁。无论是书店或是媒体普遍宣扬名利,使得阅读功利化倾向严重,精神性弱,流行浅读书。

(5) 图书馆没有履行好推荐好书的责任,没有"为人找书、为书找人"。

【技巧解码】

不难发现,答案要点基本来自材料。材料思维是申论答题的根本性方法。对材料进行阅读及思考,是我们做好题目的关键。

第三章　申论怎么评

第一节　阅卷步骤和注意事项

一、阅卷步骤

	步骤	说明
1	整理所有考点的题本和答题卡	
2	扫描答题卡，并针对不同题目进行答题卡的图片分割	阅卷组随机抽取试卷，进行试阅，把握考生水平，结合出题思路，适当修正之前的标准答案
3	布置阅卷场所	
4	专家组修订和完善评分标准	
5	培训阅卷人员，统一评分尺度	开培训会议，由阅卷组专家讲解出题考点，讲解评分标准和可能的情况如何处理，尽量达到用统一的标准评阅
6	分题型、双考官阅卷	
7	阅卷后，校验检查分数等数据结果	
8	统计、整理考生分数	

阅卷人员分组批阅不同题型。通常每题会随机由两位阅卷老师评阅，在分数差合理的情况下，最终分数是平均分，如第一小题，一位评分15，一位评分18，最终分数就是16.5分。如果两位老师评分的分差过大，会提交阅卷专家三评，再决定最终分数

二、注意事项

针对阅卷评分，我们总结了在考试过程中的注意事项。

(一) 注意卷面

卷面的影响很多时候是无形的，考生在平时练习时要注意字迹，注意卷面整洁度，保证卷面在电脑上呈现时会给人比较舒服的观感。

（二）注意条理

答案一般是分条或分段给出，答题也要做到条理清楚。

（三）要总结、提炼要点

尽量将答案要点关键词总结提前，让阅卷人一目了然。上海地区的公职类考试，小题的评分标准，基本都是按采分点给分，因而抓住关键词非常重要。尤其是写作文时，基本要求是段落首句一般是段落总结或要点。

（四）符合题目要求，尤其注意字数

字数要符合要求，不要太少，但也不要过多。在评阅过程中，字数过少会导致阅卷人第一印象不好从而打分很低的情况。

第二节 评分阅卷特点

对于申论这种主观性考试，这样的阅卷过程比较客观、公正，能够反映考生的水平。在这过程中也难免会有一些误差，因为不同考生的表达方式不尽相同，阅卷人员需要具体情况具体分析，尤其是在作文评阅中，<u>标准的弹性比较大</u>；同时，阅卷时间有限，不可避免地既要按照评分标准，又要快速、简洁地评阅。因而，在长期阅卷过程中，评阅人员形成了以下一些阅卷特点。

一、按评分标准，采点给分

在阅卷时，小题一般找标准答案中的关键词，按关键词快速给分，赋分标准示例如下：

第一题，概括×××××。（20分）
赋分标准：
1. 对 A 要点概括，对 A 具体解释。（4分） 2. 对 B 要点概括，对 B 具体解释。（4分） 3. 对 C 要点概括，对 C 具体解释。（4分） 4. 对 D 要点概括，对 D 具体解释。（4分） 5. 对 E 要点概括，对 E 具体解释。（4分）

二、评分"中间化"，近于正态分布

由于阅卷时间短、工作量大、内容枯燥，且与其他阅卷人员分数差不能太大。在实际阅卷中，形成了阅卷给分尽量给"中间分"的情况，即给题目定一个基准分数，围绕基准分数打分，避免分数过高或过低。例如，某小题20分，阅卷时定基准分数为12分，按评分标准给分，并考虑基准分数，如果考生差，可能给9分；如果好，给15分；中间分数可能就是11、12分。如果在实际阅卷中，不把握基准分数，可能造成与其他人员阅卷分数相差过大，出现三评率过高等问题。由此，我们也看到，申论考试分数一般不会特别高，上海市公务员考试中申论很难出现80及以上的分数。当然，除非特别差，一般很少出现40及以下的分数。

三、注意扣分项

在阅卷过程中，除了要点分以外，一些问题的出现也会导致扣分。

（一）卷面

在每天几小时反复阅卷过程中，大量文字的重复出现，导致阅卷人头晕眼花，此时卷面的感观影响是无形而重要的。字小、字难看、卷面凌乱等无形中会导致给分低，涂改严重的卷面则会导致直接扣分。

（二）字数

答题中字数严重不足，如答题字数不到要求字数的一半，分数也可能不过半。又如在作文写作中，通常要求800~1 000字，字数少或多都是扣分的。

（三）错别字

阅卷中错别字每3个扣1分。

第二部分

会解申论

第一章 解码阅读技巧

第一节 材料四大关系

上海公职类考试的申论考纲中明确规定：申论是测查从事公务员职业应当具备的基本能力的考试科目。申论材料通常涉及特定社会问题或社会现象，主要测查报考者的阅读理解能力、综合分析能力、提出和解决问题能力、文字表达能力。

阅读理解能力是一切的基础，对申论考试而言，意义重大。"材料思维"是做好申论的王道。因而，我们将阅读理解能力作为专项进行分析。

一、材料是什么

（一）认识材料

申论试卷的核心组成是给定材料和作答要求。给定材料是我们作答的基本参考与依据，答案要点一般来自材料。

给定材料一般由多则、多段组成，公务员考试的材料长度在 7 000 字左右，事业单位考试的材料长度在 4 000 字左右，==阅读量比较大==。

==给定材料一般围绕特定主题==。历年公职类考试申论主题都有所不同，涉及政治、经济、社会民生、生态等多种领域。因而材料内容在选择上，都是围绕当年考试主题进行的，无论是 4 000 字或是 7 000 字的材料，无论是表面的或是深层次的，都体现主题。

在命题过程中，==命题专家一般会从大众媒体上选择材料，既有报刊，又有专家学者论文，还有政府文件政策，来源比较广泛。==

在材料的具体形式上，有理论概括性的文字，有对具体事实的概括描绘，有调查数据……但是，这些都是整体材料的外在形式，它们在内容上有着内在的逻辑结构，即所谓的"形散神不散"。

【真题示例】

2016年上海市行政执法类公务员真题（材料略）

主题：社会风气

材料1：理论背景，分析社会风气

材料2：调查数据，分析社会风气出现的问题、形成原因及影响

材料3：理论分析，分析形成社会风气的原因

材料4：理论分析，分析形成社会风气的原因、措施

材料5：举事例，说明社会风气的现象

材料6：举事例，说明社会风气的现象

材料7：举事例，说明社会风气的现象

材料8：理论＋举事例，说明要树立良好政风促社风

材料9：理论分析，分析社会风气的重要性

材料10：理论分析，分析改善社会风气的措施，提出要弘扬社会主义核心价值观

（二）理解材料

阅读材料，核心就是理解进而把握材料要点。

对于杂乱的材料，其内在的逻辑关系通常为"是什么""为什么""怎么办"，即传统划分的现象、原因、对策等。阅读从根本上来说，就是要对分散的材料进行整理，抓住这些关键性、本质性内容。而在后面的命题中，就会根据考纲要求，结合材料来命题。

在材料阅读过程中，要对材料==全面理解、整体把握==，需要考生在确定主题的基础上，通过==阅读给定材料准确、全面地找出要点==。

在讲解材料阅读方法前，需要先理解==材料的结构和逻辑关系==，这对我们阅读材料找要点有极大帮助。

二、给定材料各部分之间的关系

给定材料各部分之间的逻辑关系（即段落与段落之间的关系），包括总分关系、并列关系、因果关系、转折关系四种。

分析段落间逻辑结构，有助于充分理解材料内容、提炼要点，从而增强作答的准确性。

（一）总分关系

总分关系是指给定材料用一个中心句或者段落进行"总体引领"或"总结概括"，其他材料则围绕中心材料"分头展开"，从各自的角度证实或丰富材料主旨。阅读时，要注意总括语句和各分论点的提炼。

【真题示例】

向社会公开政府部门的预决算情况和"三公"经费，才能让群众知道政府究竟把钱花在了哪里，该不该花这么多的钱。2012年，北京、山西、黑龙江、陕西、新疆等9个省（区、市）公开了"三公"经费支出情况，切实增强了政府施政的透明度和公信力。四川汶川地震、青海玉树地震等重特大自然灾害的抗灾救灾、恢复重建以及筹备北京奥运会、上海世博会等重大活动情况的信息公开，受到国内外广泛好评。各地区各部门在因地制宜地运用传统公开方式的基础上，还积极探索服务热线、政务微博、手机媒体、网络平台等信息手段，畅通群众诉求渠道，及时回应社会关注，有效化解了社会矛盾。

【思路分析】

这一片断材料是总分结构。

总："向社会公开政府部门的预决算情况和'三公'经费，才能让群众知道政府究竟把钱花在了哪里，该不该花这么多的钱。"

分：举具体事例说明一些地方政府公开"三公"经费的情况和方式。

（二）并列关系

一般来说，并列关系就是指按照资料的性质加以分类，罗列出来。在申论考试中，体现在各种观点或者事实并列存在。对于这种关系的资料，各个并列关系的内容要点都要提炼，以保证要点的全面性。

【真题示例】

国务院总理李克强在"两会"记者招待会上回答提问时强调："要让人民过上好日子，政府就要过紧日子"，并做出"本届政府内，一是政府性的楼堂馆所一律不得新建，二是财政供养的人员只减不增，三是公费接待、公费出国、公费购车只减不增"的"约法三章"，提出"中央政府要带头做起，一级做给一级看"。

【思路分析】

以"一是""二是""三是"，并列提出政府过紧日子的方法。

（三）因果关系

因果关系即引起与被引起的关系，这种关系存在于材料各部分之间，也存在于材料之间。一般来讲，原因在先，结果在后。对这样的材料，原因部分应该详细阅读。

【真题示例】

倘若一名青少年身边的朋友都在玩网络游戏，那么为了使自己不被朋友所排斥，他多数情况下会选择趋同，换句话说，即便原本不玩的人也会尝试着学习玩网络游戏。比如，今天很多同学聚会，见了面一大娱乐项目就是玩《王者荣耀》，这使得坚持不玩的同学逐渐退出这种聚会，而想维持同学关系的同学则自然会去学玩《王者荣耀》。以上足以见得，正是由于青少年期望归属于某个群体，而致使群体心理在一定程度上影响了青少年，使其更加容易沉迷于网络游戏。

【思路分析】

分析什么原因导致青少年沉迷网络游戏。

（四）转折关系

转折关系是指资料内容不是顺着前面材料的意思说下去，而是跟前面材料的意思相反，或是对前面内容加以修改补充。阅读这类材料时，阐述重点明显在后，应重点关注。

【真题示例】

中水，又称再生水，是指污水经适当处理后，达到一定的水质指标，满足某种使用要求，可以进行有益使用的水。1987年，北京市政府出台了《北京市中水设施建设管理试行办法》，2001年发布的《关于加强中水设施建设管理的通告》中规定：市区内建筑面积5万平方米以上，或者可回收水量每天在150立方米以上的新建居住区和集中建筑区，必须建设中水设施。2005年发布的《关于加强小区中水设施管理的通知》要求加强小区中水设施的监管。但是由于中水设施只是小区建设项目的附属设施，审批部门对开发商的中水设施建设方案的审核重视不够，节水管理部门又力不能及，致使中水设施方案的审核、工程验收、运行过程中的定期检测等环节无法形成有力的监管，有关中水设施管理的各项政策难以获得良好的效果。

【思路分析】

材料前半部分介绍北京出台多项政策加强中水设施管理，"但是"强调由于多种原因使得政策实施不力。

第二节 阅读三大方法

一、信息分类法

信息分类法是对材料所蕴含的信息按性质进行分类，从而区分材料的类别和作用，建立对材料的总体认识的方法。通过确定材料是讲什么的、包含哪些信息，进而明确材料对应哪些问题，可作为解答"概括问题""综合分析""提出对策"等具体问题的依据。这是最直观而快速的阅读方法。==信息类别又可分为问题描述类、原因分析类、影响分析类、对策解决类、政策表述类。==

在阅读过程中可用不同的下划线标记对于作答有关键作用的部分，标记应尽量简化，方便找到最适宜的答案。

【真题示例】

前不久，湖南岳阳市人民政府宣布，经过当地有关部门两个多月的奋战，成功破获一起涉及福建、湖南、浙江三省的瘦肉精生产、销售案件。与以往类似事件不同的是，这次竟从饲料中检测出以前从未出现过的苯乙醇胺A。同时，从浙江大学教授邹某处查获含苯乙醇胺A的饲料1 500千克，并对其实施刑事拘留。

如果说此前的瘦肉精等食品安全事件，抓抓利欲熏心的销售商家源头，问责一下管理不严的监管部门，尚算一种对食品安全的把控。可此次冒头的新型瘦肉精事件背后，竟赫然站着个浙大教授，这让对科学怀着无比敬仰之情的公众情何以堪？原来这些严重损伤公共利益与公众生命安全的食品安全事件，竟与专家学者有重要的瓜葛。这些"天才的发明"让人不禁叩问，究竟是什么让学术界人士堕落如斯？　　　　　　　　　　问题

浙大教授在这起瘦肉精事件中扮演的角色，仔细分析，不难想象。国内一些学者因为课题经费、职称、地位、技术转让费等利益诱惑，集体屏蔽瘦肉精负面信息，　原因

最终造成一系列瘦肉精事件的发生。	
长期以来，科研人员与利益靠得太近，又缺少相关规范制约。科研精神最核心的理念理应是公共精神与社会责任。倘若科学研究无视公共道德，藐视法律与科学伦理，	原因
不仅会对社会造成可怕的伤害，更会让科学工作者个体陷入道德与法律的挞伐漩涡。有鉴于此，浙大教授涉案瘦肉精事件，理应成为学术界反思科学道德现状的契机，学术	影响
界不仅需要建立详细的规范与细则来规范科研行为，更要让食品监管深入科研领域，让科研走在合乎道德伦理与法律的轨道上。	措施

二、关键词法

关键词法是借助词汇提示，把握材料中的关键信息，从而认识材料的意义和价值。把握材料中的关键词汇，往往有利于把握文章的关键信息，从而认识材料的意义和价值。关键词可以是涉及<mark>具体对象的主体性词语</mark>，也可以是<mark>暗含材料观点的词语</mark>，或者是<mark>一些关联性词语</mark>、<mark>总结性词语</mark>、<mark>高频词</mark>等。

1. 有的语句直接把重点表达出来

如<mark>针对……、对此……、当……、表示……、认为……、指出……、称……</mark>等，所提示的词语是有关人员或部门对某一现象或问题提出的看法、意见等，里面蕴藏着材料的主旨及对策等内容。阅读申论材料时要着力把握其基本观点，因为<mark>观点就是主旨</mark>。把握住这些词语，有助于把握材料的主旨。这些词主要有：<mark>经调查、资料显示、反映、看出、告诉、据某某讲、据报道、初步推断、强调、指出、认为等</mark>。

【真题示例】

有学者指出，最近十几年，中国的大学教育取得了不小的进展，但普遍存在着急功近利的倾向。高校扩招本来是为了通过普及高等教育来提高民族的竞争力，但片面追求规模和数量增长、急于求成的扩招是一种高等教育的"虚胖"，各高校的软硬件配套设施根本无法满足突然拥进校园、膨胀数倍的莘莘学子的需要。	以"有学者指出"这一关键词引出重点，即大学教育急功近利。

2. 用表示逻辑关系的关键词

如首先、其次、最后，一方面、另一方面，第一、第二，总而言之，更重要的是，此外等。这些关键词通常直接表达出了重点。

【真题示例】

2007年10月1日起，浙江嘉兴市《城乡居民社会养老保险暂行办法》（以下简称《暂行办法》）正式实施。该办法共有以下几点特色：一是《暂行办法》设计的是一个"低门槛"。农民、城镇居民中未参与保险的，以及非本市户籍但已经取得暂住证的外来人员，年满16周岁至60周岁，都可以参加城乡居民社会养老保险。因此，嘉兴成为全国第一个实现社会养老保险全覆盖的地方城市。二是《暂行办法》得到政府财政支持，市政府每年财政补贴达3.6亿元。三是《暂行办法》特设了多种缴费基数，城乡居民可根据自己的收入情况参保，政府给予一定的补贴。政府补助的力度加大，这与一些地方实行城乡居民参保以"个人缴纳为主"形成了鲜明对比。

3. 关键句

除关键词外，申论材料中通常有一两个提示文章段落大意或是提示文章中心、主旨、观点、态度的句子，我们称之为关键句。

一般而言，一段文字都要讲究起承转合，所以60%左右的材料都能从首句或尾句中找到段落大意或中心思想。首句常常引出整段材料的问题，而尾句通常是对材料所述的内容起一个总结概括的作用。在略读的时候，可对关键句进行勾画和标记，并加以精读。

【真题示例】

某报曾经对当今大学生的学习情况开展了一次专门的调查，在采访中记者发现，求职仿佛已经成为大学生的首要任务，而学业似乎沦为副业。目前很多高校的专业课出勤率很低，而学生们对此早就习以为常。一位大四学生说："我们可不是去玩儿，好多人都是参加实习或是找工作去了，老师也都是支持的。说实话，现在学费这么贵，上大学还不就是为了找工作。这些专业课可以不上，找工作才最重要。"在谈到毕业论文时，另一位大四学生告诉记者，自己正忙着面试、实习，刚"东拼西凑"了一篇开题报告，"论文到下学期再说吧，写论文不仅对找工作没有帮助，还要花费不少精力，我看不少学长一周就能搞定

以前两句为关键句，后面以学生的具体情况解释。

论文，这已经算认真的了"。大学生小王告诉记者，对做学问、搞研究我没有一点需求感，考试嘛，"60分万岁"，平时自己拿谈恋爱来消磨时光。

4. 注意关联词强调的重点

也有的运用关联词进行强调，如但是……、然而……、尽管如此……、主要是……、关键在于……等转折连词，其强调重点在后半部分，通常也是问题、态度、对策等关键信息。其他还有表递进、并列等关系的关联词，它们往往携带着一些重要信息，当然也要注意区分其强调的重点。

【真题示例】

张悟本的神医骗局被拆穿后，其"行医"场所悟本堂也很快被拆除，一个靠着绿豆汤、白萝卜、长茄子"理论"忽悠民众的假专家，终于无法再混迹江湖了。包括张悟本在内，一些所谓"神医""养生明星"的发迹，固然与其本人骗术高超、媒体包装炒作推波助澜，以及政府部门监管不力有关。但是，他们之所以能受到群众如此热烈的追捧，从另一侧面也反映了群众对普及养生保健知识的强烈需求。随着生活水平的提高，人们对健康养生方面的信息越来越关注。我们周围有许多货真价实的医学专家，他们在理论素养、临床经验方面都有上乘水准，也出了不少论著。但是，他们往往忙于教学、诊疗、写论文、做研究，活动范围仅限于学术圈，没有将学术知识转化为群众需要的、通俗易懂的养生常识，或者说这种转化的力度还不够。所以，假神医才占据了市场。

5. 注意标点符号

公职类考试申论材料里面有三类标点符号要注意。

第一类是冒号"："，冒号的作用是引起下文，所以冒号前面一般来说是总起句，也就是我们申论所说的"关键句"，冒号后面是分条叙述，有时候也是我们要的关键句（如概括问题和原因等）。

第二类是分号"；"，表示并列分句的停顿，这些分句经常是我们的关键句。

第三类是破折号"——"，其作用有多种，经常是起"解释说明"作用，这时候破折号前面或者后面的一句话可能就是关键句。

【真题示例】

扩招使师资大量缺乏，高校不得不以降低招聘"门槛"来充实教师队伍。一些大学教授把赚钱当作正业，而把教学和科研当作副业。另外，学校把学术成果作为了评价教师职业能力的绝对标准，教师如果在2~3年内没有发表文章或者申请到课题，便要被解聘或者降级。这导致许多教师不潜心研究，而是抄袭他人论文；有的在别人的研究成果中挂个名；有的则出钱请别人写文章在国内外报刊上发表；更有的靠胡拼乱凑，学术垃圾成批从这些人手中生产出来。

以"；"引出并列的关系。

三、快读、精读结合法

根据材料的不同，选择不同的阅读方式。

所谓**快读法**，是指快速扫描材料，大致看一下材料包含的内容，判断材料有无价值，并越过无关信息和次要部分，从材料中寻找依据性、参考性材料，把握其主要部分的方法。如上述所说关键句等方法是常用的快读方法。

所谓**精读法**，是指根据问题，对相关材料进行详细的分析性的研读。如上述的注意关联词、注意标点符号等是精读法常用的。

在一篇材料阅读过程中，快读与精读通常是融合使用的。

【真题示例】

1. 为了应对全球性的经济衰退，中国政府提出4万亿元刺激方案，各地方政府摩拳擦掌纷纷宣布大规模投资计划，合计投资18亿元人民币。这当然很好，但中央政府应充分发挥其宏观调控能力，及时介入并积极主导区域的分工协调，努力避免重复建设和资源浪费，比如，一个城市需要进行比较大的基础设施建设，应该考虑与其周边地区协调合作，谋求优势互补，避免各自为政、不计成本和效益乱铺摊子，否则，不仅不能实现利益的最大化，反而会带来负面效应。再如，在中国无论农村还是城市，只要走进医院，处处可见人满为患的场景，医院既缺病房、病床，又缺医生、护士，乡镇医院连一般的病都无法检查，村民必须辗转到县城去看，稍微复杂一点的病情必须转到省市医院，如果每个村子都建设一个小型医疗所，治

材料1第一段首句讲的是为应对全球经济衰退，中国政府通过投资刺激内需。

具体说明，在这个过程中需要注意分工协调，努力避免重复建设和资源浪费但出了问题，并举例介绍。

疗一些感冒发烧的常见症状，每个乡镇能建设一个中等医院，中小城市按人口比例建设相应规模的医院，群众就不必奔波劳顿到大城市看病，如果国家将医疗领域作为重点投资对象，废除投资壁垒，不仅可以激活对建筑材料、医疗器材的需求，创造大量就业机会，也会大大缓解医患之间的矛盾。<u>扩大内需不应是轰轰烈烈的形象工程、政绩工程，政府应该实实在在地提高人民的生活质量，实实在在地改善企业的经营环境</u>；扩大内需不是花钱比赛，不应再重复过去大量浪费的惨痛教训，<u>应尊重市场机制，瞄准国内消费</u>，同时全程接受人民和媒体的<u>监督质询</u>。

  材料1第一段结尾，提出对策，扩大内需，政府应该如何做。

  2. 全球性经济衰退的负面效应还在扩散，在出口市场开始"过冬"的情况下，<u>国内消费成为我国保证经济增速的"发动机"</u>。我国长期的经济增长主要依靠投资和出口带动，贸易顺差吸收了大量外汇，央行官方网站近日发布消息称，央行将促进经济结构调整和发展方式转变，更有效地推动就业，促进和支持消费增长，当前必须面对的主要问题已经转变成如何刺激居民消费，使其成为经济发展的源头。<u>中国发展研究基金会副秘书长汤敏</u>：从目前的情况看，<u>中国没有太多选择，整个的全球经济都有了问题</u>。这个时候仍然靠出口拉动经济增长，肯定会受到冲击，所以现在得赶紧采取措施，使我们的内需增加，<u>用以补偿外需，减少金融危机造成的影响</u>。这是我们改变发展模式的<u>一个催化剂</u>，也是一个良好的契机。如果做得好的话，很可能从此把我们的<u>经济由外向型为主，变成内向型为主</u>，从而打破原来的那种不平衡的经济发展模式。

  材料2第一段首句，提出当前经济增速的核心即居民消费。

  专家看法一（需注意）：刺激内需是必然选择，进而说明了扩大内需的影响。

  <u>国务院发展研究中心对外经济研究部副部长隆国强</u>：启动内需不是刺激投资，而是刺激消费，要老百姓花钱，首先老百姓得有钱。这几年为什么消费不振，<u>一个很重要的原因就是个人的收入在整个国民收入的分配格局中所占的份额越来越小，这实际上是一个制度的问题</u>。老百姓有了钱为什么存在银行，而不愿去花呢？因为他们对未来没

  专家看法二：刺激消费的根本在于老百姓得有钱，所以必须改变分配制度，加强社会保障，敢于花钱。

有信心。他们的养老、医疗，孩子的就医、就学，都必须通过一些制度性的改革来树立起信心。

中欧国际工商学院教授许小年：我们居民消费在GDP所占的比重近年来逐年下降，去年降到了只有35%，而居民消费在其他国家都在70%以上。我们居民消费太弱了，所以不能再刺激投资。我们过去每年的投资率增长20%以上，已经形成了很多过剩产能。而这些过剩产能，过去主要依靠海外市场来消化，现在海外市场的需求没有了，这些过剩产能怎么办？所以你再刺激投资，这条路子走不通了。<u>如果刺激消费的话，就要解除老百姓的后顾之忧，医疗也要改革</u>。要赶快推进，<u>养老保险、教育支出都是老百姓储蓄的主要用途，这些方面的改革要尽快进行</u>。

专家看法三：与专家二观点相同，要解决老百姓后顾之忧。

材料2总结：经济衰退条件下，刺激内需是必然选择，同时必须改变分配制度，加强社会保障，使老百姓手中有钱并敢于花钱。

【技巧解码】

在阅读材料的过程中，应注意各种方法的结合应用，不能孤立地掌握和应用。

四、提升阅读与表达能力

（一）重在日常积累

阅读能力的提升是一个渐进的量化过程，是潜移默化的，而不是立竿见影的。因此，考生在复习过程中不要有急躁情绪，不可抱有一蹴而就的心理，要按部就班、循序渐进。

很多考生可能觉得不需要专门抽出时间来练习阅读，或者说忽视了对阅读这项基本功的训练，其实，培养这种能力没有想象中那么麻烦，只要每天抽出固定的一点时间来读一些与公务员考试相关的报纸杂志，把这些文章当成一种兴趣来阅读，日积月累，慢慢就会培养起阅读理解能力。

能力的提升不在于死记硬背，而在于在阅读的过程中去思考，形成自己的思想，以自己的思维去看待事件、观点，要抓住问题的本质。要选择一些政策性、报道性的文章，在读的过程中不断在脑中提炼和加工，变成自己储存的有用信息。经过自己的一番思索和加工之后得到的信息会记忆更清晰，理解也更深刻，待到考试用到的时候即可信手拈来。

以下报纸杂志，推荐给考生参考。

(1)《人民日报》。人民日报评论员文章是向考生首推的文章，之所以首推是因为这些文章不管是从主题取材还是理论深度，都是水平较高的。考生在阅读这些文章的过程中要不断总结主要内容、思考问题反映的实质等，这样在不知不觉中会提高自己的归纳概括能力和综合分析能力，还可以作为文章论述题中"理证"的主要来源。

(2)《理论热点面对面》。这是比较实用的一本书，每年都会更新出版，该书总结性比较强，结构清晰合理，既联系具体事例又有理论指导。通过这本书，主要学习规范的书面用语，注意语言的凝练和简洁流畅，避免过多语气词和抒情性的语言，它还是很好的热点复习资料。

(3)《半月谈》。这是以讲解时事政策为主要内容的综合性期刊。中国共产党中央宣传部委托新华通讯社主办。1980年5月10日创刊。始终坚持高格调的大众化、高品位的通俗化，坚持以时事政策为主、以基层读者为主、以正面宣传为主的办刊方针，成为党在宣传思想战线一块颇有影响的舆论阵地。

从历年申论考试的材料长度来看，对材料阅读的要求越来越高。在有限的时间内阅读大量的材料，提炼出精准的答案与新颖的观点，这就更要求我们提高阅读材料的能力。

(二) 文字表达能力提升

练就一手好文笔，关键在于勤动手。阅读文章固然重要，动笔去写才是真谛。想的时候是"这样"，写出来后可能就是"那样"了，归根结底还是写得不够。公务员考试是选拔国家机关工作人员的考试，其语言表达的要求必然是机关用语，平时用惯了口语化的表达，开始的时候会觉得很不适应，但是写过一段时间之后就会慢慢找到感觉。每天拿出一段时间看看优秀的评论性文章以及近几年的政府工作报告、总书记的讲话，感受一下规范的机关用语。

练笔之前要依据个人情况，给自己制订一个计划，可以几天写一篇文章，写作中要注重语言的规范练习。限定好时间和字数，可以仿照文章论述题的字数要求和时间。写作题材自定，以近期自己看过的时政热点为基本，注意理论性和文种。写完后要对写作的过程和结果进行总结，看看还有哪些地方需要改进和学习。

练习写作的过程中要严格要求自己，答题纸、签字笔、橡皮、字迹等要按考试要求来。一切流程熟悉之后就不会感觉写得很累或者出现临考怯场的情况，才能从容自若地面对。考生在复习阶段一定要坚持"写"下去，最终会有意想不到的收获。

第二章　解码概括题

第一节　探究概括题

一、命题剖析

(一) 概括题出题方式

【真题示例】

命题剖析

结合给定资料，概括……的主要内容/问题/特点/……（20分）

要求：概况准确、全面，条理清楚，语言精练，字数不超过300字。

出题特点分析 {
(1) 明确要求结合材料；
(2) 题干中会出现概括、归纳等字眼；
(3) 常见要求为：全面准确、有条理、表达精练，字数不超过200或300字。
}

(二) 概括题基本要求

百度百科对"概括"的基本含义是这样解释的：归纳，总括，把事物的共同特点归结在一起加以简明地叙述，扼要重述。在申论考试中，可以把概括的含义换成将材料的内容进行简明扼要的重述。

概括类试题一般都会附有这样的明确要求："紧扣给定资料，全面，有条理"或"内容全面，观点明确，条理清楚，语言准确"。"全面、准确、客观、简洁"，这些无疑都是概括题最明确、最基本的要求。

根据作答要求，我们可以将概括题的基本要求分列如下。

1. 结合材料

概括本身是对材料的复述，在做概括题时，所有的内容都要在材料中找到依据，不能脱离材料进行概括。有的题是在材料的基础上进行概括的，但是还有些题需要一些背景知识，甚至可能脱离了材料。另外一个问题就是，完全根据材料的意思并不是照抄材料，而是所表述的内容在材料中要找到直接的依据。

概括题，考生个人引申发挥的空间是很小的，答案基本要从材料中概括提炼而来。

2. 全面

对材料所反映的各个要点都要进行概括，尤其注意不能丢掉对反面意见的概括。

答案采点给分，因而概括时切不可丢掉任何要点。判断材料范围要准确，阅读材料时要带着问题细心阅读。

3. 客观、准确

答案组织时应具有描述性，描述是指按照本来的样子画或者说。描述在很大程度上与评论相对，描述具有很强的客观性，它是中立的，而评论则带有很强的主观性。

【真题示例】

片断材料概括：

对于首次高速免费，"声音"不一。有人抱怨，不如不免。有人提议，能不能多些免费。有专家认为，就经济规律而言，当价格信号失去作用，必然导致对资源的滥用，高速公路长假期间免费通行却导致大拥堵，看上去就是一个很好的例子。有人认为，长假免费是公路向公益性回归迈出实质性的一步，是一种进步。也有人认为，一项公共政策的出台，应该更为广泛地吸取民意，让公众参与其中，这个过程既是为了政策更具科学性，本身也是公众对政策的一个强化了解过程，以便公众能够依据掌握的信息作出科学安排。

答案一：

| 对 | 于 | 首 | 次 | 高 | 速 | 免 | 费 | ， | 有 | 人 | 认 | 为 | ， | 公 | 共 | 政 | 策 | 的 | 出 | 台 | ， | 应 |
| 该 | 更 | 为 | 广 | 泛 | 地 | 吸 | 取 | 民 | 意 | ， | 让 | 公 | 众 | 参 | 与 | 其 | 中 | 。 | | | | |

答案二：

| 对 | 于 | 首 | 次 | 高 | 速 | 免 | 费 | ， | 存 | 在 | 多 | 种 | 不 | 同 | 看 | 法 | 。 | | | | | |

【华智点评】

答案二是对这一段的准确概括，表明了高速免费政策存在多种观点，因为这段材料并没有表明任何一种观点是正确或合理的，不能从主观意愿出发，认为公众参与的观点更合理。答案一是考生"主观观点"，并不"客观、准确"。

4. 语言精练

语言要精确、简洁、直入主题、少说或不说套话。历年真题中，概括题常要求将几千字的字数概括为200～300字，其实质就是要求考生以最少的文字表达最丰富的内涵。这就要求用词必须精练，以达到言简意赅的效果。

精练相对于语言而言，就是表达词语要精简，尽量使用一些短的陈述句，少用些复杂的复句，不能出现表述不清或重复的毛病。

【真题示例】

两位考生从某材料中概括得到的答案如下所示。

答案一：

随	着	越	来	越	多	的	大	学	生	无	法	顺	利	找	到	理	想	的	与	专	业	对
口	的	工	作	，	大	学	生	找	工	作	成	为	社	会	上	热	议	的	话	题	，	也	引	发
了	大	学	校	长	和	专	家	学	者	的	思	考	。

答案二：

| 大 | 学 | 生 | 找 | 工 | 作 | 成 | 为 | 社 | 会 | 上 | 热 | 议 | 的 | 话 | 题 | 。 |

【华智点评】

答案二更佳。在有字数限制的情况下，语句要精准。答案二既准确传达出材料愿意，也将语句表达中的复杂内容删除，达到了语言精练的要求。

5. 条理清晰

条理清楚，简单地说就是内容组织有条理，或有逻辑，或有层次，或分类分点。

【经典真题】

根据给定资料，概括目前我国城乡居民参加体育健身活动的现状。（20分）

要求：内容全面，观点明确，条理清晰，语言准确，不超过200字。

【给定资料】

2. 2013年8月5日国家体育总局公布城乡居民健身情况和体质状况调查结果。调查显示，健身活动的参与度有所提高，有49.2%的人参加过体育健身活动。其中城镇居民为59.8%，乡村居民为35.6%；男性为50.2%，女性为48.2%。而经常参加体育健身的人数比例达到32.7%，与以往的调查结果相比提高4.5个百分点。体育健身也日趋生活化，在参加体育健身的人群中，每周参加体育健身活动1次及以上的人数，达到了78.1%，其中76.7%的人已经坚持了1年以上，32.1%的人坚持了5年以上。随着年龄增长，常年坚持体育健身活动的人数比例增加，城乡60岁以上人群，半数以上的人坚持体育健身活动在5年以上。

调查结果显示，在"单位或小区的体育场所"健身的人数比例为23.1%，在"公共体育场馆"健身的人数比例为15.2%，在公路、街道边和在广场、场院健身的人数比例均为14%，在公园健身的为12%，住宅小区空地健身的为8.7%。

调查结果显示，居民参加体育健身的前五位原因依次为增加体力活动（36.6%）、消遣娱乐（23.7%）、防病治病（14.5%）、减肥（9.4%）、减轻压力及调节情绪（8.6%），而认为没必要进行体育健身的人数比例排在15个因素中的最后一位，仅为0.1%~0.2%。这些结果表明，绝大多数人有明确的体育健身目的，对体育健身提高健康水平的作用具有明确的认识。

3. 山东省体育中心建于20世纪80年代，当时山东省8 000多万百姓每人捐献1元，以加快其建设，可谓"取之于民"。据山东省体育中心副主任王耀南介绍，这是为1988年首届城运会建设的体育场使用25年后，其功能首次实现向服务全民健身转变。

早6时许，记者在篮球主题公园看到已有近百人在打篮球。体育场西侧空地上，有跳健身操的老者，也有红扇白衣翩翩起舞的太极扇爱好者。在内场塑胶跑道，记者看到有6人正在跑步或慢行，工作人员说，开放第一天约有20人前来锻炼。56岁的王玉华跑完4圈后告诉记者，坚持跑步七八年，多数是在路上跑，听说省体开放了，专门坐了半小时公交车来这跑步。"马路上车多、废气多，省体这塑胶跑道就是舒服。"

据调查，在城乡居民参加体育健身的方法中，有健步走……

4. 李先生是"塘沽夕阳红骑行队"的创办人，他带领队友通过科学锻炼、低碳健身，增强了体质……轮迹遍布全国。该骑行队从最初的28人一直发展到现在的130余人。

在日常生活中，他除了组织骑行活动，还经常举办讲座……传授了经验，指导了工作。

在全国亿万健身群众的行列中，活跃着很多像李先生一样的人……社会体育指导员……还担当着技能传播者的角色。

5. ……

6. 我国共有各类体育场地85万个，平均每万人拥有体育场地6.58个，人均体育场地面积为1.03平方米，体育场地的开放率和利用率低。我国体育场地大多数属于教育系统，占总量的65.6%，学校体育场地对外开放率，仅为29.2%，即使是开放的体育场地，利用率也不高。

首都体育学院党委书记李鸿江指出，中国青少年体质连续25年下降，其中力量、速度、爆发力、耐力等身体素质全面下滑，肥胖、豆芽菜型孩子和近视孩子的数量急剧增长。以北京为例，去年北京高中生的体检合格率仅为一成。北京一所大学学生军训，3 500人的学生规模，累计看病人次达到6 000余次。

北京第十二中学校长李有毅则反映了另一个问题:"学校有1 000名学生住宿,他们早上有时候起不来,学校就想能不能让他们晨练,可坚持一个月就不得不停止了。家长联名写信说我们'太摧残孩子啦'。还有家长建议'能不能把锻炼改在放学之后'。同样夭折的不仅是晨练,原来学校初一有军训,后来也停了,太多家长拿来了从医院开出来的请假条。"

……

(仅针对给定的部分材料概括)

答案一:

①居民健身活动的参与度有所提高;②健身场所多样;③居民有明确的体育健身目的和健康意识;④一些体育场馆对市民开放;⑤各类体育场地开放率和利用率低;⑥青少年体育锻炼少、体质差。

答案二:

好现状:①居民健身活动的参与度有所提高;②健身场所多样;③大部分居民有明确的体育健身目的和健康意识;④一些体育场所不断地对市民开放。

问题:①青少年体育锻炼少、体质差;②各类公共体育场地对外开放率低。

【华智点评】

题目问的是现状,而通过材料明显发现有好的现象和不好的问题,但是答案一的回答并未区别开,稍显混乱,是表面化的条理。

答案二真正做到了结合题目和材料,分层次、分条理。

6. 语言表达规范

所谓语言表达规范,一是指词语、语气要符合题目要求的身份,二是指用词规范、搭配合理。语言表达的规范性不仅是概括题的要求,也是对策题的要求。语言尽量书面化、政府化。

7. 归纳分类

概括题中的特殊要求,并不是每一题都有此要求。

例如,"归纳概括"就是要提炼出若干事物的共同特质,尔后再用凝练准确的文字将其表达出来的过程。从思维的角度说,就是从特殊到一般、从较小范围的认识上升

到较大范围的认识、从较低层次的认识上升到较高层次的认识的过程。==在答题时表现为对答案要点分类或分层次归纳合并。==

【真题示例】

请概括材料中的措施：

"太平河北岸应该多建几个==停车场==。"市民吴先生说。城市水系管理处负责人表示，在==便民提质工程==中，将结合水系实际，解决市民反映的重点、热点问题，==大力完善服务设施建设==。

针对太平河、环城水系等距离市中心区较远的情况，为方便更多的市民前往游览，在现有公交线路的基础上，城市水系管理处将积极协调相关部门，继续==增加公交线路==。

为满足市民健身与观光的需要，将对太平河原有的 15 千米==绿道进行完善==。到 7 月底，自体育大街到植物园新开辟的 35 千米绿道全部投入使用。同时，在确保安全的前提下，在连心河、太平河沿线选择合适地点，==设立垂钓区；在两岸规划修建公共厕所、停车场等==，满足游人需求。

答案一：

①便民提质工程，完善服务设施建设，增建几个停车场；②增加公交线路；③完善河道沿岸绿道，建立垂钓区，并规划建设公共厕所、停车场。

答案二：

实施便民提质工程，完善服务设施建设，如停车场、绿道、公共厕所等。

【华智点评】

答案二更佳。本质上来说，三个段落中的答案无论是停车场还是公交路线，或是绿道、公共厕所，都是基础服务设施，都是便民工程的范围，所以这三个段落的小点应当合并归纳。

(三) 概括题的分类

1. 概括给定资料的主要内容

概括主要内容的题型在上海市公务员考试中近年出题频率略下降，但在上海市公安系统人民警察学员考试和上海市行政执法类公务员考试中近年出题概率仍较高。事业单位考试 2018 年改革后，尚未出现此类题目。

上海市公务员考试近年真题	上海市行政执法类公务员考试近年真题	上海市公安系统人民警察学员考试近年真题
2015年（B卷） 请概括给定资料的主要内容（10分） 要求：语言简练，层次要点清楚，字数不超过200字	2017年 请概括给定资料2~8的主要内容（25分） 要求：语言精练，层次要点清楚，字数不超过200字	2016年 请概括给定资料2~8的主要内容（15分） 要求：语言精练，层次要点清楚，字数不超过200字
2013年（A卷） 请概括给定资料6~9的主要内容（10分） 要求：语言简练，层次要点清楚，字数不超过200字	2016年 请概括给定资料的主要内容（10分） 要求：语言简练，层次要点清楚，字数不超过200字	2015年 请概括给定资料的主要内容（15分） 要求：语言精练，层次要点清楚，字数不超过200字
2013年（B卷） 请概括给定资料1~5的主要内容（10分） 要求：语言简练，层次要点清楚，字数不超过200字	2015年 请概括给定资料1~3的主要内容（25分） 要求：语言简练，层次要点清楚，字数不超过200字	2013年 请概括给定资料1~3的主要内容（25分） 要求：语言简练，层次要点清楚，字数不超过200字

2. 概括部分层次的要点

常见命题有<u>概括问题、分析原因、概括影响、概括特点、总结观点</u>等。

上海市公务员考试近年真题	上海市行政执法类公务员考试近年真题	上海市公安系统人民警察学员考试近年真题	上海市事业单位考试近年真题
2017年（B卷） 根据给定资料，分析×公司在机器人制造业获得成功的主要因素（20分） 要求：概况准确，条理清楚，语言精练，字数不超过300字	2018年 结合给定材料5，谈谈推行"河长制"的意义（25分） 要求：观点明确，语言清楚，字数不超过300字	2018年 结合给定材料，谈谈上海市公安部门转变工作作风的主要目标是什么（25分） 要求：全面准确，语言清楚，字数不超过300字	2018年（改革后，上海自主命题） 座谈会结束后，办公室领导责成你根据座谈会上各代表的发言，概括当前座位管理系统存在的主要问题并提供相应的解决思路与建议，供办公室领导决策参考 作答要求：准确全面，分条列项作答，字数在400字以内（本题35分）
2016年（B卷） 结合给定资料，对社会各界主动捍卫英雄名誉的意义作简要分析（20分） 要求：概括准确，条理清楚，语言精练，字数不超过300字			
2014年（A卷） 结合给定资料中的几个案例，分析我国有些地方政府行政审批所存在的问题（15分） 要求：分析思考条理清楚，观点明确，不超过300字	2016年 结合给定材料，谈谈良好的社会风气主要包含哪些内容（25分） 要求：观点明确，语言清楚，字数不超过300字	2015年 概括网络犯罪的主要特点和趋势（15分） 要求：语言精练，层次要点清楚，字数不超过200字	2017年（改革初，参加全国联考） B市《民生周刊》的记者来你院就"医通卡"的推广使用情况进行采访。请你根据材料一中的流程图，向他介绍"医通卡"为患者带来了哪些便利（35分） 作答要求：准确全面，分条列项作答，字数在200字以内
2013年（A卷） 简要概括"是否恢复'五一'黄金周"的几种不同观点（10分） 要求：条理清楚，准确、简明，字数不超过200字			

在上海地区任何公职类考试中，都会出概括题，概括部分层次内容是必出题型。

二、考频分析

（一）上海市公务员考试

2011—2015年，上海市公务员考试申论A、B卷，除作文以外，还有4道小题，其中概括题的题量如下图所示。

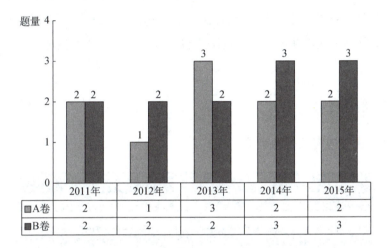

2016—2019年，上海市公务员考试申论A、B卷，除作文以外，还有3道小题，其中概括题是必考题型。

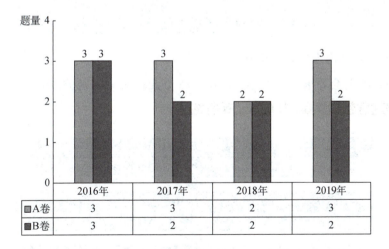

（二）上海其他公职类考试

2015年起，上海单独设立行政执法类公务员考试，试卷有3题，2道小题和1道作文题，2道小题中至少有1题为概括题。

2011—2016 年上海市公安系统人民警察学员考试申论试卷为 3 道小题加 1 道作文题，其中一般概括题为 1~2 题。2017 年以后，为 2 道小题加 1 道作文题，其中 1 题为概括题。

上海市事业单位综合应用能力考试，2018 年开始由上海本地命题，在改革后，试卷由 2 道小题加 1 道作文题组成，2 道小题中有 1 题为概括题。

(三) 出题总结

首先，从出题频率来看，在上海地区公职类考试中，除了作文题，每年概括题的出题量基本占 50%甚至以上，是最基础也最重要的题型。其次，从出题的题型和考查角度来说，出题方式在不断创新，难度随之也有所提高，需要考生加以注意。

三、解题策略

(一) 概括主要内容的答题步骤

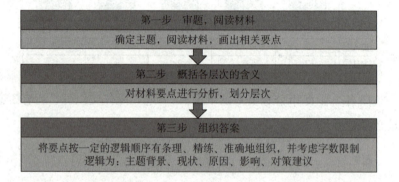

(二) 概括部分内容的答题步骤

申论考试有时会要求考生概述材料中某一方面或某一问题的内容。一般表现为<mark>概述原因、概述方法、概述方针政策、概述观点</mark>等。

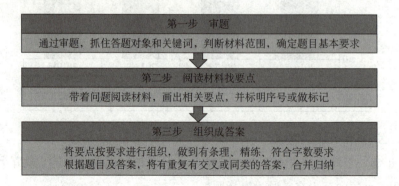

第二节 实战解析

一、基本类型分析

近年来，概括题题型的杂糅使题目难度增大，在具体的侧重点上也更加灵活，对考生的要求也更高。但是万变不离其宗，所有的答案都来源于材料，需要我们结合材料，根据题目的具体要求，调动我们的知识储备来完成。

（一）概括主要内容

2016年上海市公安系统人民警察学员考试申论

概括"给定资料"的主要内容。（15分）

要求：语言精练、层次要点清楚，不超过200字。

【思路分析】

题目要求概括主要内容，即给定资料给的所有内容，如现状、原因、影响等，都应概括。

（二）概括部分层次内容

2018年上海市公务员考试申论B卷

结合给定资料，概述大数据与人工智能等新兴科技对人类社会与生活的影响。（20分）

要求：概括准确，条理清楚，语言简练，不超过300字。

【思路分析】

题目仅要求概括影响，影响仅是主要内容的某一个层次，其他内容不进行概括。

一般来说，概括题失分原因有如下三类。

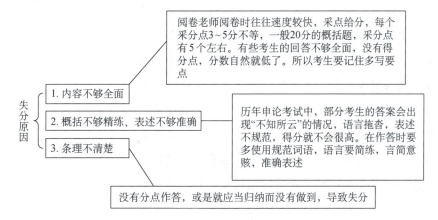

二、典型例题

(一) 概括主要内容

概括主要内容的题型涉及材料==最多==。

对全部材料进行概括需要阅读七八千字，因而，在阅读时必须要有==技巧==，选择要点时要==明确==、==精练==。

拓展视频

【经典真题1】

请归纳出给定资料中蕴含的几个方面的内容，并加以概括叙述。

要求：归纳得当，概括准确，条理清晰，350～400字。

【给定资料】

1. 为了应对全球性的经济衰退，中国政府提出4万亿元刺激方案，各地方政府摩拳擦掌纷纷宣布大规模投资计划，合计投资18亿元人民币。这当然很好，但中央政府应充分发挥其宏观调控能力，及时介入并积极主导区域的分工协调，努力避免重复建设和资源浪费。比如，一个城市需要进行比较大的基础设施建设，应该考虑与其周边地区协调合作，谋求优势互补，避免各自为政、不计成本和效益乱铺摊子，否则，不仅不能实现利益的最大化，反而会带来负面效应。再如，在中国无论农村还是城市，只要走进医院，处处可见人满为患的场景，医院既缺病房、病床，又缺医生、护士，乡镇医院连一般的病都无法检查，村民必须辗转到县城去看，稍微复杂一点的病情必须转到省市医院，如果每个村子都建设一个小型医疗所，治疗一些感冒发烧的常见症状，每个乡镇能建设一个中等医院，中小城市按人口比例建设相应规模的医院，群众就不必奔波劳顿到大城市看病，如果国家将医疗领域作为重点投资对象，废除投资壁垒，不仅可以激活对建筑材料、医疗器材的需求，创造大量就业机会，也会大大缓解医患之间的矛盾。扩大内需不应是轰轰烈烈的形象工程、政绩工程，政府应该实实在在地提高人民的生活质量，实实在在地改善企业的经营环境；扩大内需不是花钱比赛，不应再

材料1：主要讨论了政府在全球经济衰退的背景下应如何做，核心是刺激内需。

重复过去大量浪费的惨痛教训，应尊重市场机制，瞄准国内消费，同时全程接受人民和媒体的监督质询。

2. 全球性经济衰退的负面效应还在扩散，在出口市场开始"过冬"的情况下，国内消费成为我国保证经济增速的"发动机"。我国长期的经济增长主要依靠投资和出口带动，贸易顺差吸收了大量外汇，央行官方网站近日发布消息称，央行将促进经济结构调整和发展方式转变，更有效地推动就业，促进和支持消费增长，当前必须面对的主要问题已经转变成如何刺激居民消费，使其成为经济发展的源头。

中国发展研究基金会副秘书长汤敏：从目前的情况看，中国没有太多选择，整个的全球经济都有了问题。这个时候仍然靠出口拉动经济增长，肯定会受到冲击，所以现在得赶紧采取措施，使我们的内需增加，用以补偿外需，减少金融危机造成的影响。这是我们改变发展模式的一个催化剂，也是一个良好的契机。如果做得好的话，很可能从此把我们的经济由外向型为主，变成内向型为主。从而打破原来的那种不平衡的经济发展模式。

国务院发展研究中心对外经济研究部副部长隆国强：启动内需不是刺激投资，而是刺激消费，要老百姓花钱，首先老百姓得有钱。这几年为什么消费不振，一个很重要的原因就是个人的收入在整个国民收入的分配格局中所占的份额越来越小，这实际上是一个制度的问题。老百姓有了钱为什么存在银行，而不愿去花呢？因为他们对未来没有信心。他们的养老、医疗，孩子的就医、就学，都必须通过一些制度性的改革来树立起信心。

中欧国际工商学院教授许小年：我们居民消费在GDP所占的比重近年来逐年下降，去年降到了只有35%，而居民消费在其他国家都在70%以上，我们居民消费太弱了，所以不能再刺激投资。我们过去每年的投资率增长20%以上，已经形成了很多过剩产能。而这些过剩产能，过去主要依靠海外市场来消化。现在海外市场的需求没有

材料2：列举了几位专家的建议——刺激消费需要提高居民的消费信心。

了，这些过剩产能怎么办？所以你再刺激投资，这条路子走不通了。如果刺激消费的话，就要解除老百姓的后顾之忧，医疗也要改革。要赶快推进，养老保险、教育支出都是老百姓储蓄的主要用途，在这些方面的改革要尽快进行。

3. 中国人历来视勤俭节约为美德，怎么现在反倒成了坏事？美德反倒变成了不利于整体社会发展的负面精神遗产？显然这里有一些不对劲的地方。世界上绝大多数人都向往富足的物质生活，除了少数将物质享受与精神修养对立起来的苦行者之外，因为人的消费欲望是无休止的，但现实购买力约束了这种无限的消费欲。某些商品之所以"过剩"并不是老百姓没有这方面的需求，而是它们的价格相对于消费者的收入来说实在是太高了，最典型的例子要数房价了。在我看来，那些将拉动内需等同于"鼓励老百姓消费"的宣传员们混淆了一个重要的逻辑关系，假如"内需"是将老百姓钱包中的钱吸引出来就能够"拉动"的话，那么通货膨胀是最立竿见影的办法！"拉动内需"的核心是中国日益明显的出口导向的"生产型经济"转型为国内市场导向的"消费型经济"。<u>因此，拉动内需和鼓励消费的关键不在于改变人民的行为而在于改变政府的行为。</u>

我是一个吃穿不愁的中等收入的上海市民，平时的消费的确很少，但我仔细思量一下，这并不是由于我清心寡欲，而是我需要的同时又有能力支付的商品实在太少了。比方说，我非常需要保持足够的体育锻炼，假如离我家步行时间在半小时以内，各种运动洗浴设施基本齐全的健身会馆年费在2 000元以下，我就会毫不犹豫地前去消费。但我找遍整个街区，符合我要求的最低价格是我心理价位的3倍。至于旅游，一想到景点门票比酒店价格还贵，还难免要被导游和各色宣称为我"服务"的人强拉去购买各种能够给他们带来大量回扣的高价商品，我就止步不前了。我心里其实很清楚，一定有

材料3：拉动内需的关键在于政府，政府既要维护市场秩序，又不能干预自由竞争和创新。

人愿意开我中意的健身馆，但他们不是因为租金太贵经营不下去，就是因为私营企业不能涉及许多文化事业的行政因素，而不许经营。<u>因此，我最想说的是，要真正"拉动内需"，合理的途径是，政府在不该管的地方放松乃至取消管制，在该管的地方要坚决承担起责任，哪怕是起码的责任，前者叫不干预市场自由竞争和创新，后者叫维护市场秩序。</u>

4. 在全球经济形势不断恶化的情况下，西邻巴山县的姚三多和他的村民们却<u>没有受到多大的影响</u>。

姚三多，和平村人，1960年出生，和妻子巧珍育有4个儿女。他住在距县城6.5千米共计560多人的小山村里。和其他的山村不同的是，他的村子里没有人外出打工。在当地政府的引导下，他们靠种植名优特蔬菜走上了发家致富之路。他们村人均年收入4万元以上，被授予了"百村典型示范工程示范村"。

1995年，该村的收入不足1万元。1995年前，更是饭都吃不饱。以前，他们村是以砍伐木料卖给工厂为主要经济来源的。后来森林的砍伐过于严重，连国有林场都被砍伐完了。他们村以前主要种小麦，但是产出很少，经常是投入100千克，产出100千克。<u>2000年，政府开始摸索产业结构调整</u>。1998年前后，政府鼓励农民种植土豆，但是由于市价过低、渠道不通等因素最终没有取得很好的效果。政府也曾鼓励农民种植蘑菇，2000年，由于陕西省推广"天然林资源保护工程"，这个项目也未能继续。经过几年的摸索尝试，最终政府号召广大农民种植名优特蔬菜。姚三多积极响应政府的号召，2000年种植了架豆王，收获700多千克。初尝甜头后，他在2002年扩大种植面积，种植了多样化的名优特蔬菜，各项收入加在一起超过4万元。2008年，在农村经纪人的努力下，和平村的蔬菜从县城运进了省城，甚至京城。目前，当地政府引导村民搭建大棚，种植反季节蔬菜。和其他村民一样，姚三多打算在2009年大干一场。他购置了新的手机，还购

材料4：举例说明农村若能利用适合自身发展的经济发展条件，探索产业结构升级，农村经济就会"逆流而上"。

巴山县和平村之所以没受影响，是因为产业结构的调整。

买了一辆拖拉机。现在正在盖房子，准备给儿子结婚，日子过得红红火火。

5. <u>中国人的民生分布极不平衡，城乡之间、地区之间、各阶层之间差距都很大</u>。在中国农村的有些地区，通信基本靠吼、交通基本靠走。有的外国友人说，到了中国东部像到了欧洲，到西部就好像到了非洲。

农村小病不医、大病医不起的情况普遍存在。有些城市，百分之零点零几的人耗费的医药费占据了全市人口医药费的百分之九十九点九。在城镇，房价上涨的幅度远远大于居民可支配收入上涨的幅度。举个例子，一个博士，工作后要买房，需要几年还是十几年？那么他什么时候结婚？中国有一百多万城镇居民缺房，35万户家庭平均住房面积在8平米以下。与此形成鲜明对比的是，一个贪官查出几十套房子，中国的富豪榜排在前面的永远都是房地产开发商。

世界上民生工作做得好的国家，基尼系数在0.15到0.18之间，而我国早在2005年，基尼系数就已经达到了0.467，贫富差距很严重。回避差距导致差距严重，回避弱势群体，结果弱势群体人数越来越多。几百万富人的狗的消费水平比几千万贫困人口的消费水平还高。显而易见，收入差距大，财富差距更大。仅从金融资产来看，城镇20%人口的资产占了总资产的66.8%，20%的贫困人口的资产只占1.3%。

> 材料5：列举数字，举医疗事例，说明我国民生分布不平衡、贫富差距大。

6. 32年前重政治、软经济，导致吃饭都成问题，改革开放后又导致经济中心论，GDP拜物教滋长，经济腿长了，社会腿短了。30年来，平均主义的思潮被打压下去了，但是有些人又认为差距越大越好。邓小平早在20世纪90年代就注意到这个问题，他老人家多次强调要共同富裕。他多次说收入差距大就失败了，就要出问题了，就要打内战了。他老人家的谆谆教导未能引起重视，这是不应该的。

马克思说："人民奋斗后争取的一切都同他们的利益

> 材料6：强调要共同富裕、缩小收入差距，这需要政府发挥调控职能，建立分配保障制度并强化民生职能。

相关。"当然，关注民生要付出代价。收入用于教育的多了，用于经济的就少了；用于环保的多了，企业的生产成本就增加了；雇员的工资增加了，雇主的生产成本就上升了。在当今的经济形势下，个别既得利益组织共同对付弱势群体，假如政府再包庇非理性经济人，维护少数人的利益，那么就是政府的失职，最终是会影响大局的。

市场不需要眼泪，但政府不能没有眼泪。政府不应该与民争利。20世纪以来，全球40多个国家先后开展"瘦身政府""重塑政府"的新公共管理运动。政府应该是为弱势群体而设的，应该保护弱势群体的利益。改革开放以来，中央政府颁布了一系列保护弱势群体的政策，但这些是不够的，仍需加强。建设中国特色社会主义小康社会，不单是经济的增长，更需要全面进步。政府发挥调控职能，建立分配保障制度是解决这一问题的一大有效方法。市场扩大差距，政府缩小差距，市场规范竞争机制，政府强化民生职能，二者结合起来，互利，互动，经济才能发展。强化了民生职能的政府叫民生政府，当然，民生政府要有民生财政。当收入分配时，应该是民生优先。不断提高民生财政的支出比例，完善公共财政体系，扩大公务服务的范围，把更多的资金投向公共服务薄弱的农村，保民生、顺民意推动社会的不断进步。据统计，我国当前有700万城镇登记失业人口，1 000多万下岗职工，120万～150万城镇失业农民，还有80万大中专毕业生待业。所以，温总理在今年的政府工作报告上强调今年要实施更加积极的就业政策。不久前，他在网上同网友交流时，深情地说："就业不仅关系到一个人的生计，而且关系到一个人的尊严。"

7. 说到企业的社会责任，有的企业家就说，我吸收了多少多少劳动力，似乎这就是尽了社会责任，问题是还有没有别的社会责任？比如，参与第三次分配就是社会责任。分配有三个层次：一次分配是纳税、给职工发工资；二次分配是政府收了税后，拿出一部分用于社会事业，包

材料7：指出我国企业家缺乏社会责任感，参与第一次和第三次分配不足，即个人纳税不足、参与慈善捐赠不足。

括救助，尤其是在医疗、教育和扶助弱势群体方面，体现社会公平等；三次分配是民间捐赠，我国捐赠比以前有很大的发展，在2008年抗震救灾中，各地各界踊跃捐款，这就是对社会责任的检阅，相对以前有了很大的进步。但是如果拿以前的情况横向比一比，可以看出，我们的第三次分配格局尚未形成。在一些发达国家，慈善事业等第三次分配的总量约占GDP 3%～5%，而在我国只占0.1%，而且其中还有近80%来自海外，只有20%多一点来自内地。在这种背景下，加速推进慈善事业的发展，促进第三次分配格局的形成无疑具有强烈的现实意义。这清楚的表明我们企业家是为富少捐甚至是为富不捐，这怎么能说中国企业家已经充分尽到社会责任呢？

不仅是第三次分配，就连第一次分配中国企业家也做得不像样子，中国10%的富人收入上缴的个人所得税还不到国家个人所得税收入的10%，美国10%的富人所缴纳的个人所得税占全部个人所得税的80%。有人保守估计，2004年我国税收流失4 500亿元，在全部税收的15%左右，因此组织、协调、计划预算是政府三个层次，也是作为民生政府、服务性政府、责任政府的重要责任之一。

需要政府，发挥职能。

8. 在民主政治下，由选举和任命产生的官员必须对人民负责，他们必须为其言语和行为承担责任，问责是由授权产生的，所以问责制度全部正当性是基于权为民所授。

宪政体制下的责任政府的首要责任是：对其所做的一切，即与国家相关发生的一切，向公众有所交待。2003年突如其来的非典危机，在很大程度上促使问责制启动，成为中国战胜非典的转折点。对在非典肆虐的时期，包括前卫生部长张文康、前北京市长孟学农两位省部级高官在内的上千个各级人民政府官员，因隐瞒疫情或防治不利被查处，是新中国历史上首次在突发灾害事件中，短时间内就同一问题连续大范围追究官员责任。战胜非典危机后，

材料8：分析了问责制的来源，并介绍了我国建立问责制的进程与成果。

我国从中央到地方开始加快推进政府问责制的制度化建设。

温家宝总理在履新之日就表示，本届政府将从建立政府问责制推进政府体制改革，他的首份施政报告，以罕见的以人为本、执政为民为主要内容，问责制度尤为突出。温家宝在报告中重申，政府的权利是人民赋予的，并且明确指出政府工作有权必有责，有错必赔偿，尤其针对重特大安全事故频发的严峻形势，温家宝总理提出"四不放过"，即（1）事故原因没有查清不放过；（2）事故责任者没有严肃处理不放过；（3）广大职工没有受到教育不放过；（4）防范措施没有落实不放过。这无疑是中央政府要厉行责任追究的强烈信号，与此同时，地方也加快了建立问责制度的步伐。去年下半年，四川省政府公布的官员引咎辞职引起广泛关注；今年以来，湖北、湖南、安徽也开始实施问责制度；目前，国家监察部正在拟定一个有关行政问责及党政领导问责制度的规定，可以看出建立问责制度的情况。

9. 有为无为都是过，是过就应受到追究，2009年2月1日春节后上班第一天，蓬莱市市委市政府研究出台的《蓬莱市领导干部及工作人员有错无为问责暂行办法》正式对外公布施行，闻之令人耳目一新，有错就有过，应当受到追究，在普通老百姓看来，这些人在其位不履其职，不尽责，不为百姓着想，对领导队伍重要作用的发挥有着毁灭性破坏。无为即有过，无为是在误人、误事、误国，与执政为民背道而驰，与党和人民的想法相去甚远，把那些只拿俸禄不干实事的人撤下来并问责，同时启用那些能担当的好干部，这不仅是转变，更是老百姓的要求，符合人民群众的期待。蓬莱的问责办法还赋予了群众话语权。通过公民投诉、举报，"网上民声"和人大政协的监督，以及领导干部问责制度的完善，问责无为者，这种办法很值得推广。

材料9：举例介绍了蓬莱市的问责制实施办法，是对材料8问责制度的补充。

【思路分析】

1. 对相关要点进行层次梳理

材料1	背景、主题：全球经济衰退的背景下，提振经济的重要举措是刺激内需 对策一：政府投入巨额资金以刺激经济增长
材料2	提出主题：国内消费是保证我国经济发展的发动机，而我们面对的问题是，如何刺激居民消费，使其成为经济发展的源头
材料3	对策二：拉动内需关键在于政府，政府既要维护市场秩序，又不能干预自由竞争和创新
材料4	对策三：（正面事例形成经验型对策）产业升级，应对经济形势
材料5	问题一：我国的民生分布极不平衡，城乡、地区、各阶层之间差距都很大
材料6	对策四：政府要保障民生，采取各种措施缩小贫富差距
材料7	问题二：企业第一次和第三次分配参与不足 对策五：政府要发挥组织、协调职能，建立服务性政府、民生政府
材料8～9	对策六：推进政府问责制的建设

2. 要点层次明确

背景→主题→问题→对策，按逻辑层次组织答案。

【参考答案】

全球经济衰退的背景下，提振经济的重要举措是刺激内需。国内消费是保证我国经济发展的发动机，而我们面对的问题是，如何刺激居民消费，使其成为经济发展的源头。

当下，国内面临的问题有：我国民生分布不平衡，贫富差距大。我国企业家缺乏社会责任感，参与第一次和第三次分配不足，纳税不足。

要解决问题，政府是关键，需要从以下几方面着手：①加大投入，扩大内需，尊重市场机制，瞄准国内消费，同时全程接受人民和媒体的监督质询；②既要维护市场秩序，又不能干预自由竞争和创新；③推动产业结构升级，实现经济发展；④发挥调控职能，建立分配保障制度，强化民生职能；⑤强化财税职能，做好组织、协调、计划预算，建立民生政府、责任政府；⑥不断推进问责制，推进政府体制改革。

【经典真题2】

概括"给定资料"的主要内容。（15分）

要求：语言精练、层次要点清楚，字数不超过200字。

【给定资料】

1. 2013年新年伊始，我国许多地区就遭遇了大范围的严重雾霾天气。据环保部监测，1月29至30日，雾霾面积达到约140万平方千米，也就是说，我国国土面积的大约1/7都在雾霾的笼罩之下。在全国74个空气质量监测城市中，有33个城市的空气质量指数（AQI）超过300，达到"严重污染"级别。

以北京为例，1月份仅有5天（也有说是6天）不是雾霾天，空气质量连续多日达到最恶劣的六级，北京市气象台也发布了有气象预警史以来首个霾橙色预警信号。1月13日上午，北京天安门广场上雾霾弥漫，能见度不超过500米，街头上不时出现戴着医用口罩的行人，有市民表示："呼吸有一定的困难，总觉得胸闷，比前几日的严寒更难忍受。"北京环境保护监测中心12日的空气质量日报显示，35个监测点中，除位于北部的延庆镇、昌平定陵和京西北八达岭三个站点轻度污染外，其余站点都覆没在六级"严重污染"和五级"重度污染"之中，PM2.5指数濒临爆表。

2. 2013年1月9日以来，天津雾霾天气愈演愈烈。天津市环境监测中心即时监测数据显示，1月13日11时左右，天津市17个环境空气质量监测点的AQI数值均为300以上，所有区域环境空气质量等级都处于"严重污染"状态，17个监测点空气的首要污染物均是PM2.5。

据天津市环保局工作人员介绍，从1月9日开始，天津市就出现了雾霾，连续三天的时间，天津市风力又比较小，全市大部分地区出现雾霾天气。早高峰时天津市几乎80%的地区出现了雾霾天气。雾霾使天津城的能见度下降较为明显，能见度最小时只有不到2千米，局部地区的能

视频解析

材料1：我国许多地区遭遇了大范围的严重雾霾天气，如北京。

材料2：天津严重雾霾天气的介绍。

见度小于 1 千米。

3. 2013 年 1 月 13 日 16 时，邯郸市气象局发布大雾黄色预警信号和霾黄色预警信号。13 日夜间至 14 日白天，邯郸市中东部地区出现雾霾天气，局部地区能见度小于 200 米。

此前有媒体根据环保局数据排出全国十大污染城市名单，邯郸位列"亚军"。1 月 13 日，河北省空气质量自动发布系统监测数据显示，邯郸 4 个监测点——丛台公园、市环保局、东污水处理厂、矿院皆为"严重污染"。这 4 个空气质量观测点所在位置包括主城区、丛台区、邯山区，其 AQI 都在 330 以上，几度达到极值 500，首要污染物为 PM2.5 和 PM10。

材料 3：邯郸严重雾霾天气的介绍。

4. 2013 年 1 月 12 日，济南市笼罩在漫天的雾霾中，除跑马岭为中度污染外，其他全部为严重污染。15 个监测点中有 10 个"爆表"，达到监测极值。

当日，全国十大污染城市，山东占了 4 个。自 6 日上午开始，笼罩山东的雾霾天气已连绵 9 天。山东省城市环境质量状况发布平台的数据显示，14 日 13 时，济南开发区、机床二厂、泉城广城的能见度只有 0.5 千米。

在环保部公布的重点城市空气质量日报中，济南以污染指数"500"成为全国空气质量最差的城市。除了济南，在 14 日的全国十大污染最严重城市中，淄博、济宁、泰安分别以污染指数 343、290、278 排在第五、第八及第九位。

材料 4：济南严重雾霾天气的介绍。

5. 雾霾天气给交通出行带来不利影响。在 2013 年初的雾霾事件中，受影响最严重的北京、天津、河北、湖北等地多条高速公路都采取了临时的交通管制。天津到北京的高速公路全线关闭，河北境内的 18 条高速公路、河南境内的 7 条高速公路封闭。在京哈高速卢龙段，等候出行的车辆一度排起了长队。

1 月 11 日凌晨起，天津港水域持续能见度不良，11 时海上大部分水域能见度仅 1 100 米左右，给正常通航造

材料 5：雾霾天气给交通出行带来不利影响，举多个事例说明。

成不利影响。截至当天下午，天津港海上能见度约1 000米，临港港区船舶航行动态暂停。

此外，石家庄机场因能见度低致使多趟航班延误，南昌昌北国际机场部分航班受影响，青岛流亭国际机场60余架次进出港航班延误或取消，近5 000名旅客出行受到影响。

6. 2013年初的重度雾霾天气还使呼吸道疾病患者增多，在很多医院的呼吸科和儿科门前，患者排起了长队。北京儿童医院日均门诊量近1万人次，其中30%是呼吸道疾病。

专家分析，除了天气寒冷干燥外，连续的大雾天气也是呼吸道疾病和心脑血管疾病发病的重要原因之一。北京999急救中心1月11日、12日的数据统计显示，两天共接送51名肺部感染患者、5名气管炎和哮喘患者，而心血管疾病患者最多，两天共计6人。

中国工程院院士钟南山曾言，5微米以上颗粒物就能吸入气管、支气管，但是5微米以下，特别是1～3微米的颗粒物，可以进入肺泡。肺泡是用来做气体交换的地方，那些颗粒被巨噬细胞吞噬，就永远停留在肺泡里，对心血管、神经系统及其他器官都会有影响。

近几年，北京大学医学部公共卫生学院潘教授对PM2.5的健康影响做了研究，发现PM2.5浓度增高对心血管疾病和呼吸系统疾病的急诊有明显的影响。2004年到2006年，他曾在北大校园里设置了数个观测点，发现PM2.5日均浓度增加时，约4千米以外的北京大学第三医院心血管急诊患者数量也会有所增加。"PM2.5吸入体内后首先对肺部有影响，刺激气管收缩，使人感觉短期的气短，呼吸困难。吸收入血后可以有全身的影响。具体的危害要根据其表面吸附的毒性化学物质来确定。吸附了致癌物，具有致癌性；吸附了重金属，就可能重金属中毒；吸附了持久性有机污染物，就有生殖危害。"

广东省气象局专家吴某通过统计发现，雾霾天气与肺

材料6：雾霾天气影响健康，举呼吸道等疾病患者增加为例。

癌的死亡率有显著的相关性：在出现严重雾霾天气之后的7～8年，肺癌的死亡率明显上升。此前人们普遍认为吸烟是导致肺癌的第一杀手，但30年来广州地区的吸烟率在下降，肺癌的死亡率却明显上升。相应地，20世纪60年代广州每年才有1～2天的雾霾天，后来增加到每年100～200天。2005年的数据显示，广州当时60%的肺癌患者并无吸烟史。不过吴某也谨慎指出，目前只有发现PM2.5浓度增加与肺癌死亡率有滞后关联，但是否就能画上等号，还需要流行性病学专家、毒理学和生物化学专家的进一步研究。

而北京大学肿瘤医院的专家则预测：到2033年，中国人肺癌的发病会出现"井喷"，预计会有1 800万人口患上肺癌，相当于一座特大城市的人口。"环境污染是每个人都逃避不了的问题。"

7. 大气污染是伴随着经济的发展而出现的。以北京市为例，1997年2月，全市机动车数量达到100万辆。而到了2012年2月就突破了500万辆。这15年间，北京市城区生产总值（GDP）从约2 000亿元上升到1.78万亿元，增加了大约8倍；常住人口从约1 200万增加到约2 000万，翻了将近一番。经济的高速发展，实际上是建立在能源消耗大幅上升的基础之上的。

目前，我们的能源主要来自化石燃料的燃烧，而这是导致雾霾天气的大气颗粒物（包括PM2.5）的主要来源。大气颗粒物的来源分为一次来源和二次来源。一次来源是指污染源直接排放到大气中的颗粒物，二次来源是指污染源排放的气态污染物，如二氧化硫、氮氧化物、挥发性有机物（VOC）等在大气中发生一系列非常复杂的物理化学反应后形成的颗粒物。有专家介绍说："在北京，大气中大部分的PM2.5都是二次来源的。在污染严重的时候，二次来源可以占到约2/3。"总的来说，我国城市中PM2.5的来源，主要是机动车、燃煤、工业排放和建筑扬尘等。另有研究显示，餐饮业的排放也有相当的

材料7：雾霾产生是经济发展、能源消耗带来的，其污染具有区域性。（问题的产生原因、特点）

"贡献"。

实际上，在不同的地区、时间和气象条件下，污染物的来源并不相同。还以北京为例，春季干燥多风，大风会吹走很多污染物，但会扬起地上的尘土，有时还会将西北地区的沙尘带来，所以大气颗粒物中来自沙土的一次来源会多一些。到了夏季，光照强烈，湿度较高，大气中的气态污染物在这种条件下容易发生光化学反应，形成新颗粒物，因此二次来源会上升。而在冬季，由于燃煤取暖，来自煤炭燃烧的一次和二次颗粒物比例又会升高。2013年初的雾霾天，北京市大气颗粒物的主要来源就是燃煤和机动车排放。

PM2.5在空气中停留的时间比较长，所以其污染还具有区域性。2013年初的那次雾霾天的区域性特征就很明显，污染并不限于某几个城市，而是随着时间的推移，范围不断扩大。有专家指出："有些城市将污染较重的企业搬迁到离市区较远的地方，但当风向朝向市区时，还会对市区造成影响。"

8. 近年来，持续的雾霾天气成为社会各界共同关注的大问题。位于高桥的上海市L环保设备厂有限公司，针对PM2.5自主研发以聚四氟乙烯为基布的袋式除尘器，针对工业排污除尘效率最高可达99.99%，已通过美国权威实验室严格测试。但这项治理PM2.5的新技术，在市场上却遭遇了"墙内开花墙外香"的尴尬。

薄薄的一片聚四氟乙稀微孔薄膜，如何阻击超细颗粒物？L公司的高级工程师现场演示：先把没有覆膜的滤料装入容器，点燃一支香烟，吸烟后向容器内吹两口，结果有部分烟雾透过滤料飘散开来；换上覆膜滤料后重复上述的步骤，几乎没有烟雾透出。取下覆膜滤料，上面黄黄的烟渍清晰可见。目前，这项技术已在欧美、日本、德国等市场打开销路，2012年出口产值达9 000万元，而国内市场份额仅15%～20%，主要在宝钢、首钢、武钢等国内大型企业中推广应用。

材料8：举例说明，如果企业普遍采用袋式除尘器这项新技术，能治理雾霾。

上海市环境保护工业协会秘书长唐某表示，PM2.5中约六成来自化工、冶炼、水泥、发电等重工业排放以及垃圾焚烧等，对这些排污"大户"，国内大多采用普通材料制成的除尘滤袋，只能解决PM10的问题，对PM2.5就无能为力了。由于国家对PM2.5排放还没出台正式标准，能清除PM2.5的滤料成本相对PM10的高出近25%，企业往往不会主动升级。

对此，环保专家、上海市政府原参事赵某分析，要从源头上根治PM2.5，首先，工业企业要转变环保观念，不能认为装了除尘设备就万事大吉；其次，国内的环保设备企业也要升级换代；更重要的是国家必须出台更严格的标准，强化执法，督促企业严格按标准执行。"<u>如果工业企业都用上新型除尘设备</u>，那么这些高性能材料生产规模必定大大提升，价格也会降下来。雾霾天将明显减少。"

9. 18世纪开始，英国借助工业革命迅速发展，煤炭的广泛应用导致了英国历史上最为严重的大气污染时期。1952年12月5日开始，伦敦连续4天被浓雾笼罩，直接或间接造成1.2万人死亡，成为和平时期伦敦遭受的最大灾难。

材料9：举英国伦敦的事例，详细说明了伦敦治理雾霾的多项措施。

经历了这场史无前例的雾霾事件后，英国人开始反思空气污染造成的苦果，并催生了1956年世界上第一部空气污染防治法案——《清洁空气法》。该法律规定在伦敦城内的电厂都必须关闭，只能在大伦敦区重建。要求工业企业建造高大的烟囱，加强疏散大气污染物；大规模改造城市居民的传统炉灶，减少煤炭用量，逐步实现居民生活天然气化；冬季采取集中供暖。1968年以后，英国又出<u>台了一系列空气污染防控法案</u>，这些法案针对各种废气排放进行了严格约束，并制定了明确的处罚措施，有效减少了烟尘和颗粒物。

20世纪80年代后，交通污染取代工业污染成为伦敦空气质量的首要威胁。为此，<u>英国政府出台了一系列措施来抑制交通污染</u>，包括优先发展公共交通网络、抑制私家车发展，以及减少汽车尾气排放、整治交通拥堵等。现在，伦敦有着强大的公共交通系统，有140多年历史的地铁是大多数伦敦人出行首选。11条线路，全城270多个站点，每天300万人次搭乘地铁出行。市中心的地铁站之间都步行可达，密如蛛网的线路覆盖整个伦敦。除了地铁，还有城市火车、港区轻轨和几百条公交线路分流路面人群。发达的公共交通以及政府对非公交系统用车的高压手段，让公众更乐意选择公交系统出行。

除对汽车本身和燃料等做出种种规定和管制外，政府还努力控制市区内的汽车数量，在2003年更是用收取交通堵塞费的手段限制私家车进入市区。到2008年2月，伦敦针对大排量汽车的进城费已升至25英镑/天，折合人民币约350元/天。这笔收入都花在了公共交通的改善上面。虽然对拥堵费制度的抱怨挺多，但事实是收费地区交通拥堵程度减少了30%。伦敦还计划在今后20年里，进一步把私家车流量减少9%。

在伦敦市政府的推动下，2010年7月，一条长8.5英里的自行车高速公路，从伦敦南部一直通向市中心。作为伦敦计划中12条自行车高速公路中的第一批试验线路，这条道路上目前每天约有5 000辆自行车通过，预计到2025年，自行车的骑行量还将会有大幅增加。

从1995年起，英国又制定了国家空气质量战略，规定各个城市都要进行空气质量的评价与回顾，对达不到标准的地区，政府必须划出空气质量管理区域，并强制在规定期限内达标。

从20世纪80年代开始，伦敦的雾天从19世纪末期每年90天左右减少至不到10天。如今，只有偶尔在冬季或初春的早晨才能看到一层薄薄的白色雾霾。从滚滚毒雾到蓝天白云，在经历了血的教训后，伦敦半个多世纪的铁腕治污，为后世留下了宝贵经验。

10. 2013年4月1日，上海市环保局公布了《上海市环境空气质量重污染应急方案（暂行）》。根据新实施的

材料10：举上海事例，上海出台新规，治理环境。

方案，当全市24小时AQI达到201～300或大于300时，将发布重度污染或严重污染预警信息。并启动相应的应急措施。其中，发生严重污染时，"黄标车"将禁止上路行驶，党政机关停驶30%的公务用车。此外，市政府还将视具体污染程度，决定采取学校和幼托机构停课、机动车扩大限行等措施。

为进一步限制黄标车和老旧车辆排放对环境产生的污染，上海市交通委、市环保局和市公安局<u>联合发布通告</u>，自2015年4月1日起，上海市全天禁止无国家绿色环保检验合格标志的机动车辆在G1501上海绕城高速范围以内的道路上（含G1501上海绕城高速以及G1501上海绕城高速高架段投影下的地面道路）行驶。同时，2015年4月1日起，全天禁止国Ⅰ标准汽油车在S20外环高速以内的道路上（含S20外环高速以及S20外环高速高架段投影下的地面道路）行驶。

2015年10月1日起，上海所有道路全天24小时禁止黄标车行驶；从2016年1月1日起，在上海市S20外环范围内全天24小时禁止初次登记日期在2005年前的国Ⅱ标准汽油车通行。有关方面表示，下一步根据实施效果再研究是否扩大限行范围。

<u>为确保新规定实施效果，执法部门将不定时、不定点开展联合执法</u>，大力查处违反禁令的驾驶员。同时，交警部门还将利用电子警察24小时监控禁行区域，抓拍违规车辆，一旦发现违反禁令的车辆，将依法予以处罚。

11. <u>党的十八大报告指出，建设生态文明</u>是关系人民福祉、关乎民族未来的长远大计。面对资源约束趋紧、环境污染严重、生态系统退化的严峻形势，必须树立尊重自然、顺应自然、保护自然的生态文明理念，把生态文明建设放在突出地位，融入经济建设、政治建设、文化建设、社会建设各方面和全过程，努力建设美丽中国，实现中华民族永续发展。

材料11：理论背景，提出主题，建设生态文明。

【思路分析】

1. 对相关要点进行层次梳理

材料1~4	合并，我国许多地区就遭遇了大范围的严重雾霾天气，如北京、天津、济南、邯郸（问题）
材料5	雾霾天气影响交通出行（影响一）
材料6	雾霾天气影响健康（影响二）
材料7	雾霾产生是经济发展、能源消耗带来的，其污染具有区域性（问题产生的原因、特点）
材料8	举例说明，如果企业普遍采用袋式除尘器这项新技术，能治理雾霾（对策一）
材料9	举英国伦敦的事例，详细说明伦敦治理雾霾的多项措施（对策二）
材料10	举上海事例，上海出台新规，治理环境（对策三）
材料11	理论背景，提出主题，建设生态文明（背景、主题）

2. 要点层次明确

背景主题→问题→影响→原因→对策。按逻辑层次组织答案，且考虑字数，控制在200字以内。

【参考答案】

①党的十八大报告强调要加强生态文明建设，但是我国许多地区却遭遇了大范围的严重雾霾天气，如北京、天津、济南、邯郸等地。②雾霾天气对交通出行和人的身体健康有不利影响。③雾霾是伴随经济发展产生的，是能源消耗产生的，其污染具有区域性。④要使用新技术、鉴伦敦经验，并出台新的环境污染防治法规，依法坚决治霾。

（二）概括部分层次内容

申论材料的主要内容通常包含<mark>问题</mark>、<mark>原因</mark>、<mark>影响</mark>、<mark>特点</mark>等，而在出题时，有可能仅仅要求概括问题或原因。概括时需要<mark>紧扣题目</mark>，抓住<mark>关键词</mark>并适当<mark>总结</mark>。

拓展视频

【经典真题3】

结合给定材料，回答下列问题。（25分）

简要概括"城市病"和"乡村病"的主要特征。（15分）

要求：表述准确到位，语言简明扼要，不超过300字。

【给定资料】

4. 在城镇化快速发展时期，大城市以其更大的集聚效益，吸引更多的人口和资源进入其中，使小城市规模难以扩大，从而造成城市规模的"两极分化"趋向。"十一五"期间，我国城市人口以特大城市为主，城市增加的人口主要分布在巨型城市和中等城市。以北京市为例，第六次全国人口普查结果显示，截至2010年11月1日零时，北京市登记常住人口为1 961.2万人，与2000年第五次全国人口普查相比，增加604.3万人，平均每年增长3.8%。相当于新添了一个特大型城市的人口。

材料4第一段，提出了城市病的背景。

随着大城市人口膨胀，我国"城市病"的综合症候群已经显现，成为影响和制约科学发展的突出问题。上海社会科学院城市与区域研究中心专家表示：未来一段时期，将是我国各大城市"城市病"的集中爆发期，城市病将成为影响城市和谐稳定的关键隐患，加强城市治理刻不容缓。

材料4第二段，提出城市病问题。

5. 我国城市住房需求持续增加，高房价问题甚至已向小城市、小城镇蔓延。以河南省郑州市为例，从2004年下半年开始房价一路上升。虽然在国家宏观调控政策的干预下，房价上涨趋势得到一定程度的控制，但房价依然保持较高水平。2011年上半年，郑州市区商品房销售均价为每平方米7 845元，其中，商品住房销售均价为每平方米6 269元，与2010年同期相比上涨了1 184元，同比涨幅23.28%。

材料5第一段，总分结构，提出了城市病的第一个表现——房价高。

能源资源是经济社会发展的必要物质条件，城市是消耗能源资源的最大主体。联合国的一份报告指出，虽然城市面积只占全世界土地总面积的2%，却消耗着全球75%的资源。国际经验表明，城镇化快速发展阶段也是能源消耗最大的一个阶段。近年来，水荒、电荒、煤荒、油荒接

材料5第二段，提出了城市病的第二个表现——能源资源消耗大、资源紧缺且资源利用回收效率低。

踵而来，成为制约我国城市经济社会发展的"瓶颈"。我国城市还存在能源利用效率低、浪费严重、二次能源回收利用率低以及城市开发建设随意性大、城市土地利用集约化程度低等问题。

近年来，我国城市安全生产形势严峻，重特大事故时有发生，对人民群众生命财产造成重大损失。城市对自然灾害抵御能力的不足也令人担忧。寒潮袭来，不少城市水表冻裂、水管冻爆。到了夏天，又有许多城市遇雨即淹、逢雨必涝。许多城市地上、地下管线网络高负荷运转，部分设备设施老化，一旦发生事故极易造成次生、衍生灾害。

> 材料5第三段，提出了城市病的第三个表现——城市安全生产形势严峻，城市灾害抵御能力不足。

6. 随着我国城镇化快速推进，城市建设和生产、生活所产生的垃圾、污水、废气等对大气、土壤、地表水、地下水的污染问题非常突出。其中，机动车污染尤为严重，酸雨状况也不容乐观。近期，各地雾霾情况增多，与雾霾天气相伴的是交通拥堵和打车难，这似乎成了一个恶性循环：空气不好，打车的人多；能见度低，造成交通拥堵，出租车司机不愿意上路，空车拒载成了家常便饭，更有上万辆出租车窝在路边"躲活儿"；这种情况促使人们想买车……结果车越来越多，排放物越来越多，雾霾天气也就越来越多。

> 材料6第一段，提出了城市病的第四个表现——污染问题突出。

我国城市交通堵塞情况越来越严重，尤其是上下班高峰期，全国各大城市主干道往往车满为患、寸步难行。据北京市车管所统计，北京市机动车不仅保有量惊人，近几年增长速度也异常迅猛。在2003年8月、2007年5月和2009年12月，北京市汽车保有量相继突破200万、300万和400万辆大关。机动车数量的急剧增长，使得原本就"先天不足"的道路资源供求矛盾更加凸显。同时，随着机动车保有量的激增，停车位缺口也越发明显，停车越来越难。停车难加剧了乱停乱放，乱停乱放直接导致"稀缺"的道路资源被进一步占用，交通堵塞也越发严重。交通拥堵给市民工作、生活和出

> 材料6第二段，提出了城市病的第五个表现——交通堵塞严重。

行等带来了诸多不便。

7. 联合国人居署和亚太经社理事会《亚洲城市状况2010/2011》调查报告称，还将有1.5亿中国人在未来10年间完成从农民到市民的空间转换、身份转换，这提示我们当前中国正处于城市化引领经济增长的门槛节点，未来10年是中国发展方式发生根本性转变的时期。"在多年的城镇化进程中，几亿农民走出土地，成为城市建设中不可或缺的主力军。这些人虽然走进城市，却并没有真正融入城市。"某大学商学院的教授表示，伴随着经济的发展与时代进步，这一矛盾越发明显。一方面，新一代农民工在思想意识上更加青睐于城市生活；另一方面，"候鸟式"的迁徙已经不再适应新的经济形势，大量的农民工选择了在城市扎根，将家庭带到城市。然而，城市对农民工持经济吸纳和社会拒入的双重态度，使得他们在城市中缺乏归属感和主人翁意识。截至2012年，农民工参加城镇职工养老、工伤、医疗、失业和生育五项基本社会保险的比例仅为14.3%、24.0%、16.9%、8.4%和6.1%，参保率仍较低，农民工基本不能享受廉租房和经济适用房，也没有住房公积金制度。

> 材料7第一段，提出了城市病的第六个表现——农民工难以融入城市。

8. 最早的城市病出现在200年前的第一个工业化国家——英国。由于缺乏系统规划，大量"农民工"聚集在贫民窟里，排放的污水使经过曼彻斯特的艾尔克河变成臭水沟。法国学者保尔·芒图注意到，"蒸汽机使无穷的烟云飞翔在这些黝黑的工业城市上空"。狄更斯更把浓浓的黄烟形容为"伦敦特色"。当时英国政府的调查显示，严重的环境污染使居住在贫民窟的大批"农民工"体弱多病，养成对烈酒和麻醉剂的嗜好，社会极不和谐。

> 材料8，举了国外事例说明城市病问题。

英国的政治家们逐渐重视环境问题。1843年，议会讨论通过了控制蒸汽机和炉灶排放烟尘的法案。110年后的1953年，英国议会通过了更为全面的《大气清洁法》，禁止排放黑烟。英国历史学家克拉潘把英国城市病的根源看作"市场失灵"的结果，那就是"城市为工业利益集团所支配，企业家生产与赚钱的内在驱动使得他们全然不顾生态环境的问题"，而相应的解决办法就是"政府从原来被动的自由放任转变为在法律的前提下进行积极主动的干预"。英国在1831年成立了中央卫生委员会，在1844年建立了城镇卫生协会，还在各地设立了卫生医官，不仅管理公共卫生，还承担城市供水排污、治理贫民窟、城市规划等各方面的职责。如今，伦敦已经彻底摘掉了"雾都"的帽子，成为环保的领先者。

那么治理"城市病"是否一定要靠政府这只"看得见的手"的严厉管制呢？2012年10月，诺贝尔经济学奖授予了美国数学家埃尔文·罗斯与罗伊德·沙普利。他们提出有趣的理论"稳定配置和市场设计"，就是通过精确的数学计算，调整游戏规则，可以使市场机制按照预先设计好的模式发挥作用。这种经过"精算"后的市场机制同样适用于城市治理。

1907年，纽约率先给65号汽油驱动的出租车安装了计价器，这是第一个"设计好的出租车市场机制"。到了20世纪30年代美国大萧条时期，由于出租车门槛低，失业人员一窝蜂涌向这个行业，导致恶性竞争。于是1937年纽约市颁布法令，将出租车数量控制在13 566辆，并一直保持到现在。由于汽车数量固定，纽约出租车也像中国一样出现过"拒载"现象。而如今，又有两项新规则出台，使市场机制更能实现合理的资源配置。一是运用互联网技术的"叫车公司"的出现。美国《大西洋月刊》报道了一家典型的名为"优步"的叫车公司。它主要由统计学家和工程师组成，研发了移动叫车软件，从乘客处收集数据，开发出能预测需求的精确算法，不断满足乘客和司机供需双方的要求。在用车高峰时段提高价格，直到供需平衡为止，以保证客人任何时候都能租到车；而只要你愿意付费，出租车可拉你去任何你想去的地方。二是信用卡的广泛使用。在美国，出租车可以直接使用信用卡支付。到达目的地后，如果乘客选择信用卡，司机在仪器上操作一下，刷卡机上就会显示路费。2004年，纽约出租车和轿车委员会决定，任何在纽约行驶的车辆必须安装车载GPS系统和信用卡系统。一开始，这一做法遭到出租车司机的强烈抵制，但经过多年实践后，特别是2008年金融危机后，司机们终于认识到，所谓"打车难"并不总是出租车司机的"卖方市场"。一旦经济萧条，没人愿意打车才是最要命的，而一个好的、公平的市场规则才能真正保证司机的稳定收益。

9. 2013年8月30日，李克强总理邀请两院院士和有关专家到中南海，听取城镇化研究报告并与大家座谈。座谈中，李克强总理强调，"推进新型城镇化，就是要以人为核心，以质量为关键，以改革为动力，使城镇真正成为人们的安居之处、乐业之地"。事实上，突出统筹城乡，保护农民利益，推进以人为核心的新型城镇化，是中国特色城镇化道路的必然选择。漠视统筹城乡发展，盲目追求高速城镇化，不仅造成日益严峻的"城市病"，<u>也带来日趋严重的"乡村病"。大城市近郊的一些农村成为藏污纳垢之地，河流与农田污染事件频发；一些地方"癌症村"涌现，已经危及百姓健康甚至生命。</u>"一方水土难养一方人"，背离了城镇化的本意。

材料9，提出了乡村病问题，并说明了其第一个表现，农村污染严重。

10. 中科院地理科学与资源研究所某课题组首次利用高分遥感影像，完成对山东等地4.6万宗宅基地、6500余农户的调查。当前我国农村居民点用地规模约2.48亿亩，占建设用地总面积的一半以上，户均近1亩，人均220多平方米。<u>废弃、闲置、低效利用的宅基地、街巷用地、空闲地等有巨大的整治潜力。</u>测算表明，山东禹城市村庄土地整治潜力在46%~54%，可净增耕地率13%~15%。经综合估算，在分批推进城镇化的情况下，全国空心村土地综合整治潜力达1.14亿亩，大约相当于5个北京城面积。有专家指出，在我国，宅基地使用权是一项特殊的用益物权，以保障农民居者有其屋。大量宅基地随老人去世或人口转移进城后长年废弃，致使"有名无益"。

材料10，提出了乡村病的第二个表现，土地废弃、空心村问题。

农村人走地不动、建新不拆旧、不占白不占等情况，导致空心村问题突出。在统筹城乡发展方针下，亟须深化土地制度创新，探寻盘活存量之策。

【思路分析】

题目中所问的"城市病和乡村病的特征"，在阅读材料后发现其实指的是城市病和乡村病的问题表现。

【参考答案】

	城	市	病	的	特	点	：												
	①	住	房	需	求	多	而	房	价	高	；	②	能	源	资	源	消	耗	大	、	资	源	紧
缺	且	资	源	利	用	回	收	效	率	低	；	③	城	市	安	全	生	产	形	势	严	峻	，	城
市	灾	害	抵	御	能	力	不	足	；	④	城	市	建	设	、	生	产	生	活	中	的	各	类	污
染	问	题	突	出	；	⑤	城	市	交	通	堵	塞	严	重	；	⑥	农	民	工	难	以	融	入	城
市	。
	乡	村	病	的	特	点	：
	①	农	村	污	染	严	重	，	导	致	河	流	农	田	污	染	，	"	癌	症	村	"	涌
现	，	影	响	百	姓	生	命	健	康	；	②	农	村	土	地	大	量	空	闲	、	废	弃	，	空
心	村	问	题	突	出	。

【经典真题4】

假如你是B市人民医院医务科新入职的工作人员小吴，B市《民生周刊》的记者来你院就"医通卡"的推广使用情况进行采访。请你根据材料1中的流程图，向他介绍"医通卡"为患者带来了哪些便利。(35分)

视频解析

作答要求：准确全面，分条列项作答，字数在200字以内。

【给定资料】

1. B市医疗水平整体较高，外地就诊人员加多，因为外地医保卡在B市不能使用，所以外地人在B市各大医院就医时，都需要先办理一张该院的就诊卡，持卡就医，一般每张卡押金十元。有时一个外地患者需要转诊于B市各大医院，就要随身携带好几张就诊卡，经常弄丢或者混淆，就诊前需要重新补办，费时、费力、费成本。针对这一问题，B市卫生计生委，B市医院管理局推出了

第一段，"医通卡"制度的背景，即外地就诊人员不可用外地医保卡，各医院转诊不方便，费时、费力、费成本。

"医通卡"。

"医通卡"是具有电子钱包功能的实名制IC就诊卡，适用于B市非医保患者、外地来B市就诊患者等人群。"医通卡"可在B市联网医院通用。

B市人民医院是一家远近闻名的三甲医院，外地慕名前来就医的患者众多，高达日门诊量的78.6%。门诊大厅常年人满为患，挂号、缴费、取药等各种队伍如条条长龙，导致门诊大厅通道拥挤、喧哗吵闹、空气质量差，还时常发生偷窃事件。据医院有关人士介绍，外地患者来本院就医，拖着大包小包先去排队挂号，挂完号再去排队就诊，等医生开完检查单，又得穿梭到门诊大厅排队缴费，等做完检查，把结果给医生看了，医生开药之后，还得拿着药方去排队缴费，再去取药窗口排队拿药。正常一套程序下来，光来回在窗口排队就得耗去一两个小时，更别说有时还因为急匆匆排错了队。此外，医院门口还长期驻守着一批"黄牛"，见人就问要不要专家号，导致医院门口秩序混乱。

为了解决挂号难、反复排队等问题，同时防止号贩子倒号，为患者提供更方便、快捷、有序的就诊服务，B市人民医院从今年3月份起，试行"非急诊全面预约制度"，预计到今年年底全面实施。非急诊全面预约试行以来，为了方便患者预约挂号，除了以前的人工窗口、114平台、网站平台和自助挂号机四种挂号渠道以外，B市人民医院又推出了微信挂号方式。B市人民医院是"医通卡"的联网医院之一，患者可通过微信关注"医通卡"公众号，关联绑定自己的"医通卡"或社保卡，点击进入B市人民医院界面，预约7天之内的号源。医院有关人士表示，以后会逐渐将号源向微信平台倾斜，逐步减少人工挂号窗口，取消现场放号。

下列是B市人民医院门诊大厅张贴的"医通卡"办理及就诊流程图：

第三段，就诊挂号排队问题。

第四段，说明了"医通卡"的作用：解决挂号、排队问题，方便患者就诊。

推出四种挂号外的微信挂号方式。

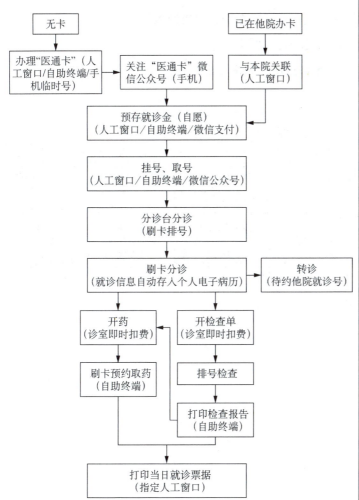

流程图解读：

无卡、在他院办卡、转诊等三个流程，都是医通卡通用性的体现，与材料第一段问题相对应。

挂号取号、排号检查，都通过医通卡实现。可对照材料第三段的排队问题。

预存诊金、开药即时扣费、检查单即时扣费，都可通过医通卡自动实现。可对照材料第三段的缴费问题。

取药、打印检查报告，自助终端，方便患者。

【思路分析】

1. 审题，抓住关键要点

要求根据流程图概括"医通卡"为患者带来的便利。因而阅读材料1时，要结合流程图。

根据材料的问题及"医通卡"的作用，概括其便利性：

① 方便外地人员就诊，各医院转诊方便，省时、省力、省成本；

② 解决就诊挂号、排队、缴费问题，方便患者就诊。

通过流程图，对照材料要点，概括其便利性：

① 无卡、在他院办卡、转诊，都是"医通卡"通用性的体现，方便患者；

② 挂号取号、排号检查，都通过"医通卡"实现，解决排号排队问题；

③ 预存诊金、开药即时扣费、检查单即时扣费，解决缴费排队问题；

④ 取药、打印检查报告，自助终端，方便患者。

2. 按要求分条列要点，分类概括总结，得出答案

【参考答案】

①办理使用便利。外地人员可办理就诊；各医院通用，转诊方便；全市医院可办卡、退卡，办理时只需身份证。

②就诊便利。方便患者预约挂号，推出多种挂号方式，可通过人工、微信、自助终端挂号等。

③付费便利。就诊资金可以多种方式预存，就诊过程可即时扣费，取药拿药时也可直接扣费，方便快捷。

④省时省力。取药、打印检查报告皆可通过自助终端，信息自动存档，方便快捷。

第三章 解码对策题

第一节 探究对策题

==在历年申论考试中，对策题无疑是比较重要的一种重要题型==。本节中，我们首先让大家对这种题型有个直观的认识，再对近年来申论考试中对策题的不同出题思路予以总结，并逐一解析答题脉络，以期帮助考生理清备考思路。

一、命题剖析

（一）对策题出题方式

【真题示例】

结合给定资料，针对资料所反映的……问题，提出解决方案或应对措施。

要求：全面、准确，==条理清楚==，==措施有可行性==，不超过300字。

命题剖析

出题特点分析：
- 明确要求结合材料
- 题干中会出现对策、建议、思路、解决方案等字眼
- 常见要求为：有条理、有针对性，不超过200或300字。

（二）对策题的基本要求

在申论考试中，对策题主要考查考生对具体问题的把握能力以及对实际问题的应对能力。在提出对策之前，首先要==明确对策的来源==，即解决对策从哪里来的问题。

按照申论命题规律，主要的对策就==包含在给定资料==中，并且给定资料中必然包含答题所需的对策信息。只要理解把握好给定资料，就能解决最基本的对策来源问题。

同时，考生平时的知识积累、理论修养、实践经验也是对策的==重要来源==。因此，在用好给定资料的同时，也要善于从自己的日常知识和经验储备中挖掘对策。总的来

说，答好对策题要做到以下3点。

1. 有针对性

对策的针对性是指考生提出的对策必须是针对所给材料的主要问题提出的解决方案，而且提出的方案在表述上一定要分清主次、突出重点。

提对策建立在阅读分析材料并概括出问题要点的基础上。如果说概括材料的实质是提出问题，那么提出方案实际上就是要针对概括的问题提出对策。

所以，前面概括了几个方面或几个层次的问题，在对策部分就应当体现几个方面或几个层次的方案。如果给定材料反映的问题比较复杂，则首先要根据题目给定的条件范围进行仔细筛选，抓住核心问题，切忌平均用力，甚至本末倒置。

【真题示例】

针对食品安全问题提出对策。

食品安全标准体系滞后，我国有国家、行业、地方、企业等不同的食品行业标准，数量超过千项，但我国的食品标准，无论与食品安全形势的实际需求还是与国际食品安全基本标准相比，都还有较大差距。

答案一：

　　加强宣传，提高意识。

答案二：

　　健全食品安全标准体系。相关部门应按照食品安全形势的实际需求和国际食品安全基本标准不断完善食品安全标准。

【华智点评】

答案二更佳。

答案一不是针对材料中的问题，也没有结合食品安全阐述，而是模板化对策。

2. 具体可操作

所谓对策的可行性，是指提出的对策必须是可操作的，所提出的方案是政府相关部门能够做得到，是相关人员能够做到的，不仅对执行者，还包括对被执行对象。因为制定方案的目的就是为了解决实际问题，方案制定出来却无法操作也就失去了制定的意义。这种可行性的方案应该是考生的一种理性选择，是经过筛选和比较之后的选择。切忌脱离实际、坐而论道，提出一些很难付诸实施的对策，力避大而空、难以操作的虚话、套话。

一般而言，具有<mark>可操作性</mark>的对策是指：

其一，对策中要<mark>明确执行主体</mark>，即对策要由相关政府部门或职能机构去推进。

其二，对策中应有<mark>相对具体步骤、办法</mark>，不要空有框架。

【真题示例】

针对食品安全问题提出对策。

<u>食品安全标准体系滞后</u>，我国有国家、行业、地方、企业等不同的食品行业标准，数量超过千项，但我国的食品标准，无论与<u>食品安全形势的实际需求还是与国际食品安全基本标准相比，都还有较大差距</u>。

答案一：

　　健全食品安全标准体系。

答案二：

　　健全食品安全标准体系。相关部门应按照食品安全形势的实际需求和国际食品安全基本标准不断强化食品安全标准的制定。

【华智点评】

答案二更佳。

答案二针对食品安全体系如何完善，进行了具体的说明，更有可操作性。

3. 有合理性，政府思维

申论考试中，答题的基本原则是，具有<mark>政府思维</mark>，突出表现在对策题中，要求考生能够以政府角度去考虑问题、解决问题。

对策要<mark>符合情理</mark>，一定要符合国家的法律、法规，党和国家的路线、方针、政策以及社会的伦理道德规范。

【真题示例】

请从社会治理的角度，提出治理网络谣言的对策。

答案一：

　　①群众要增强自身认识，不信谣不传谣；②网站要加大对网络谣言的甄别，防止不法人员造谣传谣；③政府应加大对不法人员的打击，依法对造谣传谣者严厉处罚。

答案二：

① 相关部门应加强宣传引导。政府应及时发布权威信息，并通过媒体多渠道宣传，也要提高群众的科学素养，引导群众提升防范意识。

② 加强对网站平台的监管。相关部门应建立标准，强化管理，要求各网络平台，利用技术创新，防止不法人员造谣传谣。

③ 政府应加大对不法人员的打击，依法对造谣传谣者严厉处罚。

【华智点评】

答案二更佳。

答案二对答案一的1、2两点进行了更正，更符合题目要求的社会治理角度，做到从政府出发，也更具体可操作。

（三）对策题的分类

上海市公务员考试近年真题

2018年（A卷）
资料中提到"靡不有初，鲜克有终"，结合给定资料，请对公职人员如何做到不忘初心、有始有终提出对策（20分） 要求：观点明确，条理清楚，语言流畅，对策可行，字数不超过300字
2015年（A卷）
结合给定资料6，概括上海新市镇基层治理过程中存在的问题，并提出对策措施（20分） 要求：概括语言精练，层次要点清楚，对策有针对性，字数不超过350字
2015年（A卷）
结合给定资料，比较并说明新天地与田子坊地块改造模式的共性和差异，阐述如何进行旧城区的改造和更新（20分） 要求：概括准确，条理清晰，观点明确，语言精练，字数不超过350字
2015年（A卷）
结合给定资料，概括某市政务大厅存在的主要问题，并提出对策措施（20分） 要求：分析语言精练、层次要点清楚、对策有针对性，不超过350字

上海市行政执法类公务员考试近年真题

2017年
结合给定资料，谈谈在规范和发展共享单车上，政府、共享单车、企业、用户各应尽到哪些责任？（25分） 要求：观点明确，语言清楚，字数不超过300字

(续表)

2015 年 结合给定资料，就如何改变官本位观念、克服政府职能上"错位""缺位""越位"现象谈谈你的看法，提出建设性的建议（25 分） 要求：观点明确、条理清楚、语言流畅、对策可行，不超过 300 字

上海市公安系统人民警察学员考试近年真题

2017 年 针对给定资料中所反映的消费者维权困难，提出相应对策（25 分） 要求：条理清楚、观点明确、语言规范，不超过 300 字
2016 年 结合给定资料及上海实际，谈谈除提高排放标准外，政府如何推进环保科学新技术的研发和新型排污除尘装置的使用（20 分） 要求：条理清楚、观点明确、语言规范，字数不超过 250 字
2015 年 结合给定资料，就如何有效杜绝驾考腐败提出对策（20 分） 要求：条理清楚、观点明确、语言规范，字数不超过 250 字

上海市事业单位考试近年真题

2018 年（改革后，上海自主命题） 座谈会结束后，办公室领导责成你根据座谈会上各代表的发言，概括当前座位管理系统存在的主要问题并提供相应的解决思路与建议，供办公室领导决策参考（35 分） 作答要求：准确全面，分条列项作答，字数在 400 字以内
2017 年（改革初，参加全国联考） 为加强"守护天使"志愿者队伍建设，充分发挥他们的作用，院领导要求做好"守护天使"志愿者队伍的招募、管理和服务工作，为落实院领导的上述要求，请你结合材料 4，提出可以采取的措施（35 分） 作答要求：考虑周全、切实可行，分条列项作答，字数在 350 字以内

二、考频分析

（一）上海市公务员考试

2011—2015 年，上海市公务员考试申论 A、B 卷，除作文以外，还有 4 道小题，其中对策题的题量如下图所示。

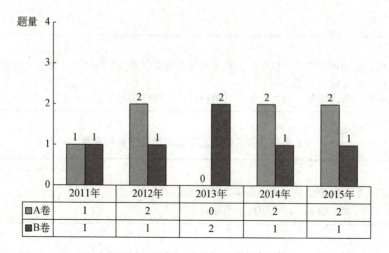

2016—2019年，上海市公务员考试申论A、B卷，除作文以外，还有3道小题，近年对策题的题量如下图所示，出题频率较低。

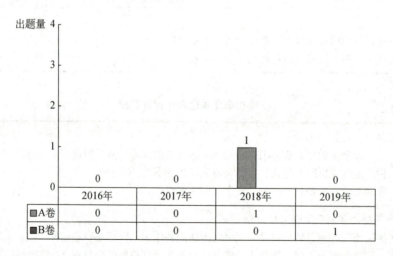

（二）上海其他公职类考试

上海市行政执法类公务员考试对策题的难度适中，除作文外的2道小题出对策题的概率较高。

上海市公安系统人民警察学员考试除作文外的2道小题中会出对策题，出题概率较高。

上海市事业单位考试综合应用能力卷中会出对策题，出题概率较高。

（三）出题总结

对策题在上海市公务员考试中出题频率近几年略低，但是在上海市其他公职类考试中出题频率仍较高。

三、解题策略

（一）答题技巧

申论考试中提出对策的方法有直接概括提出对策、反推形成对策、材料外的常规对策三种。

1. 直接概括提出对策

申论给定资料中，有时直接包含了解决问题的对策、方法、意见等，考生可概括使用。

一般此类对策有明显的<mark>标志性关键词</mark>。如<mark>领导的要求、文件法规的规定、政府部门的做法、专家学者的意见等，表现为"专家指出，应……""十九大报告中强调，要……""当前，必须……"</mark>等。

【真题示例】

针对材料提出治理食品安全事件的对策。

最近，<u>公安部部署</u>全国公安机关集中开展"打四黑除四害"专项行动，<u>严厉打击整治制售假劣食品药品的</u>"黑作坊"、制售假劣生产生活资料的"黑工厂"、收赃销赃的"黑市场"和涉黄涉赌涉毒的"黑窝点"。<u>公安部要求</u>，各级公安机关要把开展"打四黑除四害"专项行动作为加强基层基础工作、推进社会管理创新的一次具体实践，进一步强化基础源头管理和基础安全防范。提高对辖区违法犯罪活动的防范、发现、控制和打击能力。<u>同时，要与农业、质检、工商、食药监、卫生、商务、文化、新闻出版、安监、城管等部门密切配合，建立健全合作机制</u>，以达到早发现、早检测、早查处和关口前移、减少危害的目的。要准确把握法律政策界限，坚持保护合法、取缔非法、打击违法，努力实现法律效果与社会效果的统一。

答案：

公	安	部	应	开	展	食	品	安	全	治	理	专	项	行	动	，	严	厉	打	击	整	治
制	售	假	劣	食	品	的	问	题	，	同	时	，	要	与	农	业	等	部	门	密	切	配	合	，
建	立	健	全	合	作	机	制	，	共	同	治	理	食	品	安	全	问	题	。

【技巧解码】

材料中的相关内容是直接给出相关部门的做法，可直接概括总结形成答案。

2. 反推形成对策

申论材料中，常常<mark>不直接给出对策</mark>，其对策"针对性"的考核，更多时，通过在材料中给出问题的原因,要求根据问题的原因推出对策,体现出对策的针对性,针对材料、针对问题。

【真题示例】

针对食品安全问题提出对策。

食品安全标准体系滞后,我国有国家、行业、地方、企业等不同的食品行业标准,数量超过千项,但我国的食品标准,无论与食品安全形势的实际需求还是与国际食品安全基本标准相比,都还有较大差距。

材料中给出的是问题,进行材料提炼后得出:

食品安全标准体系滞后;标准较多,且与实际需求、国际标准相比,有较大差距。

根据问题反推对策,不好的要改进,有差距的要改变。

答案:

	建	立	统	一	的	食	品	安	全	标	准	体	系	。	相	关	部	门	应	按	照	食	品
安	全	形	势	的	实	际	需	求	和	国	际	食	品	安	全	基	本	标	准	不	断	完	善	食
品	安	全	标	准	。																		

3. 材料外的常规对策

申论考试中,写好对策,得有一些"功底"。这就需要我们在平时的阅读中,积累一些对策基础,学习一些对策表达与用词。通过积累,形成政府思维。下面给出一些政府文件或资料的片断,作为常见对策学习。

《国家中长期教育改革和发展规划纲要(2010—2020年)》

第十一章 人才培养体制改革

(三十一)更新人才培养观念

深化教育体制改革,关键是更新教育观念,核心是改革人才培养体制,目的是提高人才培养水平。树立全面发展观念,努力造就德智体美全面发展的高素质人才。树立人人成才观念,面向全体学生,促进学生成长成才。树立多样化人才观念,尊重个人选择,鼓励个性发展,不拘一格培养人才。树立终身学习观念,为持续发展奠定基础……

(三十二)创新人才培养模式

遵循教育规律和人才成长规律,深化教育教学改革,创新教育教学方法,探索多种培养方式,形成各类人才辈出、拔尖创新人才不断涌现的局面。

……

(三十三)改革教育质量评价和人才评价制度

改进社会人才评价及选用制度，为人才培养创造良好环境。树立科学人才观，建立以业绩为重点，由品德、知识、能力等要素构成的各类人才评价指标体系。强化人才选拔使用中对实践能力的考查，克服社会用人单纯追求学历的倾向。

打击侵犯知识产权和制售假冒伪劣商品专项行动方案

（节选）

（一）加大生产源头治理力度

新闻出版（版权）、公安、工商、质检等部门要密切配合，加强对印刷复制各类出版物、印刷品、光盘、计算机软件及包装装潢、商标标识标签企业的监管，严厉查处非法印刷复制和非法加印、出售标识标签等印刷品的行为，情节严重的吊销印刷经营许可证。取缔无证照经营地下印刷复制窝点。

（二）加强市场监督管理

工商部门要加大市场巡查力度，严厉打击仿冒知名商品特有的名称、包装、装潢等行为；严厉查处侵犯注册商标和地理标志商标专用权的违法行为，制止恶意商标抢注行为；加强市场监管，明确市场开办者、经营者及经营管理者责任，加强监督和检查。

（三）强化进出口环节和互联网等领域的知识产权保护

（四）加大刑事司法打击力度

公安机关对侵犯知识产权和制售假冒伪劣商品犯罪及相关商业贿赂犯罪活动要及时立案侦查，重点查办情节严重、影响恶劣的侵犯知识产权犯罪案件。要加强行政执法和刑事司法的有效衔接，防止有案不送、以罚代刑，坚决追究侵犯知识产权犯罪分子的刑事责任。

（五）在政府机关全面使用正版软件

各级政府机关要对使用计算机软件情况开展自查自纠，新闻出版（版权）、机关事务管理部门会同有关部门进行重点检查，进一步加大软件正版化工作力度。对需要采购的正版软件，财政部门给予必要资金保障。

（六）加强知识产权保护宣传

各有关部门要大力宣传我国深入实施国家知识产权战略、加强知识产权保护的措施和成效，及时报道专项行动的进展和成果。针对群众反映强烈的侵权问题，曝光典型案例，震慑违法犯罪分子。开展多种形式的知识产权宣传教育，普及知识产权保护知识，提高全社会的知识产权意识。

上海创新社会治理、加强基层建设

一、全面深化街道体制改革，更加突出"三个公共"职能

二、健全优化区域化党建工作机制，形成社会各方参与的共治格局

……积极拓展社会组织参与社会治理的空间，出台政府购买服务指导目录和承接社区服务的社会组织指导目录，建立健全统一、公开、透明的政府购买服务公共管理平台，扶持社区生活服务类、社区公益慈善类、社区文体活动类和社区专业调处类等社会组织的发展，更好地发挥社会组织在社区治理中的作用。

三、不断完善基层居村自治机制，夯实社区治理基础

四、推动资源和力量向城乡社区倾斜，增强基层服务管理的能力

划拨从市级机关"瘦身"精简的1 317名行政编制，充实加强地域面积广、人口规模大、管理任务重的街镇工作力量。市级财政加大对经济薄弱村专项转移支付力度，大幅度增加社区管理一般性转移支付，重点保障社区管理、城市维护、教育等领域。

五、推动网格化管理进一步延伸，提升精细化管理水平

六、持续推进乡镇治理，郊区治理体系进一步优化

七、加强"班长工程"和专业化社区工作者队伍建设，基层力量进一步强化

加强居村书记、社区工作者专业化培训，以建立名师工作室和实训基地、评选优秀居村书记、"千人计划"、基层干部进党校等多种形式，进一步提升基层队伍的素质能力。

（二）答题步骤

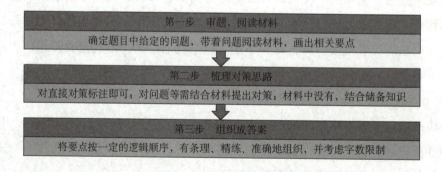

第二节 实战解析

一、基本类型解析

结合上海市公职类考试历年申论考试真题分析，提出对策题可以分为单一型对策题和复合型对策题。

（一）单一型对策题

【真题示例】

2018 年上海市公务员考试申论 A 卷

资料中提到"靡不有初，鲜克有终"，结合给定资料，请对公职人员如何做到不忘初心、有始有终，提出对策。（20 分）

要求：观点明确，条理清楚，语言流畅，对策可行，不超过 300 字。

【思路分析】

题目仅要求提出对策。

（二）复合型对策题

【真题示例】

2018 年上海市事业单位考试综合应用能力卷

座谈会结束后，办公室领导责成你根据座谈会上各代表的发言，概括当前座位管理系统存在的主要问题并提供相应的解决思路与建议，供办公室领导决策参考。

作答要求：准确全面，分条列项作答，字数在 400 字以内。（35 分）

【思路分析】

题目既要求概括问题也要求提出对策。

二、典型例题

（一）单一提出对策

【经典真题 1】

针对 W 市在进一步建设"宜居城市"过程中存在的具体问题，参考给定资料，提出解决这些问题的具体建议。（20 分）

要求：

（1）准确全面，切实可行；

（2）条理清楚，表达简明，不超过 300 字。

拓展视频

【给定资料】

2. 1996 年，联合国第二次人居大会提出了"宜居城市"的概念。在现代化城市建设中，首先要考虑经济、文化、社会环境、自然环境的协调发展，只有这样，才能打造良好的人居环境，进而满足居民物质和精神生活的需

，提出了宜居城市的含义。

求，使城市成为适宜所有居民工作、生活和居住的家园。

　　扼守渤海海口的W市曾被联合国有关机构授予"宜居城市"称号。W市为了进一步建设"宜居城市"，准备扩大城市的"宜居"范围，<u>把污染海水的养殖业逐步取消或迁出市区</u>，此项计划已进入实施阶段。如W市城区东侧的海湾，以前有成片的养殖区域，污水冲刷着垃圾堆，向大海直扑下来，沙滩脏得没处下脚，海水散发出扑鼻的恶臭。新码头已动工，眼下正在用建筑垃圾填海。<u>渔港码头搬迁到这里</u>，引起了当地村民的不满。村民们说，这样<u>会转移污染</u>，把这里的海水弄脏、村子弄脏，村里的小渔船也将没有生存空间。另外，远遥村的村民们还养着几千亩扇贝，等渔港搬来后，这项生产也难以为继了。<u>W市对海岸环境的整治，是从"景观治理"的角度来搞的</u>，而<u>市区周边的渔村，没有主打的旅游项目</u>，常年以传统的渔业、海水养殖业为<u>经济支柱</u>。"远遥村的人也是W市人呀，他们什么时候也能过上'宜居'的日子？"

　　W市所辖的银滩<u>自然环境优美</u>，于2002年11月被国家旅游局批准为4A级旅游区。<u>银滩开发初期的定位，是建一个旅游区</u>，后来外省某大油田在此处投资4亿元买地盖房，准备将4 000户油田职工家属搬迁过来。紧跟着，又有几家石化企业也来开发房地产，盖楼卖给自己的职工，相关石油、石化产业也准备搬迁过来。大喜过望的<u>W市提出口号</u>："把银滩打造成不出石油的石油城！"据称，如果这些油田企业所开发的楼盘全部售出，可以安置60万人，现在整个银滩开发区大约只有2万居民。银滩管委会宣传科科长告诉记者："某大油田投资5亿元，正在银滩以北建造一个工业园，已经奠基了。"

　　W市今后怎样发展，<u>怎样建设"宜居城市"</u>，引起社会的极大关注。很多市民认为，这里的城市建设年年上项目，名气越来越大，收入肯定越来越多，前景应该看好。一位出租车司机说："十年前W市还是破破烂烂的，现在真像个大城市了，来这儿旅游的人很多了，钱也好赚了。"

　　第二段，提出了W市在宜居城市建设中的问题——污染产业迁移到渔村，导致渔村污染；对于渔村的环境整治，只考虑景观，没有考虑经济发展。

　　第三段，提出W市原本银滩环境优美，定位为旅游区，但在后期突然变为石化产业园区。

　　第四段，从出租司机的角度提出，普通百姓重视赚钱，忽视其他，宜居城市怎么建设？

记者问他:"你们就不担心人多了,这里就不再清静了吗?"这位司机说:"挣不到钱,怎么生活,光清静有啥用?"

【思路分析】

题目要求"提出解决这些问题的具体建议",属于考纲中的解决问题能力("要求运用自身已有的知识经验,对具体问题作出正确的分析判断,提出切实可行的措施或办法")。问题涉及的答题范围集中在给定资料2中,但是资料中没有直接对问题进行概括,而是通过列举一些事例,如W市的决定、村民们所说的、银滩开发的最初设计定位以及外来油田企业的投资开发、司机的话等。其中,我们先要把问题概括出来,然后针对具体问题,在各个层面从政府角度提出具体、合理的对策建议。

【参考答案】

针对"宜居城市"建设出现的问题提出如下建议:①科学协调经济发展与环境保护的关系。如变简单的产业迁移为综合的产业整合,避免新的污染。做到"以人为本",将经济发展、保护环境与提高居民生活质量有机结合起来。②加大已有污染的治理力度。严格控制污染排放,使旅游业发展与自然生态环境发展相结合,做到旅游资源开发与污染治理协调并进。③加强科学规划,建立科学的政绩考核方式。发挥地方特色资源与地域优势,使经济、文化、社会环境、自然环境协调发展,进行科学的规划定位。地方政府不宜再"唯GDP"。④正确认识宜居城市的理念,加强对民众的宣传教育。在开发发展的同时就做好环保方面的宣传教育,而不是等到污染后再来寻求治理。

【经典真题2】

结合给定资料,就如何有效杜绝驾考腐败提出对策。

要求:条理清楚、观点明确、语言规范、字数不超过250字。

【给定资料】

7. 网友反映,L市M驾校,考过要交300元,不交百般刁难,极难考过。还有网友吐槽:"H驾校是全市驾

材料中给出了当前驾考腐败的具体问题表现:

材料	要点
校考试的集中地，这里的考试，内幕太黑，太严重。尤其是路考时，<u>监考警察态度极其恶劣</u>，总会故意挑剔，不让你交补考费，你是过不去的。去年，我暗中调查了五批次的路考学生，90%以上被监考警察使坏，二次通过；另外，10%彻底被监考警察关掉。而且在H驾校考试的所有科目，都可以'喊话'。各个驾校纷纷打通与市驾校的关系，进行考试指导，叫你左转就左转，叫你右转就右转，监考警察熟视无睹。考完后，教练再从每个考生手中收取300至500元，往上面打点。这样的考试怎能不培养出一批批的马路杀手？教练居心何在？<u>监考警察使命何在？</u>"	监考警察没有责任感、使命感。
在一些地方，<u>考个驾照，必须通过驾校，先交钱给驾校，再接受驾校教练/考官一次次盘剥，然后通过漫长等待，才最终拿到驾照。</u>在网上曝出的Z市车管所驾考受贿案中，涉案考官上缴了2 000多万元的非法收入。	驾考的考试流程与机制。考官的贪污腐败问题。
现实中，人们总会以受害者/权利被侵犯者的身份对腐败现象深恶痛疾，大加指责，殊不知有些腐败是由自己求省事、图方便、走后门而助推起来的，对于驾考腐败，人们除了<u>指责交管所不依法、不按规监考外</u>，也应对<u>考驾照者贿考、替考、托关系买驾照</u>等行为进行反思。正因为部分考驾照者的自愿参与，驾校的"积极协调"，让驾照腐败操作起来"你情我愿"，看起来"合情合理"。	交管所监管不力。驾考者自身的问题。

【思路分析】

结合题目和材料阅读后，这道题需要答到两点：第一是分析驾考腐败存在的主要问题；第二是根据上述问题提出相应对策，并注意结合经验与实际作答，且有条理。

【参考答案】

①实行驾考责任机制。明确监考警察等人员的监管责任，对驾考工作人员进行培训，并加强驾考的监管。②开展专项整治。对于不依法监考、收受贿赂等行为，依法严厉打击处罚。③建立监督机制。建立机动车驾驶人考试监督工作制度，鼓励考生积极举报、投诉不正之风。④推进

驾考制度改革。改变当前仅通过驾校培训参加考试的制度，打破驾校对驾考的垄断，完善现有的驾培体系，切断利益输送的中间环节，推进驾照直考。⑤强化宣传教育。相关部门应采用多种方式开展广泛宣传，提升参考人员规范、依法参考的意识。

（二）概括与对策复合题型

【经典真题3】

结合给定资料7~8，分析我国社区志愿者服务存在的主要问题，并提出相应对策。（15分）

要求：分析条理清楚、观点明确、语言流畅、对策可行，字数不超过350字。

拓展视频

【给定资料】

7.中国志愿者服务其实是从社区开端的，志愿者在社区服务的基础上，逐渐参与大型活动、救灾抗灾等。到今天，社区志愿服务已经成为构建和谐社会的重要力量。与活跃于这些大型活动和救灾现场的志愿者不同，社区志愿者需要更为长期的行动和坚持，同时它也是整个社会志愿服务的基础。令人欣喜的是，与整个国家的社会经济发展一样，中国社区志愿服务在过去十几年中得到了超常进步。特别是2008年以来的2年里，经过一系列自然灾害和大型活动之后，志愿服务精神已经深入人心，这是任何常规教育和宣传都无法达到的效果。可以说，公民对公共生活的热忱与关注在最近几年里达到了一个前所未有的高峰期。但在实践中，社区志愿服务也面临一些问题：目前志愿者队伍中，青年志愿者由团中央负责，女性志愿者由全国妇联负责，社区志愿者由民政部门负责，从中央到地方，志愿者队伍管理体制呈现出多头管理状态，缺乏统一的管理体制。管理方式较混乱，有的是实行企业管理，所得向政府纳营业税；有的采取行政管理的机制，机构的领导由所挂靠的上级部门任命；有的则采取会员制的管理方式。社区志愿者数量少，成员相对单一，比如，在美国、

材料7，提出了社区志愿服务的问题，包括管理上、人员上、技能和服务项目上、可持续发展上。

加拿大、英国和我国香港等地区，参与志愿服务活动的人数与总人口的比例在56%至20%之间，而中国志愿者人口不到1亿人，不到总人口的10%。在社区志愿者中，以退休的老年人和青少年为主，中、青年人较少。社区志愿者技能水平低，志愿服务项目领域狭窄。比如，有的社区志愿者队伍建设过分追求数量和速度，致使社区志愿者队伍建设出现未培训就上岗、人员流失严重等情况；志愿服务项目创新能力有限，部分社区志愿者只能依托政府计划项目，创新兴趣不大。志愿服务的可持续发展能力弱。政府行政化干预过多，志愿服务组织自主性弱。长期受计划经济体制影响，政府习惯于把社区志愿组织当作自己的一个支撑。社区志愿服务组织开展的活动很多都是配合上级政府的任务要求或配合社会性的大型活动开展的，以社区为本位的日常性活动较少，服务持续性不长。

8. 根据美国国会通过的《国家社区服务信托法》，美国成立了负责志愿活动的全国协调机构，目的在于培养民众的责任感，使大家紧密联系起来，并为那些对社会公益服务有所贡献的人提供受教育的机会；青年们积极参加对国家有利的服务活动，并借此提高自己的文化水平及工作技能，增加他们在生活中的机会。2008年，美国国家和社区服务社团公布了《美国志愿者活动》报告。报告通过对美国志愿者的地区分布特点以及志愿者人数从2002年到2007年间发展变化的统计分析，总结出变化趋势和活动特点等。报告显示，在2007年，美国约6 080万16岁以上的人在社区参与有组织的志愿者活动，总计义务工作约81亿小时，创造价值超过1 580亿美元。其特点是每年累计服务时间超过100小时的志愿者人数呈上升趋势；大学城成为大批志愿者的聚集地；女性志愿者人数比男性多，2007年，美国女性中有29.3%参与志愿者活动，22.9%的美国男性参与志愿者活动；志愿者分布呈现明显的地区差异。关于志愿者活动未来的发展就是在招募更多

材料8，介绍了美国的做法，形成了经验，包括机构和人员招募管理上的做法。

志愿者的同时，要建立有效的激励机制，防止志愿者流失。

【思路分析】

结合题目和材料阅读后，这道题需要答到两点：第一是分析我国社区志愿者服务领域存在的主要问题；第二是根据上述问题提出相应对策，并注意美国可以参考的经验。注意合理分配问题和对策部分的作答字数，且有条理。

【参考答案】

　　社区志愿者服务存在四个问题：一是多头管理，方式较混乱，缺乏统一的管理体制；二是志愿者数量少，成员相对单一；三是技能水平低，志愿服务项目领域狭窄；四是可持续发展性不强。

　　对策：一要加强对公众的宣传、教育，增强公众对志愿者服务的认同感、支持度与参与度；二要建立健全统一的领导管理机制，加强各种管理机构间的协调，提高管理水平；三要扩大社区志愿者队伍，进一步加大各类志愿者的招募，建立激励机制，增加并留住志愿者；四要提高志愿服务技能，重视对志愿者的上岗培训，不断创新项目，扩大服务领域；五要增强志愿服务的可持续发展能力，政府要减少行政化干预，社区应多开展以社区为本位的日常性活动。

第四章　解码综合分析题

第一节　探究综合分析题

考纲中要求对给定资料的<mark>全部或部分内容</mark>、<mark>趋势</mark>或<mark>矛盾</mark>进行<mark>归纳分析</mark>，<mark>多角度</mark>地思考资料内容，做出较为<mark>全面系统的评价</mark>，这便是综合分析能力。在近几年上海公务员考试中，出现了<mark>词句理解类题目</mark>。

一、命题剖析

（一）综合分析题出题方式

【真题示例】

<u>结合给定资料</u>，谈谈对于……的理解。（20 分）
<u>要求</u>：<u>观点明确</u>，<u>条理清楚</u>，<u>语言精练</u>，<u>字数不超过 200 字</u>。

出题 ⎰ 明确要求结合材料
特点 ⎱ 题干中会要求针对词、句谈理解和看法
分析 ⎰ 常见要求为：观点明确，条理清楚，字数不超过 200 或 300 字

命题剖析

（二）综合分析题的基本要求

考纲所要求的阅读理解能力、综合分析能力以及提出和解决问题的能力是密不可分的，综合分析题题型繁多，而且在不断的发展中，提问方式也日益灵活，这也在客观上增加了难度。

<mark>考生在备考的过程中，首先要知道综合分析题作答的标准是什么。</mark>

1. 观点明确

综合分析题首先要有观点，对于题干中的词或句要有明确的看法和态度。例如，2013 年上海市公务员考试申论 B 卷第三题：

材料中提到的欧美做法是否适合中国国情，为什么？（10分）
要求：条理清楚，观点明确，不超过200字。

在答题时首先要明确给出你的观点是什么，即欧美做法适合或不适合中国国情。

2. 分析合理

综合分析题重在"分析"二字，要做到分析合理，必须要明确什么是分析，通过分析解释观点。分析必须结合材料，同时符合客观规律，如人的认识规律、表达顺序等，或是符合辩证法中关于联系发展、内外因、理论联系实际等原理。

3. 条理清晰

条理清晰主要是层次分明、有条有理。条理在一定程度上能体现出考生的逻辑思维是否清楚。考生在备考过程中，要注意突出分析的内容要点，层次鲜明地阐释出来。这样做的好处在于可以使阅卷者能一眼看到考生答题的重点，不至于遗漏得分点。例如，首先，其次等。

总之，这类题型需要具体问题具体分析；而分析的基础是了解与事物相关的知识，掌握解决一切问题的普遍原则，把普遍原则同特定问题的具体情况结合起来，形成对这一事件或问题的独特认识和解决方法。

（三）综合分析题的基本类型

上海市公务员考试近年真题

2018年（B卷）
结合给定资料，用三个关键词归纳上海公安街面防控新型警务模式的主要特点，论述"智慧公安"与利用新兴科技之间的关系（20分）
要求：概括准确，观点明确，层次清楚，语言精练，不超过300字

2017年（B卷）
结合给定资料，分析"工匠精神"与培育和践行社会主义核心价值观之间的关系（20分）
要求：观点明确，条理清晰，联系实际，不超过300字

2013年（B卷）
材料中提到的欧美做法是否适合中国国情，为什么？（10分）
要求：条理清楚，观点明确，不超过200字

上海市公安系统人民警察学员考试近年真题

2017年
结合给定资料，辩证分析当今社会存在的"媒治"现象（25分）
要求：分析简明、清晰、客观，不超过300字

2015年
结合给定资料，谈谈你对材料3划线部分中"严刑峻法"的理解（15分）
要求：简明、清晰、客观，不超过300字

在上海地区公职类考试中，上海市公务员考试和上海市公安系统人民警察学员考试近年都会出综合分析题，题量不多。

二、考频分析

(一) 上海市公务员考试

2011—2015 年，上海市公务员考试申论 A、B 卷，除作文以外，还有 4 道小题，其中综合分析题的题量如下图所示。

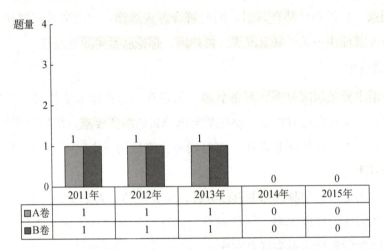

2016—2019 年，上海市公务员考试申论 A、B 卷，除作文以外，还有 3 道小题，近三年综合分析题是必考题型。

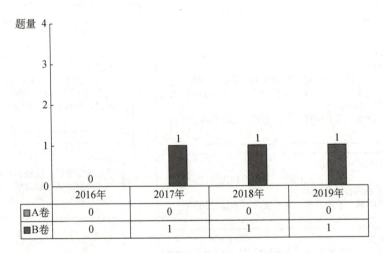

(二) 上海其他公职类考试

可能由于综合分析题的难度较大，上海行政执法类公务员考试，除作文外的 2 道小题较少出现综合分析题。

上海市公安系统人民警察学员考试除作文外的 2 道小题中会出综合分析题，但出题频率不同。

目前的上海市事业单位考试综合应用能力卷基本不出现综合分析题，但在未来考试中不排除增加该题型的可能性。

（三）出题总结

综合分析题在上海地区公职类考试中，出题概率较低，不高于25%；由于难度较大，需要考生深入学习理解。

三、解题策略

综合分析题要求考生能准确把握题目要求，条理清晰、简明扼要地分析问题，揭示问题的本质和引申意义，阐释独立思考所得的观点。

==随着综合分析题出现频率的增加和难度的提高，掌握其作答要领及注意事项至关重要。==

（一）答题步骤

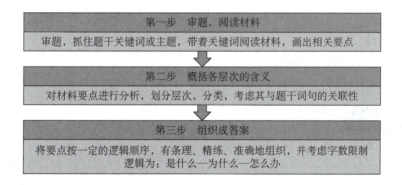

（二）答案组织逻辑思路

【技巧解码】

① 作答时，首先要表明态度，说明对事物的基本看法，诸如自己的态度是肯定还是否定，或是说明关系、解决含义。

② 随后要有条理、有层次地做出阐发，阐明自己为什么持有这种态度，说明理由，提出依据；或者对问题的各个方面进行分析，如一分为二，先分析有利的一面，说明其优点和利益表现在哪里，再分析不利的一面，说明其弊端和害处在哪；或者分析影响，说明后果。

③ 最后要进行总结陈词，概括采取解决问题的措施，或做一定的总结或升华。

第二节 实战解析

一、基本类型解析

结合上海市公职类考试历年申论考试真题并参考国家公务员考试，综合分析题可大致分为解释评价型综合分析题、关系型综合分析题和启示型综合分析题，我们分别进行解析。

（一）解释评价型综合分析题

【真题示例】

2015年上海市公安系统人民警察学员考试申论卷

结合给定资料，谈谈你对材料3中画线部分中"严刑峻法"的理解。

【思路分析】

要求对词或句进行理解或评析。

（二）关系型综合分析题

【真题示例】

2018年上海市公务员考试申论B卷

结合给定资料，用三个关键词归纳上海公安街面防控新型警务模式的主要特点，论述"智慧公安"与利用新兴科技之间的关系。（20分）

要求：概括准确，观点明确，层次清楚，语言精练，不超过300字。

【思路分析】

题目要求对某两个词句的关系进行分析理解。关系型综合分析题是指一句话包含着几者之间关系的理解，做题的时候，我们既要对几者的关系进行解释说明，同时要回答几者存在的关系及为什么存在关系，并在认识关系的基础上回答我们应该做什么。

（三）启示型综合分析题

【真题示例】

2011年上海市公务员考试申论B卷

《庄子·至乐》中说："夫天下之所尊者，富贵寿善也；所乐者，身安厚味美服好色音声也；所下者，贫贱夭恶也；所苦者，身不得安逸，口不得厚味，形不得美服，目不得好色，耳不得音声；若不得者，则大忧以惧，其为形也，亦愚哉！"请将这段话译为白话文，并简要概述这段话给你的启示。（15分）

【思路分析】

题目给到如一段古文、事例等，要求谈谈从中获得的启示或教训经验等。

从上海地区公职类考试的出题频率来说，近年来申论中的综合分析题主要集中于关系分析、词句理解评价和启示，且一般集中于关系型分析题；上海市公安系统人民警察学员考试倾向于考查词句理解评价，而其他考试较少考查综合分析题。当然，近年考试也有对于新题型的探索，灵活性与综合性进一步加强，但主要仍可以归为以上几种。

二、典型例题

（一）解释评价型综合分析题

【经典真题1】

根据给定资料4，谈谈你对"想象力经济"的理解。（10分）

要求：（1）准确、全面；（2）不超过200字。

视频解析

【给定资料】

1. 以下是专家意见摘录。

2. 人类经过了农业时代、工业时代，进入了现在的互联网时代，接下来的时代应该是"想象力经济时代"。设计师将是那一个时代的主人。

材料第一、二段，提出了我们进入了"想象力经济时代"的背景。

3. 2016年，一场以"创造不可能"为主题的全球创新设计大会走入了人们的视野。数十位设计大咖通过对时代痛点与未来发展趋势的解读与畅想，让我们第一次了解了"新物种""爆款计划"以及"想象力经济"这些概念中隐含的巨大价值。中国领先的创新设计平台，则以"众创"的模式推动想象力向生产力转化，致力于用设计创造更多经济价值。

材料第三段，借设计大会，提出了"想象力经济"。

4. 这里面所体现的"共享设计"的理念，激发了个人创造力的觉醒，并由此引领设计新风潮。这一全新理念，意在打造一个集企业、用户、设计师为一体的共享生态圈，同时将设计上升到了一个"众创"的维度，赋予每

材料第四、五段，提出以共享设计理念推动实现共享生态圈和"共创"，进而实现想象力经济；提

个参与者以创造者和受益者的双重身份，由此推动想象力的价值链实现最大化的延展。

5. 让想象力产生价值乘数效应，这正是"众创"所希望的结果。共享价值的实现，激发了更多人加入共享设计生态圈。

6. 设计师可以通过与用户进行交流汲取全新的创意灵感，与企业沟通将设计转变为惠及大众的创新产品。企业家也有机会向用户展现自身的创意产品，聆听他们的想象进而洞察他们的需求，让具有创造力的设计师助力企业的产品创新，进而创造更大的商业价值。

7. 当用户需求被设计师解读，并对产品进行重新创作，优秀的产品便产生了，这个产品再造并走向市场形成商业价值的过程，就是想象力经济的落地体现。想象力经济的本质正是将人的创新精神转化为商业价值的一个过程。

8. 想象力是消费升级的原动力，消费升级反映了消费水平和发展趋势，让消费者为内心的归属感买单，其突破口在于找到消费者真正的欲求。

9. 每个时代都会出现某种经典产品来推动社会的发展和变革，互联网时代是手机、电脑等终端产品，智能时代是智能机器人。智能机器人普及后，对人类来说，想象力将会成为下一个时代的主导，设计师将成为推动社会进步的重要力量。

10. 互联网技术的进步使万物产生共联，共享经济的产生让社会资源得到优化配置。个体创造力的连接与共享是想象力经济发挥价值的基础。个人创造力的觉醒、企业创新力的横空出世推动想象力成为未来经济发展的新驱动力。而创造力共享让每一个天马行空的创意设计变现，从而创造更多颠覆时代的爆款产品，充分挖掘设计师个体的价值。

11. 只要拥有想象力，敢于创新，就有可能迎来想象力经济的时代。

出"众创"让想象力产生价值乘数效应。

材料第六、七段，提出设计师的作用与价值，并点明通过众创中设计师的工作，让创造力转化为产品，产生商业价值，就是想象力经济的实现过程。

材料第八段，提出了想象力的意义，推动实现消费升级。

材料第九段，强调下一时代是想象力经济时代，设计师是推动想象力时代的重要力量。

材料第十段，提出了个人创造力和企业创新力是实现想象力经济的重要力量。

材料第十一段，提出了实现想象力经济的方法是拥有想象力和创新。

【思路分析】

材料阅读后，首先对关键词句进行标记并理解，然后进行内容梳理：

想象力经济的本质	推动想象力向生产力转化，致力于用设计创造更多经济价值；人的创新精神通过创造转化为产品实现商业价值的一个过程
想象力经济的意义	实现消费升级
想象力经济的基础	共创模式，设计师，个人创造力和企业创新力
想象力经济的对策	拥有想象力和创新力

【逻辑梳理】

词句含义解释—分析—总结

【参考答案】

　　想象力经济是指推动想象力向生产力转化，指人的创新精神通过设计创造转化为产品进而实现商业价值、创造经济价值的过程。想象力经济是以个人及企业创新力为基础，并通过共创模式实现，在实现过程中要充分发挥设计师的作用。同时，想象力经济能够创造消费者的需求，实现消费升级，它是下一个时代的主导。故我们要有想象力和创新力，迎接想象力经济时代。

（二）关系型综合分析题

【经典真题2】

资料6中说："一座城市，看得见的，是面子；看不见的，是里子。"资料1中说："一个城市发展不能只重面子，不顾里子。"根据给定资料，谈谈何为城市的"面子"，何为城市的"里子"？二者是何关系？（20分）

视频解析

要求：理解准确，分析恰当，条理清楚，文字简练。不超过250字。

【给定资料】

1. 2013年3月22日晚，暴雨突袭湖南省长沙市，长沙城区不少地方瞬间涨水。21岁的女孩杨某不慎掉入一个没有井盖的深井，长沙市出动数十支消防、民警队伍进行搜救，长沙市海事局也在该下水道通往湘江的排污口和

资料1前四段举长沙女孩的悲剧事例，间接引出话题，说明城市管理方面存在问题。

江面上搜寻，截至 24 日晚杨某仍下落不明。众多热心市民和网友纷纷为女孩祈祷，期待奇迹发生。然而，随着时间的推移，坠井女孩生还的希望越来越渺茫。

据报道，出事的下水道口直径约 1 米，井盖不见踪影，里面的水流声十分湍急。下水道口正对着过街天桥的台阶，相距 10 多米，距离人行道不到 1 米，周围看不到任何提醒路人注意的相关标识。

与杨某同行的女同学称，杨某就走在她前面几米，她眼睁睁看着杨某突然不见了。事发后赶到现场的另一名同学说，如果没有探照灯完全看不清路。落井女孩的朋友哭着问警察："为什么这里没有井盖？"有警察回答称："可能是地下水暴涨，从下面冲开了井盖，地面上湍急的水流直接将井盖冲走了。刚刚我们在赤黄路旁边的报刊亭那里找到了被冲走的井盖。"也有人猜测，当晚雨势很大，地面积水近 50 厘米，而事发地点有个 30 度左右的斜坡，过多过急的雨水把下水道井盖冲开了。围观的几位市民称，这种情况在这里已经不是第一次出现，这里的井盖经常被冲开，很不安全。

有评论认为，长沙女孩的悲剧，是一个家庭的悲剧，更是这座城市的悲剧。在为女孩的不幸遭遇而痛心的同时，人们不禁要问：难道仅仅是城市排水管网建设严重滞后？难道真的是城市发展必须要付出生命的代价？作为城市管理者，在预知到危险之时是否尽到了养护与防范风险的责任？为什么总要等到悲剧发生了才去反思、才去补救？我们在面临可预见到的危险时是否忘却了必要的警惕？

人民网舆情监测室主任分析师庞某：井盖事件，并不只是一个井盖这么简单，用我们的话说，这是一个小的舆情事件，叫"井盖舆情"。这个事件，已经逐步发展成一个全民的恐慌，同时"井盖"问题也多次面临拷问：2010 年 5 月，广州一个女孩坠入下水道身亡；2011 年 6 月，北京两名男青年在暴雨中推车时，不慎坠井，双双殒命；2012 年 3 月 16 日，大连，一女子坠入热力井身亡；2012

资料 1 第五段，举例后提出城市"里子"和"面子"的含义，分别是指城市看不见的基础建设工程和看得见的城市建筑和设施。

提出两者的关系，并

年4月，北京，一位年轻的妈妈在人行道上遇到路面突然塌陷，不幸掉入热水井中，全身99%被严重烫伤，最终不治身亡；2013年3月12日，广西，一名5岁男孩不幸掉入排污井而遇难……一次次类似的悲剧提醒我们：如果说高楼大厦是城市"面子"的话，深埋于地下的排水系统无疑是城市的"里子"。当突如其来的大雨掀开城市的"里子"时，既会有全城瘫痪的尴尬，也会有举步维艰的窘迫，甚至还会有下水道"吃人"。一个城市发展不能只重面子，不顾里子。一些看不见的基础建设工程，有时比看得见的项目更关乎民生利益。如果说这次的不幸只是偶然事件，那么这些一个一个的偶然事件叠加起来，就为我们摆出了一个城市管理漏洞的拼图。在这个拼图里，我们每个人都行走其中，人人自危，步步惊心。

提出城市"里子"的意义，即关乎民生。

6. 在大多数市民的认知中，"下水井盖"几乎是所有城市井盖的统称。事实上，这样的说法并不准确，由于产权单位和用途的不同，银川市的井盖多达十几种，涵盖市政、自来水、中水、通信、广电、电力、天然气、企业等多个部门，而这几乎是所有城市面临的状况。近期，银川市发生井盖丢失造成市民受伤的事件，使得井盖管理的话题再度升温。银川市市政管理处监察大队杜队长说，随着城市建设的逐步完善，从井盖本身到井盖管理，都会逐渐完善，而所谓"无主"井盖也会越来越少。他说，以往银川市每年都会发生十几起井盖丢失造成的受伤事故，但近年来情况有所好转。随着市民认识程度的提高，很多市民都会第一时间找到井盖权属单位，"很多单位为了区别井盖权属，还会采用不同的颜色。"如果井盖丢失后，市民可以通过井口的铭牌来辨认权属。

资料6第一段，举例，提出城市井盖问题及政府逐步解决的进展。

2013年3月27日，河北新闻网刊发的《我省多市启动"补盖"行动》的报道引发了社会各界的广泛关注。河北省政府新闻办公室官方微博专门转发了报道，并向全省网友发出开展"问题井盖"随手拍活动的倡议。倡议中说，为避免"落井女孩"的悲剧再次上演，请大家一起随

资料6第二段，通过举例提出了问题井盖解决的对策，即市民参与。

手拍下街头的"问题井盖"，该微博将派工作人员进行整理并反馈至各地城市管理部门，尽快协调维修。这一倡议得到了全省各界和网友们的热烈响应。3月28日，石家庄市容考评办在全省率先行动，动员全体市民共同加入"随手拍"活动，迅速得到省会市民的积极响应。其他各地网友也纷纷主动加入"随手拍"活动，积极"举报"身边的危险窨井。据不完全统计，仅28日一天，网友反映的"问题井盖"线索已达百余条。

与此同时，为预防窨井带来的潜在风险，石家庄市城管委近日全面启动了城区道桥维修工作，对市区2 812处道路"病害"进行维修的同时，对出现沉降、破损的窨井进行清理维修。而在秦皇岛市，《窨井管理办法》已经起草完毕，正在进一步修改，近期有望出台。同时，城市管理局应急处置中心也加大了对排水、供热、供气等窨井井盖的排查，暑期还将协调电信、电力等部门加大巡查力度。

资料6第三段，通过举例提出了问题井盖解决的对策，即相关部门排查和维修，起草专项法案。

针对上述诸多做法，有专家认为：一座城市，看得见的，是面子；看不见的，是里子。在这一路走来的现代化建设过程中，中国大多数城市建设者，各埋各的管，各挖各的道，并且今天埋了的，明天重挖再埋，许多部门把地下糟蹋了，最后连个设计图都没留下来。这种急功近利、低成本的建设，已经给后人留下一个花巨资也难以收拾的烂摊子。近年来，我国城市建设突飞猛进。我们的城市，楼房越来越高，市容越来越漂亮，但地下管网却越来越脆弱。这类基础设施工程，往往是利在千秋，功却不一定在当代，是看不见的民生问题。

资料6第四段，说明了"里子"和"面子"的关系，再次强调城市里子的重要性。

如何关注窨井这个貌似小细节却关乎公民生命的大环节？杜绝窨井"吃人"，需从技术方面加以考量，更需提高职能部门的责任意识；需要公众的广泛参与，更需科学的制度做保证。技术再先进，公众参与再广泛，如果不从细节和制度上防范悲剧、捍卫生命的尊严，"吃人"案例便不会消失。

资料6第五段，提出了井盖问题的解决措施。

【思路分析】

根据阅读，得到的相关要点，进行梳理：

城市"里子"和"面子"的含义	分别是指城市的看不见的基础建设工程和看得见的城市建筑和设施
提出了问题井盖解决的对策	包括市民参与、相关部门排查和维修、起草专项法案
"面子"和"里子"的相关影响	一座城市，看得见的，是面子；看不见的，是里子。"里子"利在千秋，关乎民生。急功近利、低成本的建设，已经给后人留下一个花巨资也难以收拾的烂摊子
解决井盖问题的对策	要提高职能部门的责任意识，需要公众的广泛参与，更需科学的制度做保证

【逻辑梳理】

关系解释、含义解释—具体分析—总结对策

【参考答案】

　　城市的"面子"是指城市的高楼大厦等地面上看得见的建设，城市的"里子"是城市地下管线等看不见的基础建设工程。
　　两者都是城市发展的组成部分，相辅相成，缺一不可。"面子"体现了城市建设水平，"里子"保证了城市运行，建设不能只重视表面，也要关注"里子"。城市里子关乎公民生命，利在千秋，关乎民生利益。如果忽视会给后人留下一个斥巨资也难以收拾的烂摊子。
　　所以，城市发展既要重视"面子"，更要重视"里子"。

（三）启示型综合分析题

【经典真题3】

　　我国有不少地区在保护和发展具有地方特色的文化方面都取得了一些成功的经验。如果你是某市负责地方文化保护工作的人员，请认真阅读"给定资料3"，概括从中可以获得哪些启示。

　　要求：全面、准确、简明，不超过150字。

视频解析

【给定资料】

　　3. 时间到这里仿佛变慢了。秋天早晨的菊儿胡同刚睡醒，一间一间的院子走入，粗斜的老树仍在，院子中央整齐地码了几十盆花草。有人趿拉着拖鞋走出屋，揉着眼

资料3第一、二段，举菊儿胡同的事例。菊儿胡同的改造，依据"有机

晴背着手浇花。两位老人坐在墙根下晒太阳。站在胡同里，市声渺远，只觉几千年几百年的日子就这么悠悠地过了下来，这里依然是风雨不动的世上人家。

这就是诗意栖居的代表作——"菊儿胡同"，是吴良镛在北京四合院基础上设计出的现代民居。1987年，菊儿胡同还是积水、漏雨、杂乱无章的地方，早年建造的四合院已成了破旧拥挤的大杂院，吴良镛受邀设计改造。他的"有机更新"理论认为，住房是城市的细胞，新建房应自觉地顺应城市的传统肌理，于是有了"类四合院"，既保留了天井、院中的老树，又能容纳更多住户。房屋为白墙黛瓦，错落别致。吴良镛非常留意娱目之景：在坡顶修建楼阁和平台，可远眺景山、北海、白塔；在院中配置不同姿态的树种，使院落小景丰富有变；甚至楼阁的高度不一，增加建筑群轮廓线的变化，屋顶亦因此有了韵律美。如今住在高层小区里的北京人，是无法享受到郁达夫笔下"故都的秋"了，菊儿胡同里的人却仍可坐拥旧时的景色："早晨起来，泡一碗浓茶，向院子一坐，你也能看到很高很高的碧绿的天色，听得到青天下驯鸽的飞声。""我并不是要所有的房子都盖成菊儿胡同，而只是探索了一条传统建筑发展的路子。"2012年10月16日上午，在北京"2012年中国建筑学会年会"的开幕式上，这位中国两院院士、国家最高科学技术奖获得者做了题为《人居环境与审美文化》的主题报告，讨论如何将"艺文"融入人居环境。

游客张女士说，来豫园本来只是随便逛逛，听导游讲解之后才发现好些建筑都有故事、有门道。站在豫园九曲桥上，还可以看到远处的东方明珠、环球金融中心等建筑，景观确实不错。

豫园旅游区是上海老城厢的发源地，近年来逐步形成了以豫园、城隍庙、上海老街等为中心的旅游风景区，九曲桥、湖心亭尤其享有盛名。民俗工艺小商品、上海及全国特色小吃、上海本土文化及民间文化在此得到重生与发

更新"理论，顺应城市传统肌理。

资料3第三、四段，举豫园事例。豫园旅游区的打造，既实现了商业价值，也注重本地和民俗文化的发展，形成文化综合体。

展,成为市民节庆庙会地。豫园作为留存完好的江南古典园林,被誉为"东南名园之冠"。豫园商城于20世纪90年代经过大规模扩建,成为规模宏伟的仿明清商业建筑群,既有历史渊源,又有民族风格,豫园被塑造成一个文化综合体。为了再现民俗风情,豫园商城推出了"豫园中国节"的概念。正月有新春民俗艺术灯会,三月有中华美食节,四五月是春季庙会和茶文化节,夏季有少数民族风情节,秋季有庙会和赏菊啖蟹节,冬季有冬至膏方节等。尤其是元宵灯会,在春节期间的上海最有人气,充分显示了民俗文化强大的生命力,并因此成为上海的一项非物质文化遗产。

中国历史文化名镇枫泾镇,素有"芙蓉镇"的美誉。这里文化资源丰富,有保存完好的明清建筑;有古老质朴的蓝印花布、色彩鲜艳的刺绣;有式样各异的花灯、编织、剪纸、泥塑;有粗犷洒脱的灶壁画,特别是享誉国内外的金山农民画;有久负盛名的枫泾四宝——丁蹄、状元糕、五香豆腐干、枫泾黄酒;还有许多蕴藏在民间的传奇故事、喜闻乐见的体育项目。所有这些家乡民间文化原有的特色,为枫泾古镇增添了无穷的魅力。

人们用"枫泾寻画"四个字概括古镇的魅力,可谓一语双关,既有诗情画意,又留有悬念,充分表达了枫泾古镇美丽如画的景色,又告诉人们枫泾拥有深刻的历史文化沉淀。枫泾留下的是历史的原貌,是原来真实的景,不增加什么新东西,在保护过程中原样原修,保留原材料、原工艺、原样式、本来的风貌,从而保留了一种难能可贵的原真性。

同时,枫泾不是保留一座桥、一块碑、一个房子、一座店铺,而是一条街、一道河、一个古镇的整体保留。整理的水墙门,如同周庄的前街后河、乌镇的水格房,现在已经不多见了。它与枫泾古镇引人入胜的桥、房子、街道、廊相得益彰,构成的是浑然的一个整体。

> 资料3第五至七段,举枫泾事例。枫泾镇重视保留民间文化原有的特色,在保护过程中原样原修,实现了整体保留。

【思路分析】

根据阅读，得到的相关要点，进行梳理：

菊儿胡同改造	依据"有机更新"理论，顺应城市传统肌理改造
豫园旅游区的打造	既实现了商业价值，也注重本地和民俗文化的发展，形成文化综合体
枫泾镇	重视保留民间文化原有的特色，在保护过程中原样原修，实现了整体保留

【逻辑梳理】

透过表面抓住本质；参照事例的做法，从根本上考虑各地都可以适用的、在保护和发展具有地方特色的文化方面的经验。

【参考答案】

从中获得的地方文化保护启示有：①建筑更新改造，应依据"有机更新"理论，顺应城市传统肌理改造。②地方旅游区的打造，应建设文化综合体，商业经济价值与文化发展并重。③传统古镇保护，遵循整体性和原真性，重视保留民间文化原有的特色，在保护过程中原样原修，做到整体保留。

第五章　解码应用文写作

第一节　探究应用文写作

上海市事业单位考试综合应用能力卷<mark>最新大纲</mark>规定如下：

沟通协调能力：能够在管理工作中向有关人员征询意见，传递信息，施加影响，获得支持与配合。

文字表达能力：能够根据管理工作需要撰写文稿，准确和清晰地进行书面表达。

结合综合应用能力真题分析，不难发现，上海市事业单位考试有公文（应用文）写作这一题型，并基本与国家公务员考试中的贯彻执行题一致。

而在上海地区的公职类考试中，目前上海市公务员考试、上海市行政执法类公务员考试和上海市公安系统人民警察学员考试中尚未涉及，但不排除未来考试中增加这一题型的可能。

公文写作这一题型，兼顾阅读理解、综合分析、提出和解决问题、文字表达等能力，是<mark>集概括、分析、解决问题于一体</mark>的综合性试题。分析历年的国家和外省市公务员考试申论真题及综合应用能力真题可以看出，虽然公文类试题类型多样、题材丰富，但从题干和作答要求看，主要还是集中在对材料内容的整合分析，无须太多创造性发挥。因此，考生可以平常心面对公文写作，<mark>准确把握作答要求，深入领会内在含义，全面把握题材、主旨和材料结构，</mark>完全可以轻松应对。

一、作答要求

1. 来自材料，高于材料

公文类试题主要是对材料的总体把握和客观总结，考生必须严格坚持从材料中来，到材料中去，全面把握材料反映的问题，准确理解题材所反映的主旨。同时，从材料的整体出发、大局出发，高屋建瓴地把握材料的主题和思想，一一明确事件的起因、存在问题和解决对策。

2. 管理的角度

公文类试题作答必须站在政府人员角度去看待问题、提出问题、解决问题。特殊情况，如以记者、志愿者的身份作答，也要站在"公"而非"私"的立场。

3. 掌握文体结构

这是此类文章评分的关键点之一。不同类型的文章，结构组成和各部分的详略不尽相同。特别需要注意的是，公文类试题要求要有严密的逻辑思维，如"情况—问题—原因（意义）—对策"，那么考生在作答之前就要先弄清楚解答的思路，统筹安排，然后在答题时详略得当、主次分明地安排各部分内容，增加文章的层次感、脉络清晰、逻辑合理地把要表达的内容表述出来，使阅卷老师在阅卷时能明白清晰、一目了然。

4. 正确格式书写

公文常有格式要求，不同文体格式略有不同。如写信，要求有称谓和落款；又如行政机关公文，决定、命令等，要有标题、有发文对象、有主送机关、有日期等。在公文写作时，也要注意相应文体的格式。

二、作答基本思路

通过对历年考题分析常见的公文题型，其<mark>基本写作思路</mark>如下图所示。

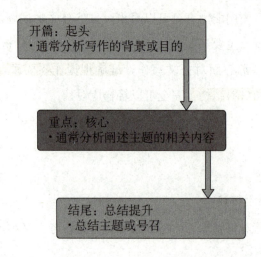

第二节 剖析常考应用文

一、建议、报告类

建议书又称意见书，是针对某一问题或情况，向有关部门或领导陈述自己的看法，并提出建设性意见的一种专用书信。

指导意见属于"意见"的一种，作为下行文，具有指示、指导和规范作用，可对下级机关布置工作，下级机关应当遵照执行。

报告主要适用于向上级机关汇报工作、反映情况，答复上级机关的询问。

（一）建议、报告类公文写作的一般要求

建议书和报告通常写法一致，下面以建议书为例进行介绍。建议书是下级和群众向领导提出自己主张的重要渠道，是联系和协调下级和上级、个人和组织、群众和领导关系的纽带与桥梁，对鼓励和提倡人们提出合理化建议，方便和促进领导和上级单位广纳贤言、集思广益、改进工作，进而推动事业发展，起着积极的作用。

建议类公文是书信体公文，一般由标题、称谓、正文、落款四部分组成，其一般结构如下表所示：

标题：以文体"建议书"为题 　　　以"关于＋事由＋建议书"为题
称谓：接收建议的单位组织或个人，或省略
正文：建议的缘由、目的 　　　建议的具体内容 　　　结语，如期望或祝颂语
落款

建议类公文写作的注意事项有以下三点。

（1）要明确主题，实事求是。

撰写意见，应强调主题集中，中心明确，一文一事，围绕一个主题，讲一项工作。同时，提建议要站在解决问题的立足点上，从实际出发，实事求是，提出独到的、合理的、可行的意见和建议。要根据材料的具体问题、实际需要和可能的现实条件，把握分寸，而不能凭空想象，不着边际，提出过分的要求。

(2) 要结构严谨,条理清楚。

一般要求阐明背景或缘由,进而提出工作思路和措施、办法。在内容上注重原则性和灵活性结合、规定性与变通性结合。

(3) 内容具体,表述清楚。

建议书不管是否分条列项来写,都要把内容写具体,把措施和方法写清楚,并做到言简意赅,这样才容易被采纳。切忌空话套话,或抽象笼统,使人不得要领。

(二) 范文举例

【范文一】

中共中央办公厅　国务院办公厅印发
《关于创新群众工作方法解决信访突出问题的意见》

【标题】关于＋事由＋文体

　　近年来,各地区各部门认真贯彻落实中央决策部署,解决了群众生产生活中遇到的大量困难和问题,赢得了群众拥护,凝聚了党心民心。同时应当看到,一些地方和部门还不同程度地存在损害群众利益、伤害群众感情的现象,引发了大量信访问题,尤其是在征地拆迁、劳动和社会保障、教育医疗、企业改制、环境保护等方面的信访问题比较突出,群众反映强烈。为深入贯彻落实党的十八大和十八届三中全会精神,推动信访工作制度改革,解决好人民群众最关心的最直接、最现实的利益问题,进一步密切党同人民群众的血肉联系,巩固和扩大党的群众路线教育实践活动成果,夯实党执政的群众基础,促进社会和谐稳定,现就创新群众工作方法、解决信访突出问题提出如下意见:

【正文,第一段】事由(近年来,……)＋目的(为了……)

一、着力从源头上预防和减少信访问题发生。加大保障和改善民生力度。将保障和改善民生作为预防和化解矛盾纠纷的基础性工作,更加注重落实好各项民生政策,优先保障民生支出。

二、进一步畅通和规范群众诉求表达渠道。健全公开透明的诉求表达和办理方式。完善民生热线、视频接访、绿色邮政、信访代理等做法,更加重视群众来信尤其是初次来信办理,引导群众更多以书信、电话、传真、视频、

【正文,核心】具体建议,分条列项。
一、……
二、……
三、……
四、……
五、……

电子邮件等形式表达诉求,树立通过上述形式也能有效解决问题的导向。

三、健全解决信访突出问题的工作机制。完善信访联席会议制度。强化各级信访联席会议综合协调、组织推动、督导落实等职能作用,形成整合资源、解决信访突出问题的工作合力。健全解决特殊疑难信访问题工作机制。

四、全面夯实基层基础,健全基层组织网络。进一步强化基层基础工作,把更多人力、物力、财力投向基层,把问题解决在基层,把矛盾化解在基层,并组织动员社会力量参与。

五、切实加强组织领导。严格落实信访工作责任,强化舆论引导,加强信访干部队伍建设。

各地区各部门要按照中央要求,深入研究和准确把握新形势下群众工作的新特点、新规律、新要求,进一步转变工作作风,努力提高带着责任和感情做好群众工作的能力、提高解决信访突出问题的能力、提高从源头上预防和化解矛盾纠纷的能力,维护群众合法权益,维护社会公平正义,维护社会和谐稳定。

【正文,结语】总结,提出要求和期望

××年×月×日

落款

【范文二】

关于加强街道、镇市容环境卫生管理工作的指导意见

【标题】关于+事由+文体

为加强街道、镇市容环境卫生管理工作,确保迎世博600天行动计划市容环境综合建设和管理工作的全面推进,根据《××市市容环境卫生管理条例》有关规定,现就加强街道、镇市容环境卫生管理工作提出如下意见:

【正文,第一段】目的(为……)

一、指导思想和目标

【正文,核心】工作内容,分条列项。

以科学发展观为指导,以创建整洁、优美的城市市容环境,提高人民群众生活环境质量为目标,通过条块结合、资源整合、全民参与、形成合力,充分发挥街道、镇在市容环境卫生管理工作的重要作用,积极推进辖区内市容环境卫生各项整治,为提升城市市容环境卫生管理水

一、……

平，实现管理工作的制度化、规范化和长效化奠定基础。

二、管理工作内容

（一）加强综合协调。街道办事处、镇政府应当做好辖区内的市容环境卫生管理工作，协调、组织、指导辖区内相关部门加强市容环境卫生管理工作。

1. 充分发挥街道办事处、镇政府组织领导、统筹协调、监督检查和综合管理的职能，组织制定辖区内市容环境卫生应急处置预案，加强市容环境卫生突发事件的应急管理。

2. 组织辖区内的部队、学校、居委会和各相关部门派出单位及大型企事业单位等，搞好市容环境卫生管理。

3. 组织、协调辖区内管理执法力量，加大对乱设摊、违法搭建、乱张贴、乱刻画、乱涂写、乱散发等城市管理顽症的整治力度，建立和完善城市管理顽症综合治理的管理执法机制。

（二）加强日常检查。街道办事处、镇政府要加强辖区内市容环境卫生管理工作的日常检查力度，对辖区内市容环境卫生工作定期进行巡检。

1. 加强辖区内道路、公共场所、街巷、里弄市容环境卫生检查，并将检查情况及时告知相关部门、单位和居委会。

2. 加强辖区内市容环境卫生责任人责任区保洁工作的日常巡查，督促责任人履行工作责任。

3. 组织、指导居委会开展社区居民市容环境卫生文明公约的制定、宣传工作，加强社区市容环境卫生工作的检查，并将检查情况张榜公布。

（三）加强监督考核。街道办事处、镇政府要加强辖区内市容环境卫生管理工作的监督考核，建立监督考评机制，定期开展考核评议。

1. 加强辖区内市容环卫管理、城管执法工作的监督和检查。

2. 负责对各相关部门派出单位在辖区内履行市容环

二、……

（一）……

1.

2.

3.

（二）……

境卫生管理、执法工作情况的监督考核，定期向其上级单位通报工作情况及考核结果，考核结果纳入区相关部门年度工作绩效考评中。

（四）加强宣传教育。街道办事处、镇政府要开展辖区内市容环境卫生管理工作的宣传教育，建立日常宣传计划和工作制度。

1. 负责对辖区内单位市容环境卫生工作的指导和服务，成立市容环境卫生责任区单位责任落实情况的指导小组，加强对单位和个人履行市容环境卫生工作的宣传和教育。

2. 结合社区网格化管理，组织市民、企事业单位积极参与市容环境卫生管理工作，形成人人参与和维护市容环境卫生活动的氛围，实现社会互动。

3. 制定维护市容环境卫生公约和工作方案计划，组织居委会动员单位和居民参加市容环境卫生治理活动，创建整洁、优美、文明的环境。

三、保障机制

为确保区域内市容环境卫生管理工作全面落实，街道办事处、镇政府要加强机制建设。

【正文，结语】总结，提出要求和期望

1. 建立市容环境综合建设和管理工作联席会议，行政主要领导为联席会议第一召集人，全面负责辖区的市容环境卫生管理工作。

街道、镇市容环境综合建设和管理工作联席会议例会每个月不少于一次，并与相关管理部门、城管执法部门以及环卫作业部门建立双向告知制度，保持正常运作。

2. 完善街道、镇城市管理网格化工作机制，组织对辖区内市容环境卫生事件的应急处置，提高管理水平。

3. 进一步探索建立社区长效管理机制，加大对市容环境综合建设和管理工作投入，全面落实市容环境卫生责任区制度，建立健全联合联动执法、巡视检查、日常维护和管理三支队伍，对辖区范围市容环境卫生实施网格化、精细化、全覆盖的管理。

××市绿化和市容管理局
××年×月×日

【落款】单位、日期

【范文三】

倡议书

全市各级公共机构及干部职工：

  2018年6月11日至17日为全国节能宣传周，今年宣传周的主题是"节能降耗，保卫蓝天"，为充分发挥公共机构在建设生态文明、美丽渭南中的重要作用，特向全市各级公共机构广大干部职工提出如下倡议：

  一、树立节约意识，发扬勤俭美德。节约能源，从我做起，从家庭做起，从点滴做起。自觉地节约每一度电、每一滴水、每一张纸、每一粒米，养成随手关灯、关紧水龙头、关闭电脑和电器、纸张双面打印、抵制商品过度包装的习惯。发扬中华民族勤俭节约的传统美德，增强资源忧患意识和节约意识，在全市形成节约光荣、浪费可耻的风尚。

  二、践行低碳理念，倡导绿色生活。6月13日是全国低碳日，为了积极响应"低碳体验日"活动，倡议大家采取绿色低碳的出行方式，践行"135"出行方案（即1千米内步行，3千米内骑自行车，5千米内乘坐公共交通工具）；办公区域的照明、空调停开一天，减少使用一次性消耗品，自觉使用节能环保文具、再生纸等办公用品；家庭购物自带布袋子，自觉选购节能低碳家电、节水器具和高效照明产品，以绿色低碳的生活方式支持节能环保。

  三、宣传节能知识，营造文化氛围。通过电视、网络、书籍等平台，主动学习了解节能知识，掌握生活工作节能小窍门；积极开展以节能低碳、循环经济为主要内容的实践活动，采取宣传册、板报等方式大力宣传节能减排知识，增强参与节能减排工作的责任感和自觉性，养成良好的节能意识和行为习惯，作为公共机构的广大干部职工

【标题】文体

【正文，第一段】背景＋目的

【正文，核心】倡议建议内容，分条列项

应积极践行绿色低碳办公生活，为全社会节能减排做好表率。

节能、低碳、环保，功在当代，利在千秋。让我们万众一心，做节能减排的实践者、示范者、传播者！以实际行动为"美丽渭南"建设做贡献！

××省××市人民政府办公室

××年×月×日

【正文，结语】总结，发出号召

【落款】单位、日期

【范文四】

××市政府法制局关于建议严格控制以市政府名义主办（或举办）经营性活动的报告

市人民政府：

今年以来，因部门（单位）以市政府名义主办（或举办）的大型经营性活动而引起经济纠纷，法院追加市政府为民事被告的案例已有两宗（＊＊航空博览会、＊＊博览会时装节），影响政府形象和声誉，造成政府承担不必要的法律责任。为防止再发生类似情况，特提出如下建议：

一、把政府行为与商业性行为分开。除因外事活动、政治任务或慈善活动需要，必须以市政府名义主办（或举办）的经营性或非经营性活动外，今后凡由部门或企业承办的大型经营性活动，如"服装节""展销会""博览会""美食节""演唱会"等，原则上不以市政府名义主办（或举办）。

二、严格审批制度。一些确需要以市政府名义主办（或举办）的大型经营性活动，必须由承办部门提出申请，并明确主办单位和承办单位以及有关部门的权利、义务，明确法律责任，然后送市政府办公厅审核，报分管副市长及市长审批同意后，由市政府办公厅发文批复。市政府一律不承担连带经济责任。

三、经市政府批准以市政府名义主办（或举办）的经营性活动或非经营性活动，需要对外进行宣传或制作广告的，其内容必须合法真实，并报经市政府分管副市长和承办单位负责人审核同意后，才能进行制作和发布。

【标题】关于＋事由＋文体

【称谓】

【正文，第一段】事由（今年以来，……）＋目的（为……）

【正文，核心】具体建议，分条列项。

一、……

二、……

三、……

以上报告如无不当，请批转有关单位执行。　　　　　【正文，结语】
　　　　　　　　　　　　××市政府法制局　　　　　【落款】单位、日期
　　　　　　　　　　　　××年×月×日

二、通报、通知、简报类公文

通报是一种表彰先进、批评错误、传达重要情况所发的下行文。

通知是用于批示下级机关的公文，转发上级机关和不相隶属机关的公文，发布规章、传达要求下级机关办理和有关单位需要周知或共同执行的事项。

简报是党政机关、人民团体、企事业单位内部用于汇报工作，反映问题、沟通情况、指导工作、交流经验、传递信息的一种简短的、有一定新闻性质的文书材料，由开头、主体和结尾三部分组成。

开头主要交代通知缘由、根据，主体说明通知事项，结尾提出执行要求。在写正文之前，要在标题之下、正文之上顶格写出被通知对象的名称，在名称后加冒号，或将名称以"抄送"形式写于最后一页的最下方。

（一）通报、通知、简报类的一般要求

通报、通知、简报类的写作结构，没有什么特殊性。标题由制发机关、事由和文种构成。主送机关，有的特指某一范围内，可以不标注主送机关。

总的来看，通报、通知类具有教育、警示、传达与沟通等功能，其主要目的在于通过对事项的倡导或强调，引起人们的注意或警觉，在干部和群众中发挥宣传教育、启发引导、沟通情况、交流信息的作用。其一般结构如下表所示：

标题：以文体"通知"为题 　　　以"关于＋事由＋通知"为题
称谓：通知的对象或省略
正文：背景、缘由和目的 　　　核心内容 　　　结语，号召、总结
落款

这类公文写作的注意事项有以下两点：

一要内容具体，开头主要交代通知缘由、根据，主体说明通知事项，结尾提出执行要求；

二要格式规范、表述清楚，正文核心内容应分条列项来写。

（二）范文举例

【范文一】

<table>
<tr><td>

国家发展改革委关于核定滇西北送广东专项工程输电价格的通知

广东省、云南省发展改革委，南方电网公司：

　　根据《跨省跨区专项工程输电价格定价办法（试行）》（发改价格规〔2017〕2269号），经研究，现就核定滇西北送广东专项工程输电价格有关事项通知如下。

　　一、滇西北直流工程输电价格为每千瓦时9.2分（含税不含线损，下同），云南省内配套交流工程输电价格为每千瓦时1.50分。

　　二、滇西北直流工程线损率4.5%，云南省内配套交流工程不计线损。

　　三、滇西北送广东专项工程运行满三个会计年度后，根据成本监审结果，核定正式的输电价格。

　　四、本通知自2019年3月27日起执行。该专项工程并网至本通知执行之日期间输送电量，按本通知确定的输电价格清算。

国家发展改革委
××年×月×日

</td><td>

【标题】事由＋文体

【称谓】

【正文，第一段】事项、目的

【正文，核心】具体通知事项，分条表述

【正文，结语】通知特定写法

【落款】单位、日期

</td></tr>
</table>

【范文二】

<table>
<tr><td>

中央纪委公开曝光三起违反中央八项规定精神问题

　　日前，中央纪委对7起违反中央八项规定精神典型问题进行公开曝光。这三起典型问题是：

　　山东省东平县政协原副主席赵永恕等人借公务差旅之机公款旅游等问题。2017年5月15日至19日，赵永恕带队赴安徽省、江西省考察精准扶贫工作。考察期间，赵永恕等人没有严格按照方案开展实质性学习考察，多数时间到安徽、江西等地景点参观旅游，对精准扶贫工作仅在就餐期间与接待方进行了简单交流，旅游产生的景区门票等费用16 084元在单位报销。赵永恕安排购买了白酒赠

</td><td>

【标题】事由

【正文，第一段】目的（为……）

【正文，核心】通报内容，三起事件

</td></tr>
</table>

送给接待方，还安排购买了茶叶在返回后赠送给东平县政协工作人员，相关费用通过虚开车辆租赁费方式在单位报销。赵永恕受到党内严重警告处分，被免去职务；其他相关责任人受到相应处理；违纪款被收缴。

陕西省纪委派驻省委办公厅纪检组原组长郑东平违规公款吃喝问题。2017年2月16日，郑东平召集多名党员干部在西安市某酒店私人聚餐，席间饮用省接待办提供的公务接待用酒4瓶、价值2 313元，菜品、饮料、香烟等消费2 496元，签单挂在省接待办公务接待账上。郑东平受到党内严重警告处分，被免去职务、调离纪检监察系统；其他相关责任人受到相应处理，并退赔有关费用。

贵州省关岭布依族苗族自治县文体广电旅游局原党组书记、局长张骏违规收受礼品礼金问题。2017年春节期间，张骏在与管理服务对象交往过程中，其妻子先后收受某乡村旅游投资开发有限公司法人陈某赠送的一箱12瓶装高档酒水及5 000元礼金，张骏对此事知情。张骏受到党内严重警告处分，违纪款物被收缴。

上述三起问题大部分发生在2017年以后，有的甚至发生在党的十九大之后，是不知止、不收敛、不收手的典型，这些问题更加突显出与全面从严治党的大形势格格不入。各级党员干部要从中汲取教训，切实把自己摆进去，提高政治站位，增强"四个意识"，加强党性修养，从小事小节做起，以更高标准严格要求自己，深入落实中央八项规定精神。各级领导干部要向党中央看齐对标，不仅发挥示范作用，带头反对"四风"，破除特权思想，形成"头雁效应"；还要担当起领导责任，认真谋划、真抓严管，坚决纠正管辖范围内的作风问题和特权现象。

【正文，结语】总结提出要求

作风建设永远在路上，查处"四风"问题要严到底、不能让。各级纪检监察机关要按照党的"十九大"和中央纪委二次全会关于作风建设的新部署、新要求，以钉钉子精神持之以恒正风肃纪，充分发挥监察体制改革后的制度优势，加强对所有行使公权力的公职人员作风状况的监督。

中央纪律检查委员会
××年×月×日

【落款】单位、日期

【范文三】

群众眼中教育实践活动带来的十个变化

近期，贵州省在对教育实践活动开展情况进行广泛调研中了解到，广大群众对活动成效感受真切、充分认可，纷纷"点赞"活动带来的十个变化。

一、滥办酒席变少了。"除婚事丧事外一切酒席禁办；党员、干部、公职人员限制15桌以内；村民违反规定，按村规民约处理……"贵阳等地针对群众反映强烈的"酒席名目繁多、浪费之风滋长"问题开展专项整治。清镇市竹山村村民母绍民说，"过去酒席太多，一年差不多要送礼金3万块钱。"有的村民外出打工只为躲"酒账"。专项整治后，"办酒风"得到有效遏制，一些家庭经济支出减少23%，群众也有更多的财力和精力投入发展生产，邻里亲友间和谐的人际关系又回来了。

二、搓麻打牌销声匿迹了。最近家住贵阳的罗阿姨心里既高兴又纳闷，"在机关上班的儿子过去整晚不归家，最近回家早了，还能经常辅导孙子学习。"这是贵阳市专项整治党员干部打麻将带来的新变化。全省各地强化禁赌工作，打麻将的越来越少，基本看不到党员干部玩牌了。不少干部表示，以前喝完"应酬酒"、搓完"业务牌"，休息常在零点以后，现在生活方式健康多了，有更多精力放在工作和关心家庭上。

三、拉风车队不见了。"原来经常听到官车车队警笛鸣叫，有时一天几回，感觉很扰民。现在几乎见不到了。"大方县西大街居民李光奇说。今年省市县"两会"，没了浩浩荡荡的车队，没了拱门、空飘、彩旗和标语，参会代表委员统一乘大巴，沿途没有警车开道，更没有封路，赢

【标题】事由
【正文，第一段】背景＋目的

【正文，核心】十个变化，分条列项

得群众好评。"现在领导下来都是轻车简从，看不到迎来送往讲排场"，老百姓感叹，"空架子减少了，为民务实增多了，好的风气回来了"。

四、……

五、干部下访变勤了。过去干部"一杯茶、一张报，坐等群众上门找"，现在干部驻村、领导蹲点，从省里的大书记到乡上的小书记，都进村入户，看真情况、听真意见，实实在在办好事解难事。望谟县巡回法庭到群众身边调解纠纷，黎平县敖市镇组建自行车服务队服务群众，凤冈县"党群直议，干群直通，县乡直达，民生直办"解民忧，黔南州"快递干部"解决偏远民族村寨民生实事等，收到良好的社会反响，百姓拍手称好。

六、……

七、服务态度变好了。福泉市水元村村民阮红能拿着刚办好的营业执照高兴地说："以前事难办、脸难看，现在的服务态度好多了。"息烽县开展窗口干部"小座谈、大走访"，看农村疾苦，转"衙门"作风，纠"三难"顽疾。贵阳市白云区"民生回音壁"及时公示在"广场见面会"，集中收集和解决群众最直接关心的问题。铜仁市网民"梦之屋"留言，市工商局窗口工作人员"每个人都认真办事，我非常感动"。

八、办事效率提高了。"中午一样可以办证，节约我半天时间。"在贵阳市出入境办证大厅，来自凤冈县的群众杨胜忠很快办到了出境证件。全省各地着力在便民利民上下功夫，提升了群众满意度。全省取消和下放行政审批事项266项和3 771项。六盘水市推行"错时延时预约服务"，实现"群众下班我上班"，365天24小时服务不打烊。全省各地各单位便民窗口设置更为合理了。"几年前来办证，跑东跑西花了两天。现在40分钟不到就办好了。"锦屏县龙池村村民吴德贵很满意。向宇芬是瓮安县天诚公司会计，以前月月到办税大厅办理纳税，如今在网上办税平台鼠标一点就能办成事。

九、……

十、……

三、信件类

书信，除公函类，可分为一般书信（即私人之间来往信件）和专用信件（即企事业单位间往来的通信，如公开信）。公开信是将内容公布于众的信件，可以笔写，也可以印刷、张贴、刊登和广播。其对象一般比较广泛，如"五四"青年节写给全体青年的公开信。

(一) 公开信写作的一般要求

从考试而言，专用信件尤其是公开信考试可能性较大。

1. 问候、表扬、鼓励信

以领导机关、群众团体的名义，在纪念活动、传统节日或其他必要的情况下，给有关单位、社会阶层、集体、个人、发出的书信。这类公开信有问候、表扬、鼓励的作用。结构与普通书信基本相同。

2. 写给有关对象的公开信

领导机关、群众团体或个人针对某一问题写给有关对象的公开信。这类公开信有的是表扬，有的是批评，有的是倡导好风气，有的是提出建议。

公开信包括标题、称呼/对象、正文、落款等部分，其一般结构如下表所示：

标题：以文体"公开信"为题 　　　以"关于＋事由＋信"为题
称呼/对象
正文：问候、写信缘由、目的 　　　具体内容 　　　结语，如期望或祝福
落款

(二) 信件类范文

【范文一】

致全市人民的公开信 　【标题】事由＋文体

广大市民朋友、同志们： 　【称呼/对象】

　　大家好！"人民对美好生活的向往，就是我们的奋斗目标。"多年来，市政府坚持向社会公开征集民生实事项目，每年办好十方面民生实事，得到了大家的广泛支持和 　【正文】问候、原由、目的（为……）

积极响应，收到了很多热心留言和中肯建议。2018年以来，市政府全面落实市委决策部署，坚决打好民生改善持久战，全面执行民生实事项目"群众提、代表定、政府办、人大评"的工作机制，目前各项目进展顺利，有望在年底前全面完成。

2019年，市政府将进一步聚焦高质量发展，创造高品质生活，谋划好民生实事。为使民生实事充分体现广大人民群众的意愿和要求，请大家继续积极参与、畅所欲言，提出您最关切、最希望市政府办好的民生实事。市政府将认真汇集大家的建议，统筹编制2019年民生实事项目，精心组织实施，努力把民生实事办实办好。

感谢大家对政府工作的理解和支持！

【正文，结语】号召、感谢

××××××
××年×月×日

【落款】单位、日期

【范文二】

表扬信

税务局领导：

10月25日中午，我公司到贵局办事大厅办理预缴税业务。由于临近下班且办理业务很多，贵局周丽丽同志不计辛劳、热情接待，饿着肚子认认真真帮我们办理业务。其间，还有贵局工作人员关心地给我们提供了苹果。在另一工作人员的帮助下，一直工作到下午一点。

正值全国开展精神文明建设之时，贵局相关工作人员认真工作、热情服务、团结友爱，这高尚行为我们树立了良好的榜样。我们除向周丽丽同志学习外，特写信向贵局建议，请贵局领导把周丽丽等同志的工作事迹广为宣传，予以表彰，使广大群众以周丽丽等同志为榜样，将精神文明建设推向高潮！

【标题】关于＋事由＋文体

【正文】事件描述

【正文，结语】表扬、号召

浙江八方电信有限公司
××年×月×日

【落款】单位、日期

【范文三】

感谢信

中共湖北省随州市委、市政府：

  感谢贵市积极支持和参加中央电视台财经频道和盈科旅游联合制作的大型城市文化旅游品牌竞演节目《魅力中国城》（第一季）。

  《魅力中国城》自2017年4月份启动，历时9个月，于2018年元旦完美收官，获得了社会各界的广泛肯定。国家广电总局《收听收看日报》做出了特别表扬，《人民日报》、新华社、《光明日报》、《工人日报》、《经济日报》、《中国旅游报》等主流媒体从多个角度予以报道。截至目前，微博阅读量总计突破14亿，微信公众号发文阅读量达10万多的文章累计50余篇。在中央电视台财经频道栏目互联网传播力排名中一直遥遥领先，观众规模排名全频道第一，达到2.7亿人次，取得收视佳绩。在中央电视台综合频道（一套）的二次播出，更加凸显了《魅力中国城》的传播影响力，成为中央电视台现象级创新精品节目。

  《魅力中国城》的成功，是和每一座竞演城市共同的努力分不开的，通过城市主政者真挚的演讲、助阵嘉宾和战队的精彩演出，展示了城市丰富的旅游资源、厚重的人文历史、昂扬的城市精神和独特的城市魅力，每个城市以独具特色的创意表达，不仅讲出了精彩的城市故事，而且汇聚成了绚丽多姿的中国故事，为海内外观众奉献了一道丰盛的文旅大餐。更为可喜的是，城市和城市之间通过节目中的竞演，形成了相互了解、相互学习、互通有无、互惠互利、共同发展文旅事业的格局。这是节目意外的收获，也是最有意义和价值的收获。可以说，没有贵城市的支持和参与，就不会有《魅力中国城》的完美呈现。衷心地感谢每一座充满活力、独具魅力的城市。

  目前，第二季节目正在筹备。在第二季节目中，我们仍将密切关注首季参演城市，我们已经看到：主办单位与各竞演城市正在加强成果转化，城市联盟的建立正在积极

【标题】文体

【称呼/对象】

【正文，第一段】目的（感谢……）

【正文，核心】具体内容

推动，竞演城市间的文化经济交流正在深入进行，各城市的文化旅游产业正在蓬勃发展。同时也希望，财经频道和每一座城市的合作将会有进一步的拓展和深化。

最后，再次对贵市参加《魅力中国城》竞演的辛勤付出和出色工作表示衷心感谢！ 　【正文，结语】感谢

中央电视台财经频道　　　【落款】单位、日期
××年×月×日

四、讲话稿类

讲话稿或发言稿是各级党政机关、人民团体、企事业单位广泛使用的一种会议文体，通俗地讲，就是会议上发言的稿子。它是发言人代表本单位、组织或本人发表的与会议有关的意见、看法或经验与情况的公文稿。

（一）讲话稿类公文书写作的一般要求

讲话稿、发言稿可以是谈心得体会、介绍经验教训，也可以是汇报情况、陈述建议等或是部门领导人或上级领导人对本单位所属人员所作的问题分析、工作指导、任务布置、提出希望要求等方面的讲话公文稿。

讲话稿要做到结构完整，开头点明主题，主体部分说明具体情况，结尾提出呼吁号召。

一般结构如下：

标题：以文体"讲话稿"为题 　　　以"关于＋事由＋讲话稿"为题
称谓：讲话对象
正文：开场白/问好、缘由、目的 　　　具体内容 　　　结语，如号召
落款：或可略

（二）范文举例

【范文一】

习近平纪念马克思诞辰 200 周年大会讲话稿　【标题】事由＋文体

同志们：　【称谓】

今天，我们怀着十分崇敬的心情，在这里隆重集会，　【正文，第一段】目的

纪念马克思诞辰200周年，缅怀马克思的伟大人格和历史功绩，重温马克思的崇高精神和光辉思想。

马克思是全世界无产阶级和劳动人民的革命导师，是马克思主义的主要创始人，是马克思主义政党的缔造者和国际共产主义的开创者，是近代以来最伟大的思想家。两个世纪过去了，人类社会发生了巨大而深刻的变化，但马克思的名字依然在世界各地受到人们的尊敬，马克思的学说依然闪烁着耀眼的真理光芒！

马克思的一生，是胸怀崇高理想、为人类解放不懈奋斗的一生。1835年，17岁的马克思在他的高中毕业作文《青年在选择职业时的考虑》中这样写道："如果我们选择了最能为人类而工作的职业，那么，重担就不能把我们压倒，因为这是为大家做出的牺牲；那时我们所享受的就不是可怜的、有限的、自私的乐趣，我们的幸福将属于千百万人，我们的事业将悄然无声地存在下去，但是它会永远发挥作用，而面对我们的骨灰，高尚的人们将洒下热泪。"马克思一生饱尝颠沛流离的艰辛、贫病交加的煎熬，但他初心不改、矢志不渝，为人类解放的崇高理想而不懈奋斗，成就了伟大人生。

马克思的一生，是不畏艰难险阻、为追求真理而勇攀思想高峰的一生。马克思曾经写道："在科学上没有平坦的大道，只有不畏劳苦沿着陡峭山路攀登的人，才有希望达到光辉的顶点。"马克思为创立科学理论体系，付出了常人难以想象的艰辛，最终达到了光辉的顶点。他博览群书、广泛涉猎，不仅深入了解和研究哲学社会科学各个学科知识，而且深入了解和研究各种自然科学知识，努力从人类创造的一切文明成果中汲取养料。

马克思的一生，是为推翻旧世界、建立新世界而不息战斗的一生。恩格斯说，"马克思首先是一个革命家"，"斗争是他的生命要素。很少有人像他那样满腔热情、坚韧不拔和卓有成效地进行斗争"。马克思毕生的使命就是为人民解放而奋斗。为了改变人民受剥削、受压迫的命

（为……）

【正文，核心】具体内容，分条列项

运,马克思义无反顾投身轰轰烈烈的工人运动,始终站在革命斗争最前沿。他领导创建了世界上第一个无产阶级政党——共产主义者同盟,领导了世界上第一个国际工人组织——国际工人协会,热情支持世界上第一次工人阶级夺取政权的革命——巴黎公社革命,满腔热情、百折不挠推动各国工人运动发展。

今天,我们纪念马克思,是为了向人类历史上最伟大的思想家致敬,也是为了宣示我们对马克思主义科学真理的坚定信念。

【正文,结语】
总结,号召

恩格斯说:"只要进一步发挥我们的唯物主义论点,并且把它应用于现时代,一个强大的、一切时代中最强大的革命远景就会立即展现在我们面前。"前进道路上,我们要继续高扬马克思主义伟大旗帜,让马克思、恩格斯设想的人类社会美好前景不断在中国大地上生动展现出来!

【范文二】

<h3 style="text-align:center">班主任经验交流会发言稿</h3>

【标题】事由+文体

各位老师:

【称谓】

下午好,很荣幸能在这里与大家一起交流。同时也感谢教导处组织这项活动,为我们提供了相互学习的平台。班主任是班级管理的核心,良好班风的形成、学生身心的健康成长、文化素质的提高,班主任作用至关重要。希望能够借这次机会把自己担任班主任工作以来的心得和体会与大家分享,有不妥之处希望能得到大家的指正。我的工作原则简单用几个字来形容就是"三心一意一勤。"

【正文,第一段】背景+目的

一、"细心"去做好每一件事情。班主任要想管好一个班集体,除了靠制订一套切实可行的班级公约,以制度去管理学生外,还要靠班主任去细心做好每一件事情。教师的思想、行为对学生产生潜移默化的影响,特别是班主任,影响更为直接。所以,班主任应该时时处处以身作则,严于律己,宽以待人。这样,才能给学生以良好的影

【正文,核心】
具体经验

响，做起事来也得心应手。

二、"诚心"去捕捉每一颗心灵……

三、用"爱心"去关爱每一位学生……

四、"留意"捕捉每个学生的闪光点……

五、班主任要搞好班级工作还得靠"勤"……

习近平总书记去年9月9日在北京师范大学看望教师和学生时深情地说道："教师是打造中华民族梦之队的筑梦人"。因此，作为教师队伍中重要的一员，我们任重道远，班主任老师更需"育人有道，师爱无恒"。

【正文，结语】
总结

×× 年 × 月 × 日

【落款】
日期

五、启事类

启事是公开的简便文告。"启"，是陈述、告诉人的意思，"事"就是事情。"启事"，就是把事情陈述出来、告诉大家的意思。凡是机关团体、企事业单位，或是个人有什么事要提请公众注意，希望大家帮助的时候，就把它写成文字张贴出来或登在报纸杂志上，或让电视台、广播电台播出，这种公开发表的文字，都属"启事"。

（一）启事类公文写作的一般要求

启事根据事情内容的不同，可分成好多种。常见的启事有招聘启事、招生启事、招考启事、开业启事、征文启事、寻物启事、结婚启事、贺婚启事等。

一般结构如下表所示：

标题：以文体"启事"为题 　　　以"事由＋启事"为题
正文：缘由、目的、意义 　　　特征、要求、条件、待遇等
落款

（二）范文举例

【范文一】

招聘启事

目前，我校部分岗位空缺，需面向社会公开招聘，现

【标题】文体

【正文，第一段】目的

将有关事项通知如下：

一、招聘岗位及职责

岗位：综合网格化管理平台信息员。

招聘人数：10~15人

岗位主要工作内容：将各种来源的城市管理问题及时录入综合网格化管理信息系统，并做好复核、派遣、督查、核查、回访、结案等工作。　　【正文，核心】具体要求事项

二、应聘条件

1. 具有一定的政治素养，拥护党的路线、方针、政策。

2. 大专及以上学历

3. 熟练使用Word、Excel等办公自动化软件，有较快的计算机录入水平。

三、报名方式

1. 请发送简历至：×××××@×××××。

2. 联系电话：××××××××。

3. 截止日期：××年×月×日至××年×月×日。

4. 联系地址：××区××路××弄×号楼

××区网络化综合管理中心　　【落款】单位、日期

××年×月×日

【范文二】

寻物启事　　【标题】事由＋文体

物品名称：钱包

物品详细描述：一个黑色的钱包，里面有工商银行卡和招商银行卡各一张，考驾照缴费清单，本人身份证还有几张火车票，三百元钱。　　【正文】物品描述＋联系

丢失日期：2019.4.17

丢失地点：临淄大道到好买购地下停车场入口

联系方式：××××××××

联系人：×××

【范文三】

教育征文评选活动启事

为了更好地反映广大教师参与教育改革和促进专业成长的经历和收获，探索相关成果写作方法，《上海教育科研》杂志社、上海市教科院普教所、上海市黄浦区教育局以及长三角城市群教育科研协作共同体联合举办2019年"黄浦杯"长三角城市群"关键教育事件"征文评选活动。

我区将借此契机先行开展"关键教育事件"征文评选及颁奖，并从中筛选部分优秀作品推荐到市里。具体活动安排如下。

一、题材内容

关键教育事件是指对教师有特别影响和启发的、甚至改变了原有观念和发展方向的事件。围绕"关键教育事件"的主题，选取工作、学习和生活中值得回忆和思考的细节和事件，揭示其中所蕴含的意义、价值及方法策略，反映关键教育事件对自身专业发展及学校教育改革的影响和作用。

二、撰写要求

1. 关键事件的范围。从广义角度理解，"关键"可包含人、事、物所产生的影响。可以是一个重要的细节或片段，也可以是一个完整的事件或几件事构成的一个系列；可以是个人的成长，也可以是一个教师群体的发展；可以是发生在校内的，也可以是发生在家庭和社会中的；可以是成功经验，也可以是失败教训。

2. 关键事件的内容。重点针对教师的专业成长和思想水平的提高，从涉及教育教学的各个方面选取题材内容，包括课堂教学、班级工作、社团活动、社会实践、学校管理、教研活动、家庭教育、校外培训、社会生活等。

3. 关键事件的选取原则。以作者亲身经历为基础，真实、准确地反映文章所涉及的人和事，不可虚构。涉及个人隐私部分可以用化名并在文末备注情况。在保证真实性的基础上，选择的题材内容和观察角度有一定的独特性和新鲜感。

【标题】事由＋文体

【正文，开头】背景＋目的

【正文，核心】具体要求事项

4. 行文思路。以事件发生、发展为主线，以事件中的人的观念、思考、行为转变为重点，凸显过程以及事件中的价值和意义，最终凸显事件与人之间的交互作用。

本次征文不包括纯理论探讨和文献综述等类型的稿件。

三、注意事项

1. 文章篇幅一般以5 000字左右为宜，未在省级以上报纸杂志中公开发表。

2. 必要的引用材料（包括网络文字）务必在参考文献中注明，不得抄袭。

3. 请作者务必撰写报送与本主题相一致的文稿，切勿将与本主题不相干的旧稿再投。

本次征文设一、二、三等奖若干名。部分优秀作品在《上海教育科研》杂志上陆续发表，部分结集公开出版。

申报表的接收于2018.5.6（周一）下班前截止。

××区教育科学研修中心
××年×月×日

【落款】单位、日期

六、新闻评论类

新闻和评论是构成报纸的两大文体。评论要运用正确的观点、方法对现实社会生活的种种事物、现象、问题在评析议论的过程中，透过现象揭示本质。

（一）新闻评论类公文写作的一般要求

新闻评论类文章，其内容仅限于针对最近发生的事实、眼下存在的社会问题、思想倾向进行评价论理，发表主张意见，题材内容广泛。包括新闻短评、编者按、专栏评论等。其一般结构如下表所示：

标题：以文体如"编者按"为题 　　　以新闻内容为题	
正文：事件描述、评论讲理等	
落款：时间或可略	

(二)范文举例

【范文一】

有责要尽责　失责必问责

吉林长春长生公司问题疫苗案件问责结果日前公布，多名省部级领导干部受到严肃处理。这次问责力度大、速度快、尺度严，充分彰显了以习近平同志为核心的党中央全面从严治党的坚定决心，释放了有责要尽责、失责必问责的强烈信号。

从问题疫苗案件调查的情况看，地方政府和监管部门失职失察、不作为，个别工作人员渎职，负有不可推卸的责任。教育千遍，不如问责一次。对问题疫苗案件相关责任人严肃追责，警示各级领导干部：谁不担当不作为，就必须从严问责！

问责是一把利剑，也是一种鞭策。高悬问责利剑，加大问责力度，意在让各级干部警醒起来，激发担当精神，挑起该挑的担子，切实履职尽责。要强化底线意识，针对药品安全领域的突出短板和问题隐患主动作为，敢于啃硬骨头，舍得下苦功夫，让监管真正严起来、实起来、硬起来，坚决守住公共安全底线，坚决维护最广大人民身体健康！

　　　　　　　　　　　　××年×月×日

【标题】自拟标题
【正文】事件描述和评论

【落款】日期

【范文二】

编者按

建设生态文明是中华民族永续发展的千年大计。党的十八大以来，习近平总书记在国内国际多个场合谈到"生态文明"，既从侧面凸显了我国环境问题的重要性和紧迫性，也彰显了中国共产党对国家民族的责任担当和建设美丽中国的坚定决心。进入新时代，如何更好树立和践行绿水青山就是金山银山的理念，形成绿色发展方式和生活方式，建设美丽中国？本版特推出三篇文章，从不同角度为生态文明建设贡献智慧。

【标题】文体
【正文】具体内容

【范文三】

像巴托丽一样战斗

【标题】自拟专栏评论题目

【正文】具体内容

虽然在决赛中的表现并不出色,虽然最终败给了大威,但巴托丽还是获得了自己职业生涯的首个大满贯亚军。对于此前从未闯进过大满贯第四轮的这位法国姑娘来说,能够站在大满贯决赛的赛场,也是一种胜利。

在女单半决赛中,成功淘汰女皇海宁后,这位来自法国小镇勒皮·昂沃莱的23岁女将吸引了全世界的目光。

抛开技术方面的原因不说,回顾巴托丽前面的比赛,不难发现她的优势是心理素质非常好、擅打拉锯战。此前连续3轮都是在先输一盘的情况下实现翻盘,先后淘汰了扬科维奇和海宁,体现了她心理素质过硬的特点。虽然有慢热、战术单一、移动能力差等弱点,可从心理的稳定和赛场上那种拼搏精神来看,巴托丽绝对值得中国金花好好学习。对于中国球员来说,晏紫和彭帅的打法都与巴托丽相似,甚至从底线稳定性和移动速度来说,还要好于巴托丽,可为什么"超级黑马"的角色总不会由中国选手扮演呢?那就是心理问题。巴托丽总能上演逆转,而中国选手常常是在领先时被对手翻盘,这就是中国选手需要学习的地方。

奥运会冠军、大满贯冠军,中国金花曾经在女子网坛拼出了一席之地,可在取得了一点成绩后就开始缩手缩脚了。当然这与部分选手伤病有关,但比赛中少了点拼劲,多了些保守,这才是失利的关键。中国球员也可以吸取巴托丽的优点,得到一些启发,起码明确在明年北京奥运会中,我们的女子网球不是去保金牌,而是去拼金牌。

第三节 实 战 解 析

公文写作是国家公务员、其他省市公务员考试的必考题型,更是上海市事业单位公务员考试综合应用能力卷的必考题型,也是重点考查题型。上海市公务员考试、行政执法类公务员考试和公安系统人民警察学员考试中,目前尚不涉及此题型。

【经典真题1】

××大学拟为本校应届毕业生举办一次关于"大学生创业"的报告会,邀请×市就业指导中心派员就"大学生如何提高创业成功率"作专题发言,假设该指导中心指派你在会上发言,请重点结合给定资料3,撰写一份简明扼要的发言稿。

要求:观点明确,建议可行,语言简洁,有逻辑性,不超过500字。

【给定资料】

3. 在某大学生创业大赛现场,5名女孩准备筹集40万元资金,到武汉近郊去承包50亩地,种植有机蔬菜。台上陈述的女孩充满激情和自信,台下观众也不时报以阵阵掌声。当评委问到"你们种过蔬菜吗?""你们的创业资金从哪里来?""农民凭什么把土地转包给你?""你们种出来的有机蔬菜准备卖给谁?"等问题时,她们的回答却难以令人满意。如今,创业已经成为青年人口中的高频词语,对大学生而言,创业正在变得"简单",曾经的理想似乎也触手可及。

机械专业硕士小杨,进入杭州一家民营企业从事技术工作不满半年。因没有期待中的高薪,没有理想中的激情,他开始琢磨创业。此后,他每天都在与人交谈,项目、资金、人脉、经验等问题弄得他头疼,深感创业之艰的他最终放弃了创业梦。

某投资基金首席合伙人阎先生拥有20多年投资经历,曾位列《福布斯》中国年度最佳创业投资人榜首。他参与过投资的企业包括完美世界、环球雅思、凡客、分众传媒、百度、阿里巴巴、巨人网络等。在阎先生看来,当创业成了一种"时尚"和"运动"时,多数人都急功近利地把创业当成投机行为。他说:"从时下来看,创业的动机大多是源自对财富和名声的渴望。"

某著名网站策略营销总监范女士认为,赚钱是创业的应有之义,但更多成功的创业者却是从想要赚钱开始,"继

材料3第一、二段通过事例,点明了大学生创业的问题。

材料3第三段通过事例,点明了大学生创业动机的问题。

材料3第四段通过事例,点明了创业的经验,

而"解决用户需求，在解决用户需求、创造社会价值这条路上不断自我追问、探寻并最终走向成功之地的。如果仅仅停留在"为了赚钱"上是赚不到钱的。星巴克CEO舒尔茨曾说：为钱创业是肤浅的，应为梦想所驱动。在创业路上有太多诱惑，也有太多艰险，只有怀揣理想的人才能够抵抗诱惑，才能够不惧艰险，朝着自己的目标前行，百折而不回。诺奖得主菲尔普斯在《大繁荣》中指出：大多数创新并非是亨利·福特类型的孤独的梦想家带来的，而是由千百万普通人共同推动，他们有自由的权利去构思、开发和推广新产品与新工艺，或对现状进行改进。正是这种大众参与的创新带来了普通民众的繁荣兴盛——物质条件的改善加上广义的"美好生活。大众创新带来国家繁荣。

即大学生创业应为梦想的驱动。

某公司创始人卢先生在接受记者采访时说，目前创业氛围很好，但创业却也成为一种时尚，仿佛不去创业就是落伍了。创业项目的选择部分属于异想天开型的，部分属于复杂型的，而现实需要创新型、技术型的项目。哪些通过移动互联网，把原有商业模式去中间化，搞流量，然后再找商业模式，这样的创新都是伪创新。创业者一腔热血，幻想着自己只要去创业就能成为下一个马云，而对创业的概念，对行业隐形的壁垒和门槛却知之甚少，这是许多大学生创业伊始的真实写照。在国内的互联网创业环境中，有一个非常不好的特性就是抄袭成风。很多创业者虽有好的创意，但却因为没有好的原创保护制度来保护，导致被其他一些公司抄袭过去，这些公司凭借着更雄厚的资本实力，迅速把原创者打败并挤出市场。

材料3第五段，提出了大学生创业的问题。

【思路分析】

结合题目和材料阅读后，梳理要点如下表所示：

发言对象	应届毕业生
身份	市就业指导中心派员
目的	大学生如何提高创业成功率：通过"如何"判断及题目要求判断，应当提出建议措施
材料相关内容	①大学生创业的问题；②创业经验

【思路分析】

开篇：此次专题会议的召开背景

重点：通过材料阅读和目的相结合合思考，相关内容包括大学生创业的多个问题和建议

结尾：总结，号召大学生创业要理性

【参考答案】

理性创业　勇敢前行

各位毕业生朋友们：

　　如今，社会上涌现了一股"创业潮"，创业成了一种时尚，大学生创业也越来越成为趋势。

　　创业并不简单，我们发现在创业中有许多问题出现：有的同学将创业简单化，对创业理解不深入，对行业隐形的壁垒和门槛知之甚少，无经验、资金、人脉，遇到困难轻易放弃；有的急功近利，把创业当做投机行为，创业只为了财富和名声；有的盲目跟风，伪创新，抄袭成风，甚至由于原创保护制度不完善，导致一些创业者被挤出市场。

　　为此，作为大学生，如果选择创业，我们在此建议：

　　①明确目标，怀揣理想，致力于满足用户需求与社会价值。

　　②摆正态度，明确动机，正确面对创业的失败。创业不能仅为了财富，创业遇到困难也要坚定信念，努力克服。

　　③充分准备，确立创业方案。做到充分认识企业概念，正确选择创业项目，做好资金、人脉准备，积累经验。

　　④注重创新。既参与大众创新，也要保护好原创成果。

　　最后，希望各位同学理性分析、正确选择，预祝各位同学在创业的路上，克服困难，一路前行，获得成功。

【经典真题2】

假如你是图书馆办公室刚入职的一名管理人员，请根据所给材料完成以下任务：

为缓解图书馆相关部门工作人员的工作压力，给图书馆营造一个良好的阅读和学习环境，图书馆馆长决定就材料3中座谈会上反馈的问题，从<u>大一到大三的学生</u>中招

募一些志愿服务人员，请你拟写一则招聘启事。

作答要求：目标明确，条理清晰，语言得体，字数在450字以内。

【给定资料】

3. 2016年6月23日，选座系统试运行一个月后，由校团委和图书馆办公室联合牵头召开图书馆座位管理系统使用情况座谈会，地点设在校图书馆4楼会议室。校团委学生会的汪老师、图书馆李馆长、流通阅览部的赵老师及学生代表等10余人参加了座谈会。

会上，图书馆李馆长表示，图书馆历来对馆内的秩序问题比较重视，尤其是占座这种普遍存在的行为，图书馆也是下大力气为广大读者营造好的学习氛围。目前，针对占座情况研发的新系统也上线有一个多月，今天召开这个座谈会目的就是为了倾听大家的意见，看看整体系统中有没有不合理的地方，征集修改方案，希望大家能够畅所欲言。

校团委学生会的汪老师：本次我们跟图书馆联合召开了关于座位管理系统使用情况的座谈会，也是为了更加深入地了解学生读者所需，与图书馆一起营造更好的读书学习环境，让图书馆的管理更加贴近学生群体，协助图书馆建立与学生的长效沟通机制，更好地服务同学。希望大家多多提出建议，不要有所顾忌。

学生代表小王：我先来说两句，首先我认为图书馆的座位管理系统推出后，确实很有效果。早点起床的话可以通过手机来预约，而不像以前那样要早起跑到图书馆门口等开门了。不过吧，目前的系统确实有很多不便的地方，比如去个卫生间离开座位都要在微信里"通知"一下，首先就有点侵犯个人隐私了，其次上卫生间的时间限制在20分钟，万一拉肚子的话，这点时间可能就不大够。

学生代表小吴：对！就是！去卫生间还好。查资料限制在30分钟以内，我上次去楼上流通库查询工具书，等

视频解析

材料3第二、三段，表明目的。

找到时间差不多30分钟了，都没有来得及查看就匆匆回去了，搞得非常狼狈，影响学习的效率。

学生代表小王：还有就是，晚上自习结束之后都会离开图书馆的，我建议晚上就不用再释放位子了吧。几乎每天晚上大家都在图书馆闭馆前进行操作，那个系统都挤爆掉了，我记得有一次我就没有释放，还被记录违规了。

学生代表小陈：吃饭时间段的设定我觉得也有不合理的地方，吃饭时段的设计太窄，有时候不到5点就饿了，结果发现系统里面只能选择上洗手间和查资料两个选项，如果去食堂吃饭的话有可能会被记录违规，毕竟图书馆到食堂的距离还是有点远的，但是吧，饿着肚子看书根本没有什么效率，我建议这个时间可以放宽一点。

学生代表小张：我觉得这个都不是什么问题，其实记录违规也没什么，也没有什么惩罚措施。我身边就有同学发现了这个系统的漏洞，他经常把手机给别的同学，图书馆的老师未必会监督到。这个系统其实是形同虚设的，即便被抓住，最多算违规，也不会怎么样。据我所知，我身边就有不少这样的同学存在。

<u>流通阅览部的赵老师：刚才这些同学说的情况确实是存在的。不过我们也没什么办法，平时要忙着管理流通库和阅览室的工作，帮助同学借还书，还要把同学们还好的书放到书架相应的位置上，加上我们的师资力量本身就比较有限</u>，所以在占座的问题上也有心无力。不知道在座的同学有没有什么好的办法来解决这个问题。

> 赵老师讲话中表明了老师人手不足的情况，也间接说明了志愿者可以协助的工作。

学生代表小孙：我觉得吧，应该用当前的共享思维来处理问题，就像共享单车一样，既然图书馆是大家看书的公共场所，我们作为一份子也应该参与监督工作。可以借鉴共享单车软件的做法，针对没有人但是有物品的位子可以查看使用状态，如果该座位显示有人状态，我们就可以在线进行举报，如果该座位是查资料、上洗手间或者吃饭等状态时，就可以进行标记，被标记的座位如果没有在规定时间内更改状态就自动举报，还可以直接提醒值班老师来进行处理。

　　学生代表小张：嗯，这个方法感觉还不错。我觉得如果标记超过一定次数的话，该同学就可以被放入一个类似于黑名单的区域内，在一定时间内禁止其使用选座系统占座。

　　流通阅览部的赵老师：刚才这两位同学提出的建议都很有启发性，我觉得对我们的工作有一定的帮助。但还是存在人手不足的问题，<u>有时候我们值班老师去处理问题就影响到图书馆日常的服务效率，对我们的服务质量还是一个考验。</u>　　　　　　　　　　　赵老师讲话中表明了当前的问题，也是招聘志愿者的目的。

　　学生代表小吴：我觉得赵老师说的确实也是目前存在的问题。有几次我去借书的时候就排了很久的队，后来发现老师不在，才知道她去处理占座问题了。<u>有时候老师那边堆积了很多没有放回书架的书籍，有一次我就在放书的车子上找到的工具书。我觉得吧，应该效仿别的学校图书馆，可以组织一批志愿者来辅助老师处理事情，提高服务效率。</u>　　　　　　　　　　学生代表小吴讲话中表明了志愿者可协助的工作内容。

　　流通阅览部的赵老师：这个同学的建议很好，我最近也在跟图书馆办公室沟通这个问题，看看能不能引入一批志愿者进来，<u>一方面提高办事效率，另一方面也帮助同学熟悉图书馆日常的工作，起到以身作则的效果。</u>馆长您看怎么样？　　　　　　　　　　　　　　　　赵老师讲话再次表明了招聘志愿者的目的。

　　图书馆李馆长：嗯，我看赵老师的提议挺好。最近办公室主任也找我谈了这个问题，我肯定是双手赞成。各位同学的建议对这个座位管理系统的帮助很大，会后我们将总结以上的问题，进一步完善系统，使之更加人性化。同时，我觉得团委也应该帮我们一起在学生当中多做宣传，提高学生的素质教育工作，双管齐下，我觉得效果会更好。

　　团委汪老师：确实是这样的，今后我们也将与图书馆保持紧密的协作，共同维护一个良好的阅读和学习环境，我也建议同学们能以身作则，从别人的角度出发，方便别人也是方便自己。

图书馆李馆长：在这里，我也谢谢出席会议的同学和老师，好的建议我们将会积极采纳，今后将会责成技术人员完善系统，尽快投入使用。谢谢大家！

【思路分析】

审题并结合材料后梳理要点如下：

> 招聘志愿者的目的；
> 审题，确定招聘对象是大一至大三学生；
> 材料介绍了志愿者的工作职责；
> 考虑启事的格式与通常写法。

【逻辑梳理】

【参考答案】

招聘启事

各位同学们：

　　为提高图书馆办事的服务效率和质量，帮助同学熟悉图书馆日常的工作，缓解图书馆工作人员的压力，给图书馆营造一个良好的阅读和学习环境。现决定招募一批志愿者，辅助图书馆工作，具体如下：

　　招募岗位：图书馆协管志愿者。

　　招募要求：大一至大三学年在校生，热爱志愿者工作，对工作充满热情。

　　主要职责：引导学生规范使用"图书馆座位管理系统"，解决学生占座陋习，协助图书管理人员对占座同学的书籍进行清理。

　　报名方式：通过图书馆官方网站进行线上报名。

报名时间：截止到××年×月×日。
　　希望各位同学能够积极参与本次活动，为营造良好的阅读和学习环境贡献一份力量。

××校图书馆
××年×月×日

第六章　解码文章写作

第一节　正视文章写作

文章写作往往是申论试卷的最后一题，通常文体要求是议论文。

> 2017年上海市公务员考试申论要求：以"脚踏实地，实现民族复兴"为主题，写一篇文章。（满分100分，作文占40分）
>
> 2017年上海市公安系统人民警察学员考试申论要求：以"如何维护消费者权益，推进市场法治"为主题，写一篇文章。（满分100分，作文占50分）
>
> 2017年上海行政执法类公务员考试要求：以"如何培育良好的社会风气"为力主题写一篇文章。（满分100分，作文占50分）
>
> 2018年上海市事业单位考试综合应用能力卷要求：以"充分发扬学生民主参与，共同维护公共秩序"为主题写一篇文章。（总分150分，作文占80）
>
> 单从分值占比上看，文章写作已经当仁不让成为申论"重头戏"。

议论文又叫说理文，是一种剖析事物、论述事理、发表意见、提出主张的文体。作者通过摆事实、讲道理、辨是非，以确定其观点正确或错误，树立或否定某种主张。议论文应该观点明确、论据充分、语言精练、论证合理、有严密的逻辑性。

申论作文与普通议论文相比，也有其特殊性。

一是偏向于"官样"文章，站在政府角度，站在管理角度，体现公共管理的思想。要客观中庸、波澜不惊，不要诗情画意，更不能莽撞偏激。

二是立足于给定材料，对材料进行分析、提炼、加工、整合，然后成文。文章的语言、措辞、观点都要来自材料、高于材料。

三是倾向于解决问题，围绕主题应全面深入思考或是找准角度深入思考，能够对主题分析深刻，在分析的基础上能提出建议措施。

【申论写作例文】

综合施治 清除互联网虚假广告

随着互联网的发展，大量商家选择在网上投放广告。与传统广告相比，互联网广告形式多样、互动性强，投放也更加精准和个性化。但与此同时，充斥网络空间的各类广告良莠不齐，违法虚假广告也混迹其中。有的网购商品名不副实，实物与照片差别太大；有的无中生有、夸大宣传；还有的内容低俗媚俗，甚至存在封建迷信内容……

违法虚假广告屡禁不止，背后是某些不良商家、发布平台的逐利冲动，呼唤着监管制度的改进和完善。由于互联网渠道广、传播快，违法虚假广告套路深、花样多，普遍存在发现难、核实难、证据固化难和监管难等问题。特别是新型自媒体平台的出现，更容易给虚假广告以可乘之机。从传播到监管的过程中，只要有一个环节出现纰漏，违法虚假广告就可能换上"新马甲"继续传播，骗取人们的信任和金钱。时时堵住漏洞、处处严格监管，才能维护好消费者的合法权益。

解决互联网时代的新问题，需要运用互联网思维和现代治理手段。面对互联网违法虚假广告，传统的突击整治、消费者投诉、相关单位自纠自查等方式难有长效，需将立法、行政和执法三条途径有机结合，综合施治。一方面，完善立法，在广告法和行政许可法的基础上，建立更为严格的互联网广告许可制度；另一方面，充分运用行政和执法手段，加强监管，严厉查处社会影响恶劣、公众反映强烈、危害人民群众财产安全的虚假违法互联网广告。与此同时，有必要建立黑名单制度，完善公安、网信等部门间的协同机制，形成"组合拳"。今年6月，国家市场监管总局等8部门联合发布《2018网络市场监管专项行动（网剑行动）方案》，重点打击网络虚假违法广告等违法行为，正体现了综合施治的治理思路。

清除互联网违法虚假广告，要净化互联网，营造良好的广告市场环境。其中的关键之一，就是引导广大互联网平台主动承担社会责任，重点监督覆盖面广、影响力大的门户网站、搜索引擎、微博、微信公众号、客户端等，充分将人工审核与技术审核相结合，及时清除对公众具有误导性的广告。同时，支持鼓励互联网企业开发辨认违法虚假广告人工智能系统，在技术上取得新突破，以对抗虚假产品评论、评分，打击水军、刷单等行为。

一个风清气正、诚实信用的互联网环境，将使每个网民受益。深入培育和践行社会主义核心价值观，凝聚企业创新干事热情，引导广大消费者提高辨别能力，加大违法者处罚力度，我们就能让互联网空间更加清朗。

【华智点评】

(1) 立意正确，围绕互联网虚假广告展开写作；

(2) 全文重点突出，站在政府角度提出观点，着重表述应如何解决互联网虚假广告问题，是一篇典型的符合公考要求的议论文。

【普通议论文例文】

让社会和谐发展

我国正值市场经济繁荣发展的时期，但在繁荣发展的背后，时有诸如假冒伪劣产品、食品安全、虚假广告等问题出现，折射出的问题令人深思。在发展的道路上，我们尤其需要规范。有一定的规范，市场发展才有标准，才有方向。

例如，《互联网广告管理暂行办法》规定，从2016年9月1日起，在微博、朋友圈等转发广告的行为也不再任性，将受到相应的处罚。这就为人们在互联网上的行为制订了一定的准则。从此以后，人们都要规范自己的行为，不能随心所欲地做自己想做的事，更不能做一些损害他人利益、触犯法律的事情。

又如，放纵不合乎规范的虚假广告在网络和朋友圈肆意散播，想必会有更多的人上当受骗，从而破坏市场经济的发展和社会的和谐稳定。就连几千年前的屈子，也曾感慨"背绳墨以追曲兮"的黑暗现实。在当今社会，每个人只有遵守规范，才能立足，才能实现个人的发展，为社会多做贡献。

　　不久前轰动一时的"魏则西事件"，引起了人们对规范的深思。魏则西的死，究其根本是"不规范"造成的。一方面，医院采用不合乎规范的治疗手段，本是已被淘汰的治疗手段在医院的包装下却成了先进的治疗手段；另一方面，网络信息的不规范，使许多不合格的医院进入患者视野，甚至在其刻意包装下成了"专家医院"。在不规范信息的引导下，魏则西接受了不规范的治疗，延误了治疗时机，酿成了人生悲剧。

　　早在两千多年前，法家便提出了"一民之轨，莫如法"的思想。是的，国家要发展，就需以法治民；民众个人的发展，亦离不开法。社会需要规范，市场需要规范！没有规范，市场就不可能有秩序，就不可能和谐发展。法即是规范。法的规范，会为竞争创设良好环境，为发展奠基。

　　让我们每一个人共同努力，做合乎规范的事，促成社会规范，共建美丽中国。

【华智点评】

立意正确，主题突出，首尾呼应，联系实际，是一篇不错的议论文。

但是如果从公考角度出发，并不是公务员考试中能得到高分的作文，原因在于：

（1）缺少政府思维，没有从多个方面出发，没有深入思考互联网虚假广告背后更深入的问题和解决方法；

（2）每个段落没有用明确的小论点直接点明本质。

第二节　透视文章本质

申论作文按照不同标准，有不同的分类结果。

命题剖析

一、从对标题的要求分类

自命题作文 ⇄ 顾名思义，即考生只需根据给定资料写作，角度、题目等均具有完全的自由度。上海地区较少采用此类出题方式

通常要求对给定资料进行思考，自行命题写作
例如，胡锦涛总书记到河南、安徽考察，引发我们许多思考。请联系给定资料，整理自己的思考，自拟题目，写一篇文章
要求：①观点明确，内容充实，结构完整，语言生动流畅。②报考省级（含副省级）以上综合管理类职位的考生，要深入思考，紧密结合给定资料所反映的问题，写一篇视野开阔、见解深刻的文章。③报考行政执法类市（地）以下综合管理类职位的考生，可结合给定资料中所反映的一个主要问题，写一篇见解比较深刻的文章。④字数在1 000~1 200字。（国家公务员考试申论真题）

命题型作文 ⇄ 给定标题写作，考生不能另选他题写作。上海地区较少采用此类出题方式
例如，请以"人与自然"为题，写一篇文章
要求：①参考给定资料，观点明确，内容充实，结构完整，语言生动；②对在"人与自然"问题上的某种错误倾向，应恰当阐述，给予澄清；③总字数在1 000~1 200字。（国家公务员考试申论真题）

半命题作文 ⇄ 给定主题、话题，要求考生围绕主题，根据材料自选角度、自拟题目展开写作。上海地区公职类考试，主要以此类为主
例如，阅读给定资料，以"坚持勤政廉政，促进和谐发展"为主题，写一篇议论文
要求：①参考给定资料，自选角度，自拟题目。②观点明确、联系实际、分析具体、条理清楚、语言流畅。③总字数在800~1 000字。（上海市公务员考试申论真题）

二、从写作的主要内容上分类

策论型 ⇄ 往往以动宾结构或类似的祈使句作为题目，阐述解决某一问题的对策并对提出的对策进行论证。上海地区公职类考试，主要以此类为主
例如，参考给定资料，围绕"行政执法如何跟上科技的快速发展"这一主题写一篇文章
要求：①自选角度，自拟题目。②观点明确，联系实际，分析具体，条理清楚，语言流畅。③总字数800~1 000字。（2017年上海市行政执法类公务员申论真题）

政论型 ⇄ 主要围绕主题进行评论的一类文章。考生一般根据自身喜好，自拟角度和题目写作。上海地区公职类考试，此类文章写作较少
例如，以"论公务员精神的价值取向"为题，写一篇1 000字左右的文章
要求：联系实际，观点鲜明，论证合理，条理清楚，语言流畅。（2017年市上海公务员考试申论真题）

三、出题总结

上海地区的公职类考试，无论是哪种考试形式，作文出题，半命题为主，以策论文写作为主。

第三节 解读评阅规则

因权威部门从未公开过具体的考核或评分标准，申论文章的考核标准在各种教材中历来众说纷纭。而结合相关研究人员的观点，我们将作文评价档次分为以下四类（以上海市公务员考试为例）。

> 一类文：31~40分。紧扣主题，观点鲜明深刻；内容充实，分析透彻；结构严谨；语言流畅；书写工整，卷面整洁。
> 二类文：21~30分。针对主题，观点明确；内容较充实，结构完整；条理清楚，语言较好。
> 三类文：11~20分。基本能针对主题，观点基本明确；内容一般，结构基本完整；语言基本通顺；内容单薄，结构欠缺。
> 四类文：0~10分。脱离主题，中心不明；内容贫乏，结构混乱；语言极差；字体难以辨认。

具体而言，每次考试、每份试卷、每道题目的评分标准会有所不同。考生只需紧扣题干要求深入审题，即可把握具体的评分要求和考核标准。

一、常见的具体要求

（一）观点鲜明

一是论点的表述要鲜明，不能含糊不清、模棱两可。赞成什么、反对什么，褒贬判断要干脆。要抱着积极的态度、解决问题的态度，申明自己的立场、观点、看法。

二是论点出现在显眼的位置，让阅卷老师迅速获取文章的主要信息。如在每一段的开头使用主题句，即每一个围绕总论点的分论点位于每段段首。

(二) 结构严谨

一要结构完整。任何议论文应该包括标题、开头、主体、结尾部分。考试中，容易发生的结构不完整问题表现为：标题缺失，扣分；结尾缺失，扣分。结构完整是最基本的要求。

二要结构严谨。除完整外，好的文章结构要做到严谨。做到围绕主题，开头、结尾点明主题；主体论证围绕主题展开，或平行平列，或层层渐进。全篇文章做到首尾响应，主体部分层层论证。

(三) 内容充实

公考作文与普通议论文有一个区别，即主体段落部分应围绕主题展开论述，从不同角度和层次进行阐述。

在具体展开写作时，需结合材料和实际选择论据，如事实论据、理论论据，做到摆事实、讲道理。

一些考生写作文，总是采用所谓的"正反对比论证"，一个观点正面解说再反面解说，通篇都采取这种方式。其实这种方式内容稍显空泛，说服力不够强。

(四) 联系实际

联系实际可分为以下几个层次：

一是联系国家法规、政策、会议文件等内容；

二是联系现阶段的基本国情，如热点话题的作文应联系经济、政治、文化、社会、生态等主题领域，思考背后深层次的原因、对策等；

三是联系社会时政热点，将日常积累的与主题相关的热点或观点应用于作文中；

四是联系材料，参考材料是最大的"实际"，依据材料进行分析，就能避免"自言自语"似的漫无边际地写作。

二、范文举例

【范文】

我们都是追梦人

①"我们都在努力奔跑，我们都是追梦人。"在 2019 年新年贺词中，习近平主席深情回望过去一年极不平凡的追梦之旅，热情礼赞每一位奋斗者的艰辛付出，满怀信心寄语亿万人民勇敢踏上追寻梦想的新征程。亲切的话语、殷切的期待、郑重的嘱托，<u>激励着每一个人发扬梦想精</u>

【标题】点明追梦主题。

① 段：点明追梦这一主题。

神，继续在奔跑中拥抱梦想、成就梦想。

② 回望2018，我们之所以"过得很充实、走得很坚定"，就是因为心怀梦想、奋力追梦，让中国号航船劈波斩浪稳健前行。我们推动高质量发展，激发经济发展活力；我们矢志打赢脱贫攻坚战；我们以改革的实际行动庆祝改革开放四十周年，推出多项重要改革举措……这一年，整个中国奔跑在追梦的赛道上，绘就了改革发展的壮丽画卷。这些成就是新时代奋斗者挥洒汗水拼出来的。<u>事实证明，任何伟大的事业，都始于梦想、成于实干。</u>

②段：联系实际，陈述事实，以事实说明梦想成就事业。

③ <u>心怀梦想、奋力追梦，才能体悟奋斗价值，凝聚同心筑梦的精神力量。</u>绿意盎然的长江两岸、稻浪滚滚的建三江万亩大地号、生机勃勃的深圳前海、活力四射的上海张江、飞架三地的港珠澳大桥……新时代的奋斗者在不断奔跑中创造着美好生活，为梦想写下现实注脚。梦想不会自动成真，奋斗是其桥梁；目标不会自动抵达，奔跑才有远方。把个人对美好生活的向往、对人生出彩的渴望，熔铸到共筑中国梦的历史征途之中，与时代共同奔跑，以奋斗逐梦圆梦，我们就没有什么山峦不能攀登，没有什么河流不能跨越。

③段：围绕主题，展开论证，提出第一个小论点——梦想是筑梦的精神力量，并举事实和道理论证。

④ <u>心怀梦想、奋力追梦，才能砥砺坚韧意志，激发继续奋斗的责任担当。</u>今天，中国站在新的起点上，亿万人民正为实现中华民族伟大复兴的中国梦而拼搏。梦想越是远大，奋斗也就越是艰辛。方此"船到中流浪更急、人到半山路更陡"之时，摆在我们面前的使命更光荣、任务更艰巨、挑战更严峻、工作更伟大。面对建成社会主义现代化强国、实现中华民族伟大复兴这场接力跑，今天的我们只有勇做追梦人，一棒接着一棒跑，才能迎来"放眼昆仑绝顶来"的明天。

④段：围绕主题，展开论证，提出第二个小论点——梦想激发责任担当。并结合实际讲道理论证。

⑤ "日月不肯迟，四时相催迫。"在这个属于奋斗者的新时代，<u>人人都有追梦的权利，人人也都是梦想的筑造者。</u>不驰于空想、不骛于虚声，在奔跑中奋力逐梦，做新时代的追梦人，<u>我们就一定能激活蕴藏于梦想之中的创造伟力，迎来生机勃勃的复兴气象。</u>

⑤段：回扣主题，总结全文，并升华主题。

【华智点评】

此例文有以下特点:

(1) 论点明确、深刻,开头、结尾或主体段落都围绕"追梦"展开;

(2) 结构严谨,首尾呼应,都做到了点明主题,围绕主题充分论述;

(3) 论证过程中,能够联系实际、联系当下,讲道理、摆事实,内容充实,论证有力;

(4) 文章观点深刻,在结合实际论述过程中,将"追梦"与中国梦和中国国情相结合,将梦想升华拔高,而非拘泥于个人梦想。

第四节　驾驭写作技巧

一、明主题,定标题

(一) 确定主题

1. 要确定主题,应先从考情出发。

申论文章命题
特点及写作特色

> 上海市公务员考试申论真题:
> 结合给定资料,以"充分利用新兴科技,推动城市治理创新"为主题,写一篇文章。
> 要求:(1) 自选角度,自拟题目;
> 　　　(2) 观点明确,联系实际,分析具体,条理清楚,语言流畅;
> 　　　(3) 总字数800~1 000字。

> 上海市公安系统人民警察学员考试申论真题:
> 结合给定资料,围绕"加强道路交通安全执法"这一主题,写一篇文章。
> 要求:(1) 参考给定资料,自选角度,自拟题目;
> 　　　(2) 观点明确,联系实际,分析具体,条理清楚,语言流畅;
> 　　　(3) 总字数800~1 000字。

> 上海市事业单位考试综合应用能力卷真题:
> 图书馆座位管理系统上线后,在充分调研听取老师、学生代表意见的基础上,做了调整和修正,阅览秩序有很大改观,受到了师生一致好评。图书馆办公室主任要求你就图书馆民主管理,写一篇议论文发表于校报上,重点论述"充分发扬学生民主参与,共同维护公共秩序"的经验与思考。
> 要求:论点清晰,重点突出,文意流畅。字数在800~1 000字。

> 国家公务员考试申论真题:
> 给定资料6中划线句子写着:"人文是精彩的,科学是呆板的。"请结合你对这句话的思考,联系历史和现实,自拟题目,写一篇文章。
> 要求:(1) 自选角度,立意明确;
> 　　　(2) 参考结合给定资料,但不拘泥于给定资料;
> 　　　(3) 思路清晰,语言流畅;
> 　　　(4) 总字数1 000~1 200字。

通过命题对比，可发现国家公务员考试申论命题比较灵活，要求在对"人文是精彩的，科学是呆板的"思考后，结合材料，得出自己的主题和角度。相对而言，写作的主题并不定死，考生有一定余地，可有更多的角度与想法选择。

而上海地区的公职类考试，无论是哪种形式，都是给定主题的，如围绕"加强道路交通安全执法"这一主题写作文，无论如何构思，都已经确定是围绕"加强道路交通安全执法"写，不可以围绕其他任何主题写。

因而，上海地区的公职类考试，主题寻找相对容易，基本在题目中已经给定。

2. 主题理解与内涵

主题的确定虽然容易，但是主题的内涵及出题背后的深意，需要我们去领会，才能让文章深刻、有思想。

要理解主题，核心在于结合材料。也是就说，需要回到材料中去找出主题的内涵，把握其深刻的思想，才能让主题不仅正确而且深刻到位。

例如，以"充分利用新兴科技，推动城市治理创新"为主题写作时，主题已经确定，在写作前，需要结合材料的阅读或考生平常的积累理解主题。

材料中包括：我国政府出台文件为现代新兴科技的发展提供政策利好；大数据、人工智能等新兴技术的重要影响，如智慧城市；特大城市治理要有自身道路等。通过材料阅读，就了解了该主题提出的背景，是时代发展所需，是城市治理所需，是城市治理创新的必然选择。对主题的理解一方面会在写作中体现，一方面有助于构思全文。

（二）确定标题

1. 观点明确，体现主题

我们主张：文章的标题要反映主题。

标题始终与主题相伴，确定了标题也就找到了主题；标题是主题的形式，以多样灵活的方式体现出主题。任何标题都不应偏离这一底线。

2. 简洁明了，一目了然

精心制作标题，能更好地揭示作文内容，突出作文主题，发挥"锦上添花"的作用。标题要"言简意赅"，考生必须尽力用高度概括的、非常简练的文字把要论述论证的内容浓缩于字数少得不能再少的标题中。标题不可又臭又长，给阅卷人造成阅卷困难。

例如，"南方多省市汛情严重，社会各方共同抢险救灾"可改为"南方汛情严重，社会合力抢险"。

3. 讲究文采，抓人眼球

标题不可仅停留于正确和四平八稳，太平淡的标题无法吸引阅卷人的注意，更不能从万千答卷中脱颖而出，赢得阅卷老师青睐。标题略有文采，可以做到先声夺人。

例如，《建立社会诚信体系》改为《将诚信进行到底》，《做好脱贫工作》改为《脱贫攻坚要下一番"绣花"功夫》。

【技巧解码】

1. 引用或改编名言警句、典故、影视剧名等

以"知识"为主题的文章，可拟题为《知识就是力量》；

以"节俭"为主题的文章，可拟题为《由俭入奢易，由奢入俭难》或《粒粒皆辛苦》；

以"诚信"为主题的文章，可借用《钢铁是怎样炼成的》改成《诚信是怎样"炼成"的》；

2. 巧用修辞手法拟题

拟题时，巧用用比喻、拟人、对比等方式。

例如，《为新时代注入强劲"文化动力"》《练好知识产权保护的"铁布衫"功夫》《"经济身份证"是守信者的通行证》《要给招商引资装上安全阀》《守住"人脸密码"的最后防线》。

3. 对仗式标题

标题由两个短句组成，语句结构与表达方式前后一致。

例如，《弘扬科学精神　提升科学素养》《向生命致敬，为人性喝彩》《行于坚守，成于创新》《共护"非遗"，擦亮古都文化底色》《树明德之心，为明德之文》。

4. 主标题与副标题结合

主标题是作文的核心主旨，可以直接表达，也可以含蓄表达。

副标题是对主标题即主旨精神的进一步解释说明，是对正文主要内容的高度归纳概括，一般需要点明主题，必须"实写"。

例如，《坚守底线——改革发展必须维护公共安全》。

二、巧构思，定结构

结构是议论文写作的一个重要因素，也就是我们常说的写作文要"布局谋篇"。

(一)作文思路

作文的结构是在作文思路的基础上搭建的。

作文的基本思路为"是什么→为什么→怎么办",即提出主题或立意并阐述→以适当角度分析、解析主题或立意→针对主题提出解决或优化措施。

(二)作文结构

应试型申论作文应在普通议论文多种结构的基础上,选择更适合公职类考试的、1 000字左右能够清楚明了的结构。

从当前阅卷评分来说,总→分结构不符合作文标准,因而基本结构确定为总→分→总。在这一结构要求的基础上,我们将举三种常见的结构说明,即"三、四、五式"。

1. **"三段式"结构**

引论	• 即开头部分,也指第一自然段。用概括性的语言概述给定资料的内容,然后用三言两语对给定资料的内容进行总结式的分析,并从中找出能够表现中心论点的主题句 • 要求:主题(立意)鲜明,内容凝练,思想深刻 • 基本构成:点明主题,并结合材料,简单概括总结主题的现象或原因或背景等
本论	• 即论证的主体和核心部分,通常是第二段开始的三至四个自然段落 • 要求:围绕主题进行论证。为了能更充分地论述论证主题,要提炼确立分论点,并以主题句的形式作为段首句 • 基本构成:一般分论点的确立以3~4个为宜,一个分论点为一个独立自然段,因而表现为3~4个自然段落。几个自然段落间即分论点间的关系又可分为两种: (1)并列式。即将主题分解为两个以上并列的分论点,分论点间是并列的关系,共同对主题(立意)进行论证。明显的标志就是使用"首先、其次、再次""第一、第二、第三"等有层次感的词语 (2)递进式。即围绕主题,对主题进行逐层深入分析、步步推进,使论述论证由此及彼、由表及里、由浅入深、由低级到高级。递进式结构的论述论证过程强调层次与层次之间的内在逻辑性,把每一层的分析都建立在上一层分析的基础之上,既是上一层意思的补充,又是上一层意思的深化。通过逐层分析,对事物或问题的本质有了一个循序渐进、更深入的认识。这种结构形式各个层次之间的前后顺序有严格要求,不可任意改动。如"个人层面—集体层面—国家层面",分论点间就是一种递进的关系,从不同层面由小及大地对主题进行论证
结论	• 即作文的结尾部分,通常有一个自然段落 • 要求:这一部分主要是用总结性的语言再次点明主题,或升华主题。结尾内容要与开头部分相呼应,使文章浑然一体 • 基本结构:通常以主题、相关拔高的意义或对作文的总结为核心

引论、本论和结论的"三段式",是公职类考试作文的基本结构形式。

但"三段式"并不是作文写三段，一般是写5~6个段落，只是从其结构上划分为三个部分。

【范文】

法治中国舒展斑斓画卷

①"法治兴则国家兴，法治衰则国家乱"。法治是治国理政的基本方式，是人民幸福安康的重要保障。坚持依法治国、依法执政、依法行政共同推进，坚持法治国家、法治政府、法治社会一体建设……党的十八大以来，全面依法治国蹄疾步稳，中国特色社会主义法治体系日臻完善，社会主义法治国家建设顺利推进，放眼神州大地，一幅五彩斑斓的"法治中国"画卷正在徐徐展开。

② 科学立法，脚步铿锵。无论是加强重要领域立法，确保国家发展、重大改革于法有据，还是适应形势发展需要，与时俱进对现有法律进行修订完善；无论是打破部门利益藩篱克服立法部门化倾向，还是最大限度地开门立法，以最大诚意汇聚民意，这五年，中国立法越来越适应时代发展，越来越满足现实需要，越来越体现党心民意，越来越展示中国特色。扎实的立法为法治中国奠定坚固基石，提供重要支撑。

③ 法治政府，高效务实。无论是大刀阔斧地推进"放管服"改革、刀刃向内开展政府"自我革命"，还是下大力气推进政务公开，让政府与百姓零距离；无论是扎实推动电子政务发展，让"数据多跑腿、群众少跑路"，还是严格规范公正文明执法让权力不再"任性"，这五年，权力运行日渐步入法治化轨道。"法定职责必须为，法无授权不可为"，从理念到行动，"法治政府"骨架更加稳固，气质更加从容。

④ 司法改革，执着坚毅。无论是排除困难推进员额制改革，把优秀人才吸引到办案一线，还是推进以审判为中心的诉讼制度改革，确保案件事实证据经得起法律的检验；无论是全面实行立案登记制改革，破解群众反映强烈

【标题】点明法治主题。

①段：开头，点明法治中国这一主题，并结合实际说明法治推进的现状。

②③④⑤段：主体，围绕法治主题，从四个层次分别论述开头所提到的法治中国的进展。

的"立案难",还是打出组合拳让"老赖"寸步难行,破解多年未解的"执行难",这五年,司法改革向深水区迈进,啃下"最难啃的硬骨头",做成了想了很多年、讲了很多年但没有做成的改革,努力让人民群众在每一起司法案件中感受到公平正义。

⑤**法治社会,深入人心**。无论是实行国家机关"谁执法谁普法"的普法责任制,推动领导干部成为尊法学法守法用法的模范,还是将法治列入社会主义核心价值观,推动全社会树立法治意识、增强法治观念;无论是健全公民和组织守法信用记录,完善守法诚信褒奖机制和违法失信行为惩戒机制,还是把信访纳入法治化轨道,保障合理合法诉求依照法律规定和程序得到合理合法的结果,这五年,法治社会建设扎实推进,自觉守法、遇事找法、解决问题靠法正成为全社会的广泛共识和自觉行动。

⑥"上下同欲者胜",在法治中国的征程上,正是因为始终坚持党的领导,正是因为党始终做到以人民为中心,我们的各项工作才能体现人民利益、反映人民愿望、维护人民权益、增进人民福祉,党才能得到人民群众的衷心拥护,才能凝聚起实现中华民族伟大复兴中国梦的磅礴力量。我们坚信,在以习近平同志为核心的党中央的坚强领导下,<u>中国特色社会主义法治道路必将越走越宽广,法治中国的明天必将越来越美好</u>。

⑥段:结尾,回扣主题,总结全文,并升华主题。

【华智点评】

开头一段,提出主题,我国不断推进"法治中国"的建设;中间四段,并列结构,从法治的几个不同层面"科学立法、法治政府、司法改革、法治社会"对"法治中国"的建设刻画解析;结尾总结呼应开头,再次点明主题,提出要不断加强法治中国建设。这是一篇典型的三段式结构的作文。

2. "四段式"结构

"四段式"是"三段式"的变形,即将引论部分,分成主题现状和原因/影响等两个部分,也就是作文的结构一般按照四个部分展开,呈现出"==起承转合=="的方式。四个部分呈现出5~7个自然段落。

（1）引论。①结合给定资料，围绕主题，引出需要解决的问题或现状；②对主题相关的现状进行原因或影响分析。

（2）本论。③提出围绕主题的对策建议。

（3）结论。④再次点明主题或总结升华。

【范文】

以自主创新谋求全面发展

① 纵观古今，秦国因极力推行"商鞅变法"而使国力昌盛，最终实现一统天下之伟业。而清政府闭关自守、摒弃改革创新，终致丧权辱国、残害国民。故此，<u>创新是发展的推动器，唯有加快自主创新才能谋求全面发展</u>。"创新是民族的灵魂，是国家兴旺发达的不竭动力"。而至今日，我国虽步入经济快速增长的上升期，却凸现出许多有关创新水平低下以致阻碍发展的问题。据报道，双边贸易规模最大的30种商品中，中方具有比较优势的很少，多数是日本具有优势的资金、技术密集型产业。

② <u>创新水平偏低是我国目前亟待正视的问题。究其原因</u>，关键在于创新观念落后、创新能力不高、所需人才匮乏、体制不健全、科技水平较低等决定性因素阻碍发展。观念是创新的源泉，落后的思想只会阻碍发展，又谈何发展？所需人才匮乏，创新主体力量薄弱，只能是捉襟见肘，想促进社会快速发展谈何容易？创新能力低下、体制不够完善、科技水平跟不上发展的步伐，又如何促进发展呢？社会终究是向前发展的，落后就等于挨打。<u>那么该如何才能提高自主创新水平，使我国步入更快发展的轨道呢？</u>

③ <u>首先，务必提高创新观念，在思想上有新突破。</u>观念乃创新之本，失去创新的观念，如无本之木、无源之水。政府要重视创新者的个性想法，鼓励创新者积极探索，帮助扶持创新事业的发展。破除旧的传统的观念，树立与时俱进的、科学的发展观念。加大社会宣传力度，营

【标题】点明创新主题。

①段（起）：点明创新的主题，并说明当前我国创新水平不高的现状。

②段（承）：分析创新水平不高的原因。

③④⑤⑥段（转）：围绕创新主题，从四个层次分别论述如何提高创新水平以实现发展。

造一个"创新光荣"的社会氛围。

④ 其次，务必创新先进技术，在生产力上有新突破。邓小平同志曾高瞻远瞩提出："科学技术是第一生产力。"政府应成立专门研究技术开发的部门，组织专门人员进行创新工作，并鼓励企业进行自主创新，发明创造新技术，开创新领域，提高自身的核心竞争力。

⑤ 再次，务必建立健全体制机制，在保障创新力度上有新突破。创新需要有环境，需要有健全的体制做坚强后盾。及时出台有利创新的优惠政策，如减免税收、拨款资助等倾斜性政策。坚持走政企分离的道路，鼓励企业建立现代企业制度。建立健全法制法规，保障和维护创新成果。依法惩处侵犯个人、法人创新产权行为，行为严重者，追究其法律责任。

⑥ 最后，务必推行人才强国战略，在人才使用上有新突破。坚持以人为本，重视人才的培养、任用。企业要搭建充分展示自我能力的平台，鼓励人才自由创新。高校要加强人才的创新能力培育，鼓励学生进行自主创新，提高创新能力。同时企业与高校应加大相互交流的层面、层次、广度、深度，创新出更多科技文化成果。

⑦ 长城非一日之功，创新非片刻使然。政府要从打造"服务型政府"为出发点，导航创新方向，维护创新环境，为社会培育出更多的创新人才，为实现社会各项事业全面发展而不懈奋斗！

⑦段（合）：回扣主题并升华主题。

【华智点评】

第一段，提出要提高自主创新水平的主题；第二段，阐述了当前自主创新水平不高的原因；第三至六段，并列结构，从四个层面提出应如何自主创新；第七段，结尾，总结呼应开头，再次点明主题。这是一篇典型的四段式结构的作文。

3. "五段式"结构

五段式，是在三段式、四段式基础上的进一步变化，是将引论部分进一步分解为主题的现状、原因、影响/背景三个部分。

其作文结构有五个部分，表现为5~8个自然段落。

(1) 引论。①第一段，点明主题，阐明现状；②第二段，分析主题问题的原因；③第三段，分析影响，或重申观点。

(2) 主体。④提出主题的对策建议，一般两至三个分论点，即两至三段。

(3) 结尾。⑤总结文章，再次点明主题（立意）。

【范文】

加强药品使用的监测工作

① 曾经是抗感冒良药的"康泰克"，如今让人为之害上一场"大感冒"。含PPA的药品对人有害的消息一经传出，此药品犹如过街老鼠，人人喊打：政府禁止，公司撤药，患者拒服，各部门也采取了相应措施。但也有人指出：PPA对人不利，药厂早知却不公开，试问公众健康权利谁来保障？社会呼吁加强药品使用的监测工作。

② 俗话说：得啥别得病。但人吃五谷杂粮，谁能不生病？所以，就医就成为人民群众生活中的一件大事，药品也成为一个巨大而稳定的市场。这一关系着人们切身生活的大事，我们党、我们政府应该给予足够的重视，做好药品使用的监测工作。

③ 古诗云："春江水暖鸭先知。"那么药品存在不良反应谁来先知呢？谁有义务有责任把好监测这一关呢？建立完善的医药监测机制，成立专门化、专业化的监测机构，加强对药品使用的监测工作是很重要的。

④ 加强药品使用的监测工作，首先要不断提高监测的能力。在我国，由于经费的问题不可能很好地开展这项工作，但我们要本着为人民负责的态度做好这项工作。开源节流，专款专用，不断充实监测机构的硬件与软件，提高监测能力。

⑤ 加强药品使用的监测工作，要重视对厂商的监测。在PPA事件中，有些厂商在撤出含PPA药品的同时就推出了替代品，有人指出大量厂商早知PPA有害。假如我们在含PPA药品未进入市场或进行审批生产时就予以查实禁止，那么PPA事件就会成为无源头之污水、无根本

【标题】点明加强药品监测的主题。

①段：以举例引出问题，进而点明要加强药品监测的主题。

②段：分析药品监测的重要性。

③段：采用设问方式重申主题。

④⑤⑥段：围绕药品监测主题，从三个层次分别论述如何监测的措施。

之恶行，又何需事到临头再抱佛脚呢？

⑥加强药品使用的监测工作，要加大监测的透明度与公开度。在PPA事件所暴露出来的问题中，很明显地说明如今的监测工作的透明度不够，公开度不高，人民群众对药品了解的不够，厂商监测机构、患者之间信息不对称，同时也反映了我们的一些机构与工作人员对群众的切身生活大事负责不够。我们应该建立领导与专项工作人员负责制，专门问题专人负责，出了问题找专人。

⑦总而言之，<u>各级政府、各级医疗机构、各药品监测部门要从讲政治的高度，本着为人民群众的健康负责的态度，作好药品使用的监测工作，不断健全、完善医疗监测机制，来促进医疗体制改革</u>。

⑦段：回扣主题并升华主题。

【华智点评】

第一段，提出药品带来的安全问题，并引出主题药品监测；第二段，提出政府应重视药品安全的主题，并分析意义；第三段，进一步强调建立完善的医药监测机制的总论点；第四至六段，并列结构，从三个层面提出应如何加强药品使用的监测；第七段，结尾，总结、呼应开头，再次点明主题。这是一篇典型的五段式结构的作文。

（三）作文结构中"思想"的获取

无论是"三段式"还是"四段式""五段式"，在实际写作中，考生常遇到的困难是<mark>如何写出围绕主题的分论点</mark>。作文分论点的来源主要有以下三个方面。

1. 结合材料，可提炼

上海地区公职类考试，材料中经常给的是中央城镇化会议、十九大报告等会议文件类理论性极强的表述，这些表述通常是我们写作文时需要重点考虑的对象。

可将材料中其他地区、国家的成功做法，专家的建议，某项政策的具体内容等提炼出来。材料中的对策是写作中对策的重要来源，也比较容易运用。

2. 结合政策，需积累

作文写作思想可来源于党和政府的一些理论文献，如十九大报告、政府工作报告、重要会议、领导重要表述等。这些重要的理论文献往往会提到解决某个发展问题的重要举措。比如，十九大报告中明文提到生态文明的措施，恰好与2016年上海市公安系统人民警察学员考试申论真题作文相符合。引用时需要注意，必须与主题相符合，有选择性地用。

3. 结合经验，靠总结

写作时，如果对主题没有了解，也不会提炼总结材料，写作就会出现困难。因而，需要考生在平时学习与练习中，能够总结出一些常用的政府角度或管理立场的分论点，作为考试写作的备用方案。

三、文章开头五法

主题是作文的"魂魄"，结构架构是作文的"骨骼"，而内容是作文的"血肉"。

一篇好的作文，要以"魂魄"为核心，以"骨骼"为支撑，以"血肉"为基础。好的作文，需要内容出彩，因为任何作文最后都要落实到文字上。

在确定主题、搭好作文框架的基础上，语言表达和文字组织的水平就决定了文章的好坏。结合公职类考试作文，我们将作文分成不同部分，分别说明如何组织内容。

好的开头是作文成功的一半；精彩的开头，能够实现"事半而功倍"。在阅卷过程中，非常看重作文开头。一般通过开头能够了解考生对主题的把握是否准确、深刻，语言表达是否优美。开头要尽量有亮点，其具体要求有三点。

一要明确。好的开头，要点明主题。白居易说"首句标其目"，主张开宗明义。总而言之，开篇知其旨意。

二要优美。作文开头的优美，是指运用一定的方法去塑造"美"，如"设悬念""引名言""举事例"等。做到既有内容"美"，也有形式"美"。

三要简洁。好的开头要短，分析历年高分作文发现，一般好的作文，开头第一段尽量将字数控制在 150 字以内，尽量对材料"一言以蔽之"或是选取有代表性的话，以解释主题。

开头的具体写作方法有五种。

（一）开门见山式开头

这是最常用的一种开头方式，即开篇就将文章的主题（立意）摆出来，简洁明了地直接进入文题，干脆利落地交待出主题并进行阐述。

方法：主题＋层层表述

结合对材料的思考，提炼出主题的相关表述，让阅卷老师一望便知重点与核心。

【范文一】

						谈	诚	信							
	诚	实	守	信	，	是	我	们	中	华	民	族	的	优	良	传	统	。	千	百	年	来	，

人们讲求诚信，推崇诚信。诚信之风质朴醇厚，历史越悠久，诚信之气越充盈中华，诚信之光越普照华夏。诚信早已融入我们民族文化的血液，成为文化基因中不可或缺的重要一环。

【范文二】

共护"非遗"，擦亮古都文化底色

近年来，全社会对非物质文化遗产保护越来越重视。而拥有3000多年建城史和800多年建都史的北京，本身就是一座文化资源富矿。全市已普查非遗资源万余项，入选国家级非遗代表性项目名录者逾百项。此番制定非遗条例，对保护工作的方方面面做出界定和规范，让其在法律的保障体系之下运行，可谓应时而生、水到渠成。

非物质文化遗产承载着一个民族和地区古老且活态的文化基因。它从来不是城市的附庸，更非累赘，而是与生于斯长于斯的人们依然有着割舍不断的情感联系、技艺传承的审美寄托，是城市的无形"招牌"。历史留给我们丰厚的文化遗产，同样也赋予了保护历史、传承文化之责。如何让古老的城市不仅仅是"一个卓越的纪念物"，保护非遗无疑大有可为。

【范文三】

守正创新 让"指尖政务"更给力

定位不精准、运维模式和具体功能的混乱，使一些政务新媒体"心血来潮发文章，随心所欲搞互动"。坚持从自身职能和服务特点出发，从公众的实际需求出发，统筹建设，科学管理，积极创新，"指尖上的政务服务"才能更好地为社会治理和公共服务添翼、助力。

政务新媒体的开设，使得行政机关和职能部门在推进政务公开、优化政务服务、凝聚社会共识、创新社会治理等方面，取得了较好成效，有效拉近了群众与政府机关的距离。某种程度上，一些政务新媒体开始扮演政府部门与百姓互动的桥梁或纽带角色，成为实现信息公开、简政放权的一个重要抓手。

【范文四】

坚持扩大对外开放

对于每一个民族、每一个国家而言，开放始终都是发展的重要条件。然而，过去一段时间，经济全球化进程遭遇了少有的"逆风"，单边主义、保护主义等"逆全球化"思潮涌动。世界将走向何方，是更加开放多元，还是更加封闭单一？人类再次站在了十字路口。

中国改革的脚步不会停滞，开放的大门只会越开越大。越开放，越发展；越发展，越需要进一步开放。开放，既能满足人民群众对美好生活的需要，又能促使企业提升自身实力，中国没有理由不继续扩大对外开放。

（二）巧设问题式开头

在开头通过设问方式制造悬念，进而引出主题。通过设问或反问或疑问，引起阅卷兴趣，增加新颖性。

==方法：设问＋回答＋具体表述==

【范文一】

路走对了　才有光明

是什么让在西藏长期实行的封建农奴制，顷刻间土崩瓦解？是什么让曾处于黑暗下的雪域高原，一甲子"换了人间"？是什么造就雪域高原在短短60年实现伟大的跨越？

"民主改革是西藏历史上最伟大最深刻的社会变革。西藏从此废除了黑暗的封建农奴制，建立起全新的社会制度，人民实现了翻身解放，成为国家和社会的主人，各项权利得到充分保障。"《伟大的跨越：西藏民主改革60年》白皮书给出了答案。

【范文二】

让群众喝上安全水 一刻也不能等

两个小区自来水致癌物超标三倍已有一年，为何迟迟没有改进？山西省临猗县两个小区在被验出自来水致癌物超标后，后期监测数据反而从网上消失。临猗县回应称，已经成立工作组对此事进行调查。初步查明，相关部门和部分工作人员存在一定程度上的失责失职行为。

【范文三】

砥砺前行 增进人民福祉

收入分配改革如何"扩中调高提低"？如何激励干部在面对难题时敢抓敢管、敢于担责？怎样更好精准识别、精准脱贫？……最近，人民网在PC端、移动端同步推出"两会调查"，就公众关心的18个热点问题展开网上调查，得到了超过440万网友的积极回应。踊跃参与的背后，是一颗颗跳动着的爱国强国之心，是人们对美好生活的殷切期待。

（三）妙用修辞开篇

开头常用的修辞包括比喻、拟人、排比等方式。

如排比式开头用两个或两个以上短句或词组连用在一起，表达统一思想。排比式开头在表达主题时有强烈的语言气势，工整的词句能达到好的效果。

方法：修辞＋主题阐述

【范文一】

遏制医保骗局须强化失信惩戒

医保资金被称为"救命钱"，国家每年投入大量的财政资金进行支持，为的就是让老百姓看得起病、住得起院。但在某些人眼里，这些"救命钱"俨然成为"唐僧肉"，他们通过各种假诊疗、假住院套取医保资金。沈阳两家医院所暴露的问题并非孤例，此前新闻媒体多次曝光过类似事件。"住院能挣钱"这一看似荒诞可笑的闹剧背后，是国家医保资金大量流失的严肃现实。

【范文二】

能源安全是经济的命脉

　　能源是维系经济生产不可或缺的"原动力",是当代人们生活每分每秒都离不开的"血液",是驱动当代社会正常运行的"生命线"。毫不夸张地讲,能源安全问题是关系到国家稳定和发展的命脉问题。《国民经济和社会发展第十一个五年规划纲要》提出了"十一五"期间单位国内生产总值(GDP)能耗降低20%左右等一系列资源节约的约束性指标,充分体现了我国政府对解决好能源问题的重视和决心。

【范文三】

开启品牌强国新征程

　　从智能手机到白色家电,从洗护产品到穿戴品牌,从高铁"名片"到移动支付,自主品牌和中国制造愈发受到消费者青睐。近年来,"国货崛起"不仅成为热门话题,更成为实实在在的趋势。

　　据调查显示,受访者对自主品牌的正面印象一路攀升。这么多90后和00后更有本土情怀,此外许多自主品牌有主动"触网"的新媒体优势,也有深入基层末梢的线下销售渠道,更容易接触各类消费者。进一步地说,自主品牌之所以从小到大、由弱走强,获得越来越多的信任和好感,重视质量和创新、勇于开放发展等原因其实更为关键。

(四) 引言式开头

引用名人名言作为作文的开头,最大的优点便是让作文立意角度站得更高,有加深主题的效果,也让作文显得更有文采。

引言式开头可引用的内容很丰富,包括名人名言、文件报告、理论政策、古诗词、谚语故事等。需要我们有丰富的积累,在平时多读多记,在写作时才能信手拈来、运用自如。

==方法:名言+主题的内容概括==

【范文一】

法治应成为国学教育重要内容

习近平总书记指出,法律是成文的道德,道德是内心的法律,法律和道德都具有规范社会行为、维护社会秩序的作用。我国历史悠久,传统文化博大精深,但其中也有一些不合时宜的东西。国学教育需要结合现代社会实际情况,取其精华去其糟粕,如果反其道而行之,便会失去意义。在推进全面依法治国、建设社会主义法治国家大背景下,法治应该成为国学教育的重要内容和发展方向之一,让法治成为国学教育的一杆标尺。

【范文二】

为师者必须以德为先

"三寸粉笔,三尺讲台系国运;一颗丹心,一生秉烛铸民魂。"长期以来,广大教师贯彻党的教育方针,教书育人、勤勉奉献,为国家发展和民族振兴做出了重大贡献,受到学生的衷心爱戴和全社会的广泛尊敬。学高为师、身正为范,在学生眼里,老师的一言一行都给人以极大影响。

【范文三】

观察中国经济的一扇新窗

"横看成岭侧成峰,远近高低各不同",分析中国经济形势,视角尤为重要。特别是当中国经济迈入新常态,增长速度、经济结构、发展动力等均发生了深刻变化,把脉中国经济,自然需要调整观察视角,形成一套既能反映全局,也能推动高质量发展的指标体系。新动能指数恐怕就或是其中一个不可缺的指标。

中国旧动力高速扩张期已经过去,新动能正成为支撑中国经济向好的不可忽视的力量。数据显示,新动能无疑是缓解经济下行压力、推动高质量发展的重要动力。不仅如此,当我们打开新动能指标这扇新窗,就会发现一个别开生面的活力中国。

(五) 举例式

这种开头方式操作简单、实用性强。可结合材料或实际事例，引出主题进行论述。

方法：举例＋主题内容

【范文一】

不能让潜规则架空法规则

　　明码标价77万多元的车辆，提车则需另外加价30万元，不加价买不到车……汽车4S店部分高档车型加价销售成为市场"潜规则"。有的经销商加价不说，还不给消费者开具发票；有的经销商虽然开发票，但需要另外交钱补税点。不仅是高档汽车销售存在加价问题，部分普通新车销售也存在加价现象。

　　加价销售的"潜规则"，不仅损害了消费者合法权益，扰乱了汽车销售市场秩序，也损害了多部法律法规的权威性和公信力。比如，2017年实施的《汽车销售管理办法》明确要求，经销商应当明示销售汽车、配件及其他相关产品的价格和各项服务收费标准，不得在标价之外加价销售或收取额外费用。但从现实来看，一些汽车经销商显然没有把这些硬规定放在心上，甚至视之为一纸空文。

　　加价销售的"潜规则"之所以盛行，原因是多方面的。一是一些经销商利欲熏心，法律意识淡薄；二是不少消费者缺乏维权意识，监管部门往往又"民不举官不究"；三是一些制度性违法成本远低于经销商违法所得，让一些经销商并不在乎罚单。因而，如何对症下药，不让"潜规则"架空"法规则"迫在眉睫。

【范文二】

坚守文明养犬的刚性规则

　　浙江杭州整治不文明养犬，不在规定时间段内遛狗，或纵容宠物狗随地排泄不及时清理的，将面临罚款；江苏连云港警方发布城区养犬规范，出门要拴狗链，长度不超过2米；多地出台《文明养犬倡议书》，呼吁文明规范养犬……近日，各地对不文明养犬行为进行整治，回应群众对涵养社会文明、提升城市管理水平的期待。

不文明养犬给群众带来的困扰，由来已久。小区散步，一不留神踩上宠物狗的粪便；犬吠声大，邻居不堪其扰；不拴狗绳，惊吓到儿童；等等。诸如此类因不文明养犬引发的不快，很多人都遭遇过。偶尔，小麻烦还会升级为激烈的冲突。不久前，一位年轻妈妈因驱赶未拴绳的犬只被狗主人殴伤，更是让不少人感到愤怒。养犬中出现的一些不文明现象，和规则意识不足、管理缺位有关。做到文明养犬，需要在这些方面下功夫。

四、文章主体两招

作文主体部分分论点是论证主题的核心表现，作文的"血肉"的大部分内容集中于这一部分。

主要要求有两点：

（1）段首句即段落小论点。第一句是段落的核心思想，让阅卷老师一目了然。语句尽量精练，语言表达流畅，注意遣词造句。

（2）每段论证时，要充分，有理有据。

前文提及，分论点一般是并列式，或是递进式，下面以示例具体说明。

（一）并列式

【范文一】

打赢脱贫攻坚战

党的十九大报告明确指出要坚决打赢脱贫攻坚战，让贫困人口和贫困地区同全国一道进入全面小康社会是我们党的庄严承诺。确保到2020年我国现行标准下农村贫困人口实现脱贫，贫困县全部摘帽。解决区域性整体贫困，就要动员全党全国全社会力量。用真情扶贫、发展扶贫、组织扶贫、自立扶贫的模式，继续谱写精准扶贫、脱贫新篇章。

精准扶贫必须是真情扶贫，帮助最需要帮助的人。坚持以人民为中心的发展思想，对贫困群众的困难要有感情认同，才能精准找到贫困根源。2015年6月，习总书记在走访贵州遵义农村时指出，政策好不好，要看乡亲们是笑还是哭。如果乡亲们笑，这就是好政策，要坚持；如果有人哭，说明政策还要完善和调整。好日子是干出来的，贫困并不可怕，只要有信心、有决心，就没有克服不了的困难。显然，没有对人民群众的深厚感情，就不会有精准扶贫。

精准扶贫必须是发展扶贫，切实发挥市场的决定性作用，确保可持续性。时刻牢记在精准扶贫时使市场在资源配置中起决定性作用和更好发挥政府作用，二者是有机统一的。要加大扶贫劳务协作，落实教育扶贫和健康扶贫政策，加大政策落实力度。全面建成小康社会进程中扶贫开发的总体思路特别强调充分发挥政治优势和制度优势，以消除绝对贫困为目标，以精准扶贫、精准脱贫为手段，以改革创新为推动力量，强化专项扶贫、行业扶贫和社会扶贫三位一体的格局，形成政府、市场、社会互为支撑的机制，攻坚克难，攻城拔寨，确保农村贫困人口到2020年如期脱贫。

精准扶贫必须是组织扶贫，切实发挥基层党组织的作用。扶贫是全局性工作，各级党委和政府必须发挥有效组织核心的作用，联合当地经济组织和社会组织一起聚焦基层贫困户，发挥良好的集合效应。目前看，各地大力推行党员联农户、富户带穷户、大户带小户的结对帮扶机制，效果明显。习近平总书记特别强调，要把握好脱贫攻坚正确方向，要防止层层加码，要量力而行、真实可靠、保证质量。精准扶贫尤其要防止形式主义，扶真贫、真扶贫，扶贫工作须实施最严格的考核评估，开展督查巡查，对不严不实、弄虚作假的，严肃问责。要加强扶贫资金管理，对挪用及贪污扶贫款项的行为坚决纠正、严肃处理。

精准扶贫必须是自立扶贫，发挥受助人的主观能动性。只有充分发挥人们主观能动性，通过具体在的行动，利用规律和条件，才能创造美好的生活。坚持人民群众的主体地位，处理好国家和社会帮扶与贫困地区贫困群众自力更生的关系，注重培育精准扶贫的内生动力。上下同欲者胜，积极调动群众脱贫的积极性。要注重扶贫同扶志、扶智相结合，把贫困群众积极性和主动性充分调动起来，引导贫困群众树立主体意识，发扬自力更生精神，激发改变贫困面貌的干劲和决心，靠自己的努力改变命运。

　　我们坚信在习近平新时代中国特色社会主义思想的指引下，中国共产党有能力带领13亿多中国人民过上更加幸福美好的生活，中华民族伟大复兴的中国梦一定能够实现。

【华智点评】

围绕主题"打赢脱贫攻坚战"，分论点以四个层面并列说明如何脱贫攻坚。

精准扶贫必须是真情扶贫，全力以赴帮助最需要帮助的人。

精准扶贫必须是发展扶贫，切实发挥市场的决定性作用，确保可持续性。

精准扶贫必须是组织扶贫，切实发挥基层党组织的作用。

精准扶贫必须是自立扶贫，要进一步发挥受助人的主观能动性。

四个分论点位于每段段首，是对每段内容的高度概括，围绕主题而相互间是并列关系。

【范文二】

以明德引领风尚

　　习近平总书记强调，一个国家、一个民族不能没有灵魂，文化文艺工作者、哲学社会科学工作者要坚持以明德引领风尚，以高远志向、良好品德、高尚情操为社会做出表率。

　　以明德照见自我。"夫道者，所以明德也；德者，所以尊道也。"明大德、立大德，首先要从个人修身养德做起。对于文化文艺工作者、哲学社会科学工作者而言，本身承担着立言著说、传播文化、价值引领的重要任务，其影响力、号召力不容小觑，其个人道德修养问题绝非私事、小事，更需要提高思想认识，加强道德修养，引导主流价值。为此，要从自身修身立德做起，以明德照见自我，坚定理想信念，树立家国情怀，担当时代责任，使自己成为人格完善，向善向美，人品、学品、文品兼优的人，在立德、立身、立言中提升个人修养、丰富自我追求、实现人生价值。

以明德炳察真理。洞察真理、追求真理不是自然而然、与生俱来的行为，更不是轻轻松松、简简单单就能实现的过程，而是需要以正确价值引领作为导向，以探索求索精神为支撑，以艰苦卓绝奋斗为路径。文化文艺工作、哲学社会科学工作是精神事业，是塑造灵魂的事业，是关乎价值引领的事业。所以，对于文化文艺工作者、哲学社会科学工作者而言，追求真理本身就是题中应有之义，更应以明德炳察真理，推动事业发展。要坚持实事求是，聚焦真实问题，做到理论联系实际，做好真学术、搞好真学问、创作真艺术，确保学术研究和艺术创作的原创性、自主性和真实性。

以明德光明他人。"文章合为时而著，歌诗合为事而作。"新时代是伟大的时代，新时代提出新要求、提供新舞台、蕴含新机遇，为每个"追梦人"都提供了无限的机会和可能。生逢伟大时代，本身就是一种幸运，更应该心怀感恩之心，创造社会价值，更多地去传递社会正能量，发出主流好声音。对于文化文艺工作者、哲学社会科学工作者而言，修身立德、著书立言既是自我追求和工作职责，更承担着传播主流价值观的重要职责和光荣使命。

明德创造社会价值。通过聚焦时代要求、弘扬主流价值、提升精神高度，培育和践行社会主义核心价值观，明德可以加强理论积累、学术创新、艺术创作，为构建中国特色学科体系、学术体系、话语体系做出新贡献。

【华智点评】

这篇三段式例文主体部分有三个段落，分别为：（1）以明德照见自我；（2）以明德炳察真理；（3）以明德光明他人。

三个分论点位于每段段首，是对每段内容的高度概括，围绕主题并列地论证明德的意义。

(二)递进式

【范文一】

让有信仰的人讲信仰

习近平总书记在学校思想政治理论课教师座谈会上强调,办好思想政治理论课关键在教师,关键在发挥教师的积极性、主动性、创造性。信仰决定境界,境界决定品位。学校思想政治理论课担负着培养学生树立马克思主义崇高信仰的重任,是引导学生扣好人生第一粒扣子的重要课程。思想政治理论课教师只有坚定马克思主义信仰,讲透马克思主义理论精华,才能讲好思想政治理论课,才能把马克思主义信仰传递给学生。

坚定信仰。坚定马克思主义信仰,是思想政治理论课教师必备的素质。坚定马克思主义信仰,要求思想政治理论课教师笃信马克思主义所闪烁着的真理光辉和科学力量,笃信马克思主义理论所蕴含的唯物论、辩证法,笃信马克思主义的真理性能够经得起时间和实践检验。因此,思想政治理论课教师坚定马克思主义信仰,也是思想政治理论课自身政治属性的本质要求;缺失了马克思主义信仰,就失去了讲好思想政治理论课的基本前提。

讲透理论。马克思主义理论是马克思主义信仰和思想政治理论课的基石。讲透马克思主义理论,是教育引导学生树立马克思主义信仰的关键,也是讲好思想政治理论课的关键。讲透马克思主义理论,思想政治理论课教师首先要做到"明辨"。其次,讲透马克思主义理论,还要做到"走心"。要真学真懂真用马克思主义,始终以习近平新时代中国特色社会主义思想武装头脑,切实做到"虔诚而执着、至信而深厚"。"走心"方能学深悟透,学深悟透才能做到讲透,讲透才能扎实提升思想政治理论课教学实效。

传递信仰。向学生传递马克思主义信仰,是思想政治理论课教学的重要目的,也是马克思主义落地生根、开花结果的重要体现。向学生传递马克思主义信仰,思想政治理论课教师就要切实引导学生相信马克思主义的真理性，引导学生主动学习马克思主义经典著作，主动领会马克思主义精神实质，从而实现化观念为物质、化精神力量为实践力量。

进入新时代，要不断推动思想政治理论课改革创新，不断增强其思想性、理论性和亲和力、针对性。思想政治理论课，是培养学生马克思主义信仰的主渠道和主阵地，也是解决好培养什么人、怎样培养人、为谁培养人这个根本问题的关键课程。我们必须用好方式与手段，让信仰更有魅力，让讲信仰的人更有本领，让信仰传递得更准更快更深。

【华智点评】

这篇三段式例文主体部分有三个段落，分别为：（1）坚定信仰；（2）讲透理论；（3）传递信仰。

三个分论点位于每段段首，以递进的方式，即"先要自身坚定信仰，才可讲明信仰之理，才能向他人传递信仰"，一步步阐明了如何才能让"有信仰的人讲信仰"。

【范文二】

守护生态环境　建设美丽中国

"环境就是民生，青山就是美丽，蓝天也是幸福""发展经济是为了民生，保护生态环境同样也是为了民生"……党的十八大以来，习近平总书记在众多场合多次强调环境保护在民生事业中不可或缺的地位，充分体现了党中央对生态环境总题的重视。

从经济发展方式看，生态环境关系我国经济高质量发展和现代化建设。环境保护与经济发展同行，将产生变革性力量。我国经济已由高速增长阶段转向高质量发展阶段。高质量发展是体现新发展理念的发展，是绿色发展成为普遍形态的发展。加强生态文明建设，就要坚持绿色发展，改变传统的"大量生产、大量消耗、大量排放"的生产模式和消费模式，使资源、生产、消费等要素相匹配相适应，是构建高质量现代化经济体系的必然要求，是实现经济社会发展和生态环境保护协调统一、人与自然和谐共生的根本之策。

从人民美好生活需要看，生态环境关系党的使命宗旨。新时代，广大人民群众热切期盼加快提高生态环境质量，只有大力推进生态文明建设，提供更多优质生态产品，才能不断满足人民日益增长的优美生态环境需要。我国经济在快速发展的同时积累下诸多环境问题，我们在生态环境方面欠账太多，如果不从现在起就把这项工作紧紧抓起来，将来会付出更大的代价！生态环境里面有很大的政治，既要算经济账，更要算政治账、算大账、算长远账，绝不能急功近利、因小失大。

从可持续发展看，生态环境关系中华民族永续发展。生态环境没有替代品，用之不觉，失之难存。当今世界，国家发展模式林林总总，但唯有经济与环境并重、遵循自然发展规律的发展，才是最有价值、最可持续、最具实践意义的发展。我们在有着近14亿人口的国家建设现代化，绝不能重复"先污染后治理""边污染边治理"的老路，绝不容许"吃祖宗饭、断子孙路"，必须高度重视生态文明建设，走一条绿色、低碳、可持续发展之路。在这个问题上，我们没有别的选择。

中国是大国，生态环境搞好了，既是自身受益，更是对世界生态环境保护做出的重大贡献。中国虽然正处于全面建成小康社会的关键时期，真心实意、真抓实干为全球环境治理、生态安全做奉献，树立起全球生态文明建设重要参与者、贡献者、引领者的良好形象，大大提升了在全球环境治理体系中的话语权和影响力。

【华智点评】

这篇例文，主体部分有三个段落，分别为：

(1) 从经济发展方式看，生态环境关系我国经济高质量发展和现代化建设；

(2) 从人民美好生活需要看，生态环境关系党的使命宗旨；

(3) 从可持续发展看，生态环境关系中华民族的永续发展。

三个分论点位于每段段首，以递进的方式，从"经济"到"人民"到"民族"，一步步拔高，论证主题"生态环境"的重要性。

(三) 常见分论点列举

1. 对仗

示例：

① 正能量是总要求，管得住是硬道理，用得好是真本事。

② 坚持与时代同步伐，坚持以人民为中心，坚持用思想引领。

2. 递进

示例：

① 法治建设要为了人民，法治建设要依靠人民，法治建设要保护人民。

② 努力形成完备的法规体系，努力形成高效的实施体系，努力形成严密的监督体系。

3. 排比

示例：

① 抓落实，须不畏艰险勇担当；抓落实，须一茬接着一茬干；抓落实，须将制度化成风气。

② ×××，要有深切的为民情怀；×××，要有坚定的创新意志；×××，要有执着的工匠精神。

(四) 分论点论证

论证是寻找相关论据，并建立论点和论据间的关系。论据通常来自材料或自身积累，或者从材料中总结提炼相关数据、案例、道理论据，或者根据自身日常积累选择。

一篇作文的论证方式有多样，下面具体说明。

1. 事例论证

以典型事例来证明论点。事例可以是国内外的实际事例，且要与论点契合。

【范文一】

| 在工作推进上，整合多方力量，构建立体服务网络。危旧房治理改造工作复杂。随着工作推进，搬家、租房、生活配套等各类问题逐一显现，任何一个环节出问题，都有可能导致努力功亏一篑。常山县广泛发动企业、社团、城郊村等多方力量参与其中；驻城机关纷纷组织义工队， | 第一句：分论点。第二、三句：过渡。第四句：排比举例，论证主题，说明社会多方 |

休息时间走街入户，只要有需要就"搭把手"；出租车司机组成"的哥志愿队"，免费为群众搬家；电信、移动、联通、华数、水电等生活服务型企业组建服务队，上门提供免费移机、退费服务。危旧房治理改造工作中，各类志愿者团队共同协助了工作开展。

参与。

第五句：总结。

【范文二】

出台力度空前的扶持政策，筑牢教育发展的制度保障。要"办好人民满意教育"这一目标，就要下定决心完善政策，以提供支撑。2017年初，常山县委完成换届，在谋划工作时，提出把振兴教育作为"一号工程"，并多次在县委常委会上专题研究落实举措。2月22日，常山县以政府"一号文件"的形式出台《大力推进教育质量提升工作的意见》，提出深化体制改革、加强经费保障等16项振兴教育具体措施。两年以来，常山县共投入教育资金7.58亿元，办学条件、教师待遇得到极大改善。制度是根本，当下，要坚持用心、倾注真心，大力实施教育改革"四个一"工程，做到千家万户关心教育、千真万确重视教育、千言万语强调教育、千方百计振兴教育。

第一句：分论点。

第二句：过渡。

第三、四、五句：排比举例，论证主题，说明政策和制度对教育的作用。

第六句：总结。

2. 道理论证

以讲道理来证明论点。道理可以是理论政策，可以是专家观点，也可以是各种不同观点。

【范文一】

新时代弘扬担当精神，根本是要坚守人民立场。为谁担当？首要是为人民担当。敢于担当，是为了党和人民的事业、为了中国特色社会主义事业、为了人类和平与发展的崇高事业。习近平总书记强调："敢于担当，是为了党和人民事业，而不是个人风头主义，飞扬跋扈，唯我独尊并不是敢于担当。"可见，新时代担当精神的价值指向是党、人民、国家、民族的"大我""大利"，要求有"为

分论点。

以思想理论说明坚守人民立场是担当所在。

民""为公"的境界和情怀。坚守人民立场，是我们的核心价值追求。

【范文二】

信仰建立在对崇高理想的执着追求上。我们党之所以伟大，关键是我们党的理想追求伟大，具有强大的真理感召力。邓小平说："过去我们党无论怎样弱小，无论遇到什么困难，一直有强大的战斗力，因为我们有马克思主义和共产主义信念。有了共同理想，也就有了铁的纪律。无论过去、现在和将来，这都是我们的真正优势。"年轻干部从工作一开始就要牢固树立信念，牢固树立"四个意识"，坚定"四个自信"，做到"两个维护"。

分论点。

以理论说明理想的重要。

3. 对比论证

以正反对比的方式，以论证观点的正确合理。正反论证的论据可以是事例，也可以是理论。

【范文一】

提升监管治理在线化。实施"互联网+"是我国推动经济社会转型提档升级的重要战略举措，对培育经济发展新动能、推动高质量发展发挥了重大促进作用。然而，"互联网+"时代市场新业态发展呈现出了网络化运行、社会化参与、时空观变化、业务融合化等诸多新特点，对政府传统的市场监管治理模式带来了前所未有的挑战，不仅某种程度上削弱了政府的市场监管治理能力，也给打着"互联网+"招牌的招摇撞骗行为留下了可乘之机。面对"互联网+"新业态发展，亟须推动政府监管和治理模式创新，加快推动转变，提升监管治理在线化。

分论点。

正反对比，一方面说明互联网带来的机遇，另一方面说明互联网带来的挑战，对比论证以说明要加强互联网在线监管。

【范文二】

社会诚信必须要实现信用领域的法治化。目前，我国市场运行的基础性法律已经基本完备，合同法、物权法、破产法、票据法及各类金融法律等制度的建立，从微观交易的角度为构建社会诚信奠定了基础。我国出台了较多的

分论点。

正反对比，一方面说明已经出台了一些法规；另一方面说明法规尚不完

信用建设方面的政策，但是，我国信用建设领域的专门法律规则却较为薄弱；系统化且层级较高的法律法规比较匮乏，现有的信用规则比较零散，呈现显著的碎片化特点，不能形成体系化的信用法律规则。当前，随着信用建设不断向纵深发展，信用与人们社会生活的联系更加紧密，亟需信用法治的支撑和保障。因此，就是要确立信用法治的基本原则，形成相应的信用法律规则，引领信用法治建设。

善，需继续强化立法。

五、文章结尾五式

常言作文要"凤头""豹尾"。"豹尾"这一用词，已经明确要求结尾要简洁明快、深刻有力，达到声震全篇的效果。具体来说，结尾是对全文的总结，或对前文的观点进行总结、升华，或提出期盼、号召。

结尾基本要求有三点：

（1）强调主题、呼应开头。作文结构是总—分—总结构，结尾也应当与主题和全文内容相呼应。

（2）简洁。结尾语言不要啰嗦，要简单地对全文进行总结，一般在一百多字。

（3）思想深刻。结尾是对主题的重申甚至是升华，因而需要词句优美、立意深刻、适当引用名言。

（一）总结归纳式

==在结尾侧重对前文的总结，重申主题（立意）。==

【范文一】

着力创新精准扶贫实施机制

……

综上，国家帮扶是"贫困户"摆脱贫困的重要方式和途径，更关键的是要依靠"贫困户"自身的拼搏奋斗。故而，通过政府对扶贫政策的完善与落实，充分发掘"贫困户"内在的"脱贫"动力，消除"等""靠""要"思想，最终就能实现脱贫的"内生动力"与扶贫的"外在推力"有机协作，最终精准扶贫。

主题
＋前文分论点总结
＋主题总结

【范文二】
建立"黑名单"制度管住不文明游客

……

建立"黑名单"制度,其意义在于用持续性的约束替代短期的惩戒,它的真正目的并不在于惩戒,而在于通过威慑和约束,在社会大众中培养起自觉的文明旅游习惯。无论如何,让每一个游客开开心心出游,让宝贵的旅游资源完完整整地流传下去,是开展旅游综合治理的题中应有之义,也是我们每个人的历史使命。 ……前文总结＋号召

(二)首尾呼应
结尾呼应标题或开头,结构严谨,深具作文美感。

【范文一】
可感可触 厚植核心价值观

将核心价值观变得触手可及,使其走进百姓心田,实现"黄钟响,群音和"的效应。在"落细、落小、落实"上下功夫,在每一次选择、每一个行动中体现,才能不断增强社会主义核心价值观的向心力和感召力。

……

进入新时代,社会主义核心价值观的培育与践行需要贯穿始终。在"落细、落小、落实"上下功夫,在每一次选择、每一个行动中体现,才能不断增强社会主义核心价值观的向心力和感召力。 ……主题＋前文呼应

【范文二】
重信践诺 优化营商环境

近年来,习近平总书记多次强调营商环境的重要性,从中央到省、市都出台了优化营商环境的系列政策,为市场发展注入了强劲动力,给企业做大做强提供了有力支撑。只有做好优化营商环境这篇大文章,才能让各项政策转化为实实在在的发展红利。

……

营商环境只有更好,没有最好。每个人都是营商环 ……主题呼应

境的参与者、维护者、监督者，从我做起、从每项政策落地做起，让健康的营商环境既成为竞争力，又激活生产力。

+前文总结
+主题升华

（三）引言式

引用名言警句，提升主题思想，在结尾凸显亮点。

【范文一】

复兴路上，中国风华正茂

……

"红日初升，其道大光。河出伏流，一泻汪洋。"梁启超曾在《少年中国说》中，用日出东方、河流奔涌的壮丽景象寄托对中国光明未来的美好愿望。如今，愿望正一步步变为现实。而沿着五四运动以来开辟的道路，充满活力的中国再次出发，正走入又一个精彩的百年。

名言
+前文总结
+主题升华

【范文二】

更严个人征信报告让"失信寸步难行"

……

"不信不立，不诚不行。"市场经济是信用经济、契约经济，也是法治经济。讲信用、守契约、尊崇法治，才能协调好各方利益，尊重和保护好各方面的合法权利。期待新版个人征信报告能为推进国家治理体系和治理能力现代化发挥更多更大的作用。

名言
+前文总结
+期待

（四）号召激励式

在对主题论证结束后，以号召结尾，能引起共鸣，彰显文章的现实意义。

【范文一】

法治中国"进行时"

……

奉法者强则国强，奉法者弱则国弱。在阔步迈入新时代的号角声中，让我们不断书写新时代全面依法治国新篇章，为实现中华民族伟大复兴中国梦、实现党和国家的长治久安提供有力保障。

名言+号召

【范文二】

用完善的配套制度为救人者撑腰

……

一个社会的文明程度，不取决于建筑的高度，而取决于人心的温度。愿有关部门推出更多体现公平正义的好制度，用良法善治为挺身而出者撑腰鼓劲，让见义勇为者大胆地往前走！　　　　　　　　主题引申＋号召

（五）修辞式

采用修辞方式结尾，能在讲明道理的基础上，同时做到形象生动、文采飞扬、赏心悦目。

【范文一】

爱国主义是中华民族的民族心民族魂

……

天下者，我们的天下；国家者，我们的国家；社会者，我们的社会。我们不说，谁说？我们不干，谁干？这是一个时代的青春宣言，更是无数爱国者的执着追求。一代又一代中国人迈动脚步，向着民族伟大复兴的梦想奔跑，中华民族必将在接续奋斗中迎来更加灿烂的明天。　　　　　　　　排比＋主题拔高

【范文二】

以完善立法推动大数据产业扬帆远航

……

大数据产业能否成为助力经济社会发展的引擎，须臾离不开法治的呵护。大数据产业只有套上法律笼头，才能兴利除弊，发展得更稳、更快、更好，真正实现自身健康发展和造福经济社会发展的"共赢"。否则，大数据产业造福经济社会发展的愿景也就无法照进现实。　　　　　　　　比喻＋总结拔高

附录：范文赏析

下面对一些范文进行结构和写作解析。

【范文一】

步履坚实　迈向高质量发展

① 共建"一带一路",承载着人类对文明交流的渴望、对和平安宁的期盼、对共同发展的追求、对美好生活的向往,是历史潮流的延续,也是面向未来的正确抉择。

② "一带一路"国际合作高峰论坛在北京举行。论坛以"共建'一带一路'、开创美好未来"为主题,深入交换意见,共商合作大计,推动共建"一带一路"实现高质量发展。高峰论坛是"一带一路"框架下最高规格的国际合作平台。

③ "执大象,天下往。"共建"一带一路"建设,以共商共建共享为原则,以和平合作、开放包容、互学互鉴、互利共赢的丝路精神为指引,以打造利益共同体、责任共同体、命运共同体为合作目标,正在成为我国参与全球开放合作、改善全球经济治理体系、促进全球共同发展繁荣、推动构建人类命运共同体的中国方案。

④ 夯基垒台、立柱架梁,共建"一带一路"致力实现政策沟通、设施联通、贸易畅通、资金融通、民心相通。2013年,习近平主席提出了这"五通"理念。近6年来,"一带一路"政策沟通不断深化,与俄罗斯提出的欧亚经济联盟、哈萨克斯坦提出的"光明之路"、英国提出的"英格兰北方经济中心"等实现政策对接;设施联通不断加强,中欧班列到达境外多个城市。"一带一路"建设的丰硕成果表明,这一倡议遵循发展规律,符合各国人民利益,具有广阔前景。

⑤ 百尺竿头、更进一步,共建"一带一路"致力建设和平之路、繁荣之路、开放之路、绿色之路、创新之路、文明之路。近年来,习近平主席从这六个方面描绘了"一带一路"建设的美好愿景和前进方向。我们携手着力推动合作共赢,打造对话不对抗、结伴不结盟的伙伴关系,努力将"一带一路"建成和平之路。一条承载着各国

①段:开头,排比点明主题。

②段:分析过渡,举事例重申主题。

③④⑤段:主体部分,以修辞提出三个分论点的段首句。

具体论证方式包括举例和论述道理。

人民希望的圆梦大道，在探索中不断前进，在发展中日臻完善，愈走愈宽广。

⑥"浩渺行无极，扬帆但信风。"从理念转化为行动，从愿景转变为现实，共建"一带一路"已完成总体布局，向着落地生根、持久发展的阶段迈进。在保持健康良性发展势头的基础上，积土成山、积水成渊，推动共建"一带一路"向高质量发展转变，我们就一定能更好造福各国人民，迎来更加美好的光明未来。

⑥段：结尾。
名言＋总结前文＋主题升华

【范文二】

让新就业形态更好地生长

① 人工智能工程技术人员、物联网工程技术人员、数字化管理师、电子竞技员、无人机驾驶员……各种新兴职业引发社会广泛关注。这些新就业形态是经济业态发展、市场竞争与技术进步交互作用的必然结果，也在改变着传统的就业方式。

①段：开头。
举例＋点明主题

② 在互联网时代，数字经济的兴起为大量从业者创造了新的就业形态。《政府工作报告》明确要求加强对灵活就业、新就业形态的支持，便是对我国就业市场发展趋势的科学回应，也是对新就业形态对我国就业贡献的充分肯定。与此同时，这次部分新就业形态的职业化，标志着我国企业的数字化转型将进入深水区。

②段：分析过渡，结合实际背景，重申主题。

③ 新就业形态不仅提供了大量的工作机会，有助于减缓经济与就业的波动。面对新生代农民工回流农村的人数减少，城市就业压力增加，新就业形态不仅接纳了大量的农村劳动力，而且兼职比例很高，从而能够借助这种分布式、弹性大的工作形态有效地减缓经济外生冲击对就业的影响。特别值得我们关注的是，新就业形态有助于培养从业者自我负责精神与工匠精神。劳动者从雇佣关系下主要为雇主工作，转变为在新就业形态中直接为客户工作，直接接受客户的服务评价，有助于从业者更好地体会客户的需求以及不断提升满足客户需求的能力，塑造专业精

③④段：主体部分，以修辞提出两个分论点的段首句。

具体论证方式主要是结合实际论述道理。

神，这对于我国创新发展非常重要。

④ <u>新就业形态正在不断改变工业经济主导的就业格局</u>。这对政府的就业政策也提出了挑战，需要提前研究探索，积极稳妥地调整应对，让新就业形态更好地生长。<u>首先</u>，政策决策部门需要考量，这些新就业形态是否还是非正规就业、非标准就业、非典型就业、非主流就业？我们或许不能以传统雇佣模式来审视新就业形态，更不能让新就业形态成为劳动者权益保护缺失的代名词。<u>其次</u>，我们需要创造更多更好更加多样化的新形态工作，并通过培训促进新工作技能的提升与迁移，帮助劳动者顺利转换就业形态。社会保障体系的创新也很重要，能不能在反复研究模拟之后，在特定形态、特定领域与特定地区的就业人群中开展试点，以获取实践数据与政策经验，建立适应新就业形态的新社会保障体系？这是未来重要且富有挑战性的一项工作。

⑤ 市场竞争永恒不变，技术发展日新月异，人民总在追求美好生活，经济新形态与就业新形态也不断推陈出新，社会认知需要不断适应。政府政策不仅需要积极包容，更需要寻求劳动者自我负责与社会保障的平衡，调整优化我们的就业政策，创造一个政府、企业与个人共赢的更安全、更自由、更有意义的工作世界，推动一个"人人尽责，人人享有"的可持续发展的经济社会的形成。

⑤段：结尾。
总结＋主题升华

【范文三】

开启新时代知识产权保护新篇章

① 保护知识产权是强化市场监管、维护公平竞争的重要内容，也是优化营商环境、促进创新发展的必然要求。2018年机构改革对知识产权执法体制作出调整，将包括知识产权在内的相关执法统一由市场监管综合执法队伍承担，实现一支队伍管市场。这一重要改革举措，有利于推进市场监管体系和治理能力现代化，进一步提升知识产权执法效能，加快健全统一开放、竞争有序的现代市场

①段：开头。
开门见山，点明主题＋政策文件＋主题升华

体系。

②我国行政执法在知识产权保护体系中占据重要地位，行政执法与司法两条途径协调运作，成为我国知识产权保护的一大特色。在实际工作中，要多措并举，加快建立优化、协同、高效的市场监管综合执法体系。

③**加强执法队伍建设。**当前，不断推进机构改革的同时，要全面做好市场监管职能整合，并根据新的职能合理调配执法力量，确保综合执法机构组建后能够高效运转。同时，要着眼于市场监管综合执法领域宽、知识产权等执法专业性强的特点，广泛开展业务培训，使执法人员熟练掌握履职所需的法律知识，提高办案技能，培养一支政治过硬、业务精湛、敢于担当、公正文明的市场监管综合执法队伍。

④**创新执法监管方式。**针对侵权假冒行为的新手法、新特点，从技术和制度两个层面创新执法监管方式。着力推进"互联网＋市场监管"，加强大数据、云计算、移动互联网等技术在执法监管中的研发运用，提高对侵权违法线索的发现、甄别、挖掘、预警能力。健全新型监管机制，加快建立完善"黑名单"制度和联合惩戒机制，努力营造"一处失信、处处受制"的信用环境，让侵权违法者寸步难行。

⑤**健全执法协作机制。**当前，侵权假冒跨区域、链条化的特征愈发明显，只有加强区域间、部门间协作配合、联合行动，才能解决区域执法带来的碎片化问题，铲除整个违法产业链。要探索建立跨区域联合办案以及检验鉴定结果互认等制度，对侵权假冒商品的产供销形成全链条打击。同时，加强知识产权执法与产品质量、消费者权益保护、反不正当竞争执法的衔接，综合运用多种措施大幅度提高违法成本。

⑥**完善执法责任制度。**全面梳理并规范执法事项，合理划分市场监管部门层级事权，建立权责清单，推行尽

②段：分析过渡

强调主题＋过渡，提出要求

③④⑤⑥段：主体部分。

对仗式直接提出四个分论点的段首句。

举例说明＋具体措施

职照单免责、失职照单问责。全面落实行政执法责任制，严格实行执法人员持证上岗和资格管理制度，加强层级监督、外部监督全面推行执法公示制度、执法全过程记录制度、重大执法决定法治审核制度，采取执法检查、考核评价、案卷评查等方式加强对基层执法工作的指导，激励执法人员新时代有新作为。

⑦ 知识产权执法是市场监管综合执法的重要组成部分，其执法成效与综合执法体系建设密切相关。通过全面规划和系统部署，深化市场监管综合行政执法改革，将加快建立优化、协同、高效的市场监管综合执法体系，着力提升知识产权保护效能。

⑦段：结尾。
主题＋总结升华

【范文四】

以实干精神提振民族自信

① 国务院总理李克强在全国人民代表大会上所作的政府工作报告，全文完完全全能够读出一个"实"字来，真实、踏实、落实、实实在在，充分展现了我们政府的实干精神。

①段：开头，引用文件，点明主题。

② 过去一年是全面贯彻党的十九大精神的开局之年，万事开头难，开局之年更需要攻坚克难的决心和勇气。在面临国内外复杂严峻的形势下，2018年仍然"完成全年经济社会发展主要目标任务，决胜全面建成小康社会又取得新的重大进展。"充分体现了实干精神。

②段：分析过渡，强调主题。

③ 真抓实干的精神凝聚人心。在全国经济运行保持在合理区间、经济结构不断优化、改革开放取得新突破、人民生活持续改善。一系列的成就、一连串的成果都离不开中国人民脚踏实地的劳动付出。中国人民团结一致、开拓进取，把握"幸福都是奋斗出来的"深刻内涵，牢记使命，奋力拼搏，持续迈向幸福生活。

③④⑤段：主体部分。
对仗式，直接提出三个分论点的段首句。
具体论证方式主要是举例说明或讲理论道理。

④ 干在实处促发展。过去六年，中国GDP总量持续增长，经济"抗压"前行，增速总体平稳，稳中有进；城镇新增就业保持稳定……这些无一不让人心潮澎湃，不仅

仅是因为展现了中国持续向好的发展势头，更因为在这些背后，凝结了全体中国人民的辛勤付出。

⑤拿切切实实的行动温暖民心。着力缓解民生痛点是政府工作的重点。"衙斋卧听萧萧竹，疑是民间疾苦声"。习近平总书记多次强调，群众利益无小事，对"小事"的处理更要体现我们的党性、原则和人格。"利民之事，丝发必兴"，政府工作报告中提到的民生福利备受群众关注，落实民生需求是体现政府效率，提升政府公信力的重要举措。

⑥"空谈误国，实干兴邦"，这是对中国过去、现在和未来的整体理解。"不驰于空想、不骛于虚声，一步一个脚印，踏踏实实干好工作。"这是习近平总书记对我们的谆谆教导。让我们坚定自信，实干担当，以实际行动为中华民族的伟大复兴贡献力量。

⑥段：结尾。
名言引用＋主题升华

第五节　实战解析

【经典真题1】

材料3引用了《论语》中的话："不学礼，无以立。"请以这句话为中心议题，联系社会现实，自拟题目，写一篇文章。

要求：（1）自选角度，见解深刻；

（2）参考给定资料，但不拘泥于给定资料；

（3）思路清晰，语言流畅；

（4）总字数1 000～1 200字。

【给定资料】

1. 一篇题为《独一无二的"中国范儿"》的文章在网上传播，其中下面两段文字尤其引起了网友的热评："一个民族有自己的'民族范儿'，一个国家有自己的'国家范儿'。我华夏泱泱大国，五千年的传承，形成了自己独一无二的'中国范儿'。""'和为贵'一直是我国传统文化的重要内容，从汉唐直至当代，彰显着大国气度，航海家达伽马，在到达非洲大陆时树

拓展视频

起了旗帜，标示葡萄牙王室的主权。然而他不知道，比他早一百多年，一位叫郑和的中国人早已到达了非洲。郑和并没有树立标示大明主权的旗帜，而是树立了一座丰碑，一座友好而和平的丰碑。拒绝侵略，传递友好，这就是我中华气度，我们的'中国范儿'。"

……

2. 中国自古是礼仪之邦，诚信知理、与人为善是中华民族引以为荣的优良传统。如今，中国正处于经济中高速持续发展的重要时期，物质财富的日渐丰富，给社会风气带来了一定影响。为此，我们迫切需要进一步加强社会主义精神文明建设，提升软实力。

习近平总书记在会见全国文明城市、文明村镇、文明单位和未成年人思想道德建设工作先进代表时指出，要大力加强社会公德、职业道德、家庭美德、个人品德建设，营造全社会崇德向善的浓厚氛围。

……

3. 学者F谈起自己在大学教授《中国文学史》和《古典文学作品选读》两门课的体会时说："为什么要学这些课？因为这些作品里，集纳了大量国学精华，学了确实可以净化人的心灵。我认为，眼下的大学教育，需要重新重视传统文化课程。"

在F看来，我们这个时代虽然崇尚科学，科技也越来越重要，但归根结底，科技由人来掌握。如果人的道德修养、文明素质不够，现代化早晚会毁于一旦。所以，在培养各行各业人才的同时，必须加强文化修养教育，它是一种潜移默化的东西，能让人受益终身。

"不学礼，无以立。"F说，这句话出自《论语》，意思是：一个人不学"礼"，不懂礼貌，不讲礼仪，就不懂得怎样做人、处世。或者说，一个人不懂得基本的规矩，就难以在家庭和社会中立身行事。而如果把"礼"与"立"做更宽泛的理解，那么是否"学礼"，是否懂得规矩，还事关公民意识的自觉、民族素质的提高、民族文化精神的弘扬乃至中华民族的复兴大业。或许正因如此，习近平总书记在十八届中纪委第五次全会上提出要"严明政治规矩"，"把守纪律讲规矩摆在更加重要的位置"。

一位资深媒体人L强调，如果不利用传媒，不能旗帜鲜明地打出美与丑、善与恶的旗帜，全民素质的提升就缺了一条重要途径。"我每天早晨上班开车时都听新闻广播。其中一个频道每天8点钟都会请一个权威人士来做公益报时，十几秒钟，几句话，传递出来的却是主流媒体倡导的一种价值观。久而久之，听众就会被正能量感染，这就是潜移默化。"

"早晨8点是黄金时段，拿出来做广告应该能挣很多钱。但如果媒体只想着经济效益，忘记了自己的责任，那是很悲哀的，这个社会就没救了。"在他看来，<u>新闻宣传主管部门必须对大众传媒进行引导与监督</u>，保证媒体都有一定的黄金时段用来进行公益宣传，提高国民素质。

L向记者提到了某电视台一则让自己感动的公益广告。"广告上一位患了阿尔茨海默病的父亲，什么都不记得了，但吃饭时还没忘儿子爱吃饺子，把饺子装进自己口袋，要给儿子带回去，广告语是'他忘记了许多事情，但从未忘记爱你'。这则广告触碰了我最柔软的神经，让我思念我的父亲。一个好的公益广告，能直击人的心灵，自然就起到了净化心灵的作用。这样的优秀公益广告太少了，<u>媒体人如果自己都没做到真善美</u>，他们在宣传真善美时都不投入感情，那还怎么教化别人呢？"

国家旅游开发研究中心张主任指出，新的旅游法规定，旅游者在旅游活动中应当遵守社会公共秩序和社会公德，尊重当地的风俗习惯、文化传统、社会公德和宗教信仰，爱护旅游资源，保护生态环境，遵守旅游文明行文规范。如果不遵守这些规定，就是违法。旅游法虽然只针对旅游业，但这步迈得很踏实。"在有章可循的前提下，还要做到<u>有章必依、违章必罚</u>。"

中国要进步，提升国人的素质刻不容缓。邓小平当年曾道出过这一点的重要性："我们国家，国力的强弱，经济发展后劲的大小，越来越取决于劳动者的素质，取决于知识分子的数量和质量。"如今，中国GDP全球第二，高速铁路迅猛延伸，载人航天器和载人潜水器把炎黄子孙送到了太空和深海……我们必须有与之相匹配的、不断提升的道德水准和个人素质，才能让中华民族的伟大复兴不仅体现在国家经济力量的强大，更是民族精神深远、长久的延续。

4. 中国当代相当一部分艺术家都在自己的创作中把"中国元素"和"中国符号"作为自己破茧而出的支撑点，这从艺术家黎明（化名）的行为、装置、水墨实验、油画、综合材料等借助不同的艺术材质和媒介、运用不同的表达方式的艺术创作中，可以直观反映出来。"中国精神"已经构成黎明创作心理环境的地理地貌和现实图景。在黎明早期的油画作品中，长城形象的运用既突出了中国元素、中国符号的意味，又在深层次中隐含着艺术家对纵深历史时空的深度挖掘以及与历史进行对话的强烈要求。他的装置作品《为长城延伸一万里》的展示，一路从北京大学、长城司马台，穿越昔日的罗马帝国，牢牢楔入欧洲文明发源地的希腊奥林匹斯山。其中蕴含的中国精神凸显了百年中国现代化进程中裹挟的极度不安的民族自尊与殖民语境中的主体性精神，这正是黎明表现大国意识的一个前提。

……

【思路分析】

第一步，阅读材料3后，围绕"不学礼，无以立"进行内容梳理和要点提炼 ⇒
- "学礼"是指要有礼貌礼仪、纪律规矩，要提高道德修养、文明素质
- "学礼"的重要性：
  个人做人、处世、立身行事
  关乎民族素质的提高、民族文化精神的弘扬
  关乎中华民族的复兴
  关乎国家的发展、进步
- 让人"学礼、有礼"的措施：
  新闻宣传主管部门必须对大众传媒进行引导与监督，让媒体做到真善美
  制定法规、规章，以法促"礼"

第二步，谋篇布局，确定作文结构与框架 ⇒
- 结合提取的要点，理解主题，开篇要破题要释义
- 文章结构选择三、四或五段式，文章开头写1~3段，可结合当前"国民素质/礼"的现状，分析原因，提出主题等方式，写1~3段
- 文章重点，可从个人、民族文化、民族振兴、国家发展等角度出发写"学礼"的重要性；或者结合材料，写如何"学礼"，政府如何引导监督、完善法规等

【范文】

以礼立身　以礼立国

　　我国素有"礼仪之邦"的美誉，讲究文明礼貌是我们民族的优良传统。礼仪就是规矩，就是教养，就是形象。在我国思想文化史上长期居于主导地位的儒家学派，极其重视礼教。孔子强调："不学礼，无以立。"孔子教给弟子的"六经"中，礼占有重要的位置。

　　《荀子》上说："人无礼则不生，事无礼则不成，国家无礼则不宁。"这句话从根本上点明了礼的重要。对个人来说，礼仪是一个人的思想道德水平、文化修养、交际能力的外在表现；对社会来说，礼仪是一个国家社会文明程度、道德风尚和生活习惯的反映。"学礼"要在全社会大兴文明礼仪之风，展示我国人民文明礼貌、追求和谐的精神风貌，树立中华文明古国，礼仪之邦的良好形象。

　　学礼，而后立"身"。人之为人，在于人类拥有文明，

在于人人皆有礼仪涵养。古人云："修身而后修家，家齐而后治国，国治而后天下平。"礼仪规范的学习是修身的重要内容，它不仅是人际关系的润滑剂，所谓"敬人者，人恒敬之"，能够增进人与人之间的交往，把人际关系中的矛盾化小、化无，还能起到内强素质、外塑形象的良好形象效果，甚而可以"治国平天下"。近年来，媒体对国人低素质事件的曝光，国外对中国游客不文明举动引发的争议便是反例。因此，衡量一个人修养的高低，不在于他拥有多少知识和财富，而在于他是否怀有对礼仪的崇尚之心，在生活中是否畅游涵养礼仪之举。

　　学礼，而后立"国"。崇尚礼仪，是国家的立国之基。礼乐崩，天下乱，一个不懂礼仪之国，就没有支撑国家信仰的基，国家分崩是迟早的。五千年的传承，以礼育人的中华民族，坚守以礼立身，以礼立国的原则，使中华民族延续至今，成就了大国风范，让国人热血沸腾，豪情万丈，特别是在当下，增强了对国家的理论自信，道路自信，制度自信。在国际上关于"中国威胁论"甚嚣尘上的不和谐声音中，中国致力于宣传"和平发展"模式，向世界展示我们"和为贵"的发展理念，同时妥善处置与周边国家的矛盾冲突，得到了世界上大多数国家的认可，在提升自身软实力的同时，也赢得了世界的普遍尊重。

　　"道虽弥，不至不行。"礼仪规范的要求，看似微不足道，但点滴见智慧。在崇尚礼仪中，灵魂被洗礼，个人修养一点点在提升；陋习被摒弃，社会文明一点点在进步；力量在蓄积，国家社会一点点在前行。这些个"一点点"，如星光般璀璨，闪耀在人类文明的史册上，昭示着礼仪的力量。

【经典真题2】

阅读给定资料以"推进公共政策科学化"为主题写一篇议论文（40分）。

要求：（1）参考给定资料，自选角度，自拟题目。

（2）观点明确，联系实际，分析具体，条理清楚，语言流畅。

(3) 字数800~1 000字。

【给定材料】

1. 公共政策科学化是现代化社会的一项普通政治原则和社会行为准则，也是中国社会公共管理发展的必然归宿。近年来，随着我国政治、经济体制改革的稳步推进，公共政策制定科学化的呼声与日俱增，公众有序参与公共政策制定已成为现代民主政治最主要的特征之一，并已成为我国人民当家作主的重要内容。党的十七大报告就明确提出，"保障人民的知情权、参与权、表达权、监督权"，"从各个层次、各个领域扩大公民有序政治参与"。如何从理论脉络、机制设计和实践经验的角度认识公共决策中的公民有序参与，既是扩大人民民主、提高公民政治参与积极性的前提，也是推进公共决策科学化的保障。

2. 2012年11月17日，《人民日报》发表文章指出，公民有序参与是改变中国的正能量。近十年来，公民主体意识和参与意识日益增强，政府施政更加注重保护和尊重公民的参与权，网络使公民参与渠道更加便捷多样。发源于公民个体的参与热情，在政府与公众之间搭起良性互动的桥梁。"免费午餐"从微博上的爱心共振，上升为国家层面的制度安排，为儿童端上热腾腾的午饭的同时，也铸就公众和政府良性互动的经典案例，催生出信任与合作的"正能量"。

……

3. ……

4. 今年的"十一"黄金周期间，有关政府部门针对高速公路采取了免费措施，……

5. 对于首次高速免费，"声音"不一。有人抱怨，不如不免。有人提议，能不能多些免费。有专家认为，就经济规律而言，当价格信号失去作用，必然导致对资源的滥用，高速公路长假期间免费通行却导致大拥堵，看上去就是一个很好的例子。有人认为，长假免费是公路向公益性回归迈出实质性的一步，是一种进步。也有人认为，一项公共政策的出台，应该更为广泛地吸取民意，让公众参与其中，这个过程既是为了政策更具科学性，本身也是公众对政策的一个强化了解过程，以便使公众能够依据掌握的信息做出科学安排。

6. "黄金周"作为一种特有的长假制度成为中国民众每年出行的高峰期，今年适逢中秋与国庆双节连休，加之中国首次实行重大节假日收费公路免费，以及174家景区门票降价，民众外出旅游意愿增强，给景区接待也带来空前的压力。国内热点景区持续爆满，很多地方甚至呈现井喷之势，纷纷迎来最热"黄金周"。据全国假日旅游部际协调会议办公室初步统计，9月30日至10月7日，全国纳入监测的119个直报景区点共接待游客 3 424.56 万人次，同比增长 20.96%；旅游收入 17.65 亿元，同比增长 24.96%。

......

7. 首次长达八天"黄金周"已落幕，"爆棚""井喷"成为整个节日期间的"热词"。眼下暴露的问题亟待引起高度重视。中国不少城市正快速步入"汽车社会"，私家车保有量快速增长；随着收入不断增长，旅游、度假等带动的出行量逐年增加。如何从民生、市场等多个角度实施、完善高速公路节假日免费政策，需要全面考虑、审慎决策。而在这个过程中，广泛听取民众、路桥公司、政府部门等多方意见，以形成相对全面、完善的公共政策体系，显得尤为关键。

8. 2012 年 10 月 10 日上午，各大门户网站纷纷在头条转载名为《全国假日办建议对"五一"假期进行调整并适度延长》的文章，该文由《光明日报》刊发，原题《休假制度：到了必须优化的时候》。......

9. 10 月 10 日的报道引发众多专家就"是否恢复'五一'黄金周"等问题展开激烈讨论……

10. ……

11. ……

12. 刚刚过去的长假，让带薪休假制度成为众多劳动者关注的焦点问题。一项调查显示，只有三成人每年享受带薪休假，有 21.8% 的受访者虽符合享受条件，但从没有过带薪休假。中国劳动学会薪酬专业委员会的一位专家向记者表示，《职工带薪年休假条例》明确规定，"职工在年休假期间享受与正常工作期间相同的工资收入"，以及"职工累计工作已满 1 年不满 10 年的，年休假 5 天；已满 10 年不满 20 年的，年休假 10 天；已满 20 年的，年休假 15 天。"事实上，这两项规定在一些单位难以落实。

......

13. 从根本上说，现阶段中国面临的更为迫切的现实问题，乃是如何科学释放亿万民众的"休长假"诉求。我们现在正处于一个"休长假"观念增长与转型的时期。面对喷涌的休长假诉求，带薪休假是一个理想的制度设计，可以避免有限的黄金周的制度瓶颈；增加法定长假日，或许也有助于缓解出游"井喷"现象。然而，要在整个社会形成带薪休假的理念与共识，还需要一段时间，而仅仅依靠增加长假的天数，恐怕也不能完全满足民众对长假品质的诉求。因此，如何制定科学的公共政策，如何适应民众需求进行科学合理的优化升级转型，共同打造有品质的"长假文化"，应是当下政府、社会、民众共同思考和解决的课题。

14. 党的十八大报告提出:"坚持科学决策、民主决策、依法决策,健全决策机制和程序,发挥思想库作用,建立健全决策问责纠错制度。凡是设计群众切身利益的决策都要充分听取群众的意见,凡是损害群众利益的做法都要坚决防止和纠正。"

【思路分析】

第一步,带着主题"公共政策科学化"阅读材料,尤其是核心材料、直接体现主题的材料,并进行内容梳理和要点提练

- 材料14引用十八大报告,提出了科学、民主、依法决策的原则,提出了健全决策机制和程序的对策,建立健全决策问责纠错制度。听取群众的意见,听取民意决策等。引用的十八大报告相当于将材料中的案例进行了总结。
- 材料1~5,围绕公民参与推进公共政策展开,并举了"免费午餐"、政府信息公开、《教育规则纲要》、高速公路节假日免费政策为例
- 材料6~13,围绕黄金周和带薪休假制度,说明要实现政策的完善,需要听取公众的意见也需要修订完善,还需要结合国情等

第二步,谋篇布局,确定作文结构与框架

- 结合提取的要点,理解主题,开篇要点明主题或总论点
- 文章结构选择三、四或五段式,文章开头写1~3段,可结合分析"公共政策"的现状,分析原因,提出主题等方式,写1~3段
- 文章重点,可从材料出发写如何"推进公共政策科学化",如科学、民主、依法决策的原则,健全决策机制和程序,建立健全决策问责纠错制度,公民参与等分论点

【范文】

提高公共政策科学化　建设服务型政府

　　"运筹帷幄之中,决胜千里之外"这句话说明了决策的重要性。在我国全面深化改革的现阶段,加速推进公共决策的科学化显得尤为关键,也是时代发展的要求。随着我国政治、经济体制改革的稳步推进,如何提高公共政策科学化水平,使制定的公共政策符合最广大人民利益,是摆在政府面前的一项艰巨任务。

　　尽管我国政策科学已有了长足的进步,但存在的问题也相当突出,有不少薄弱环节亟待加强。在实际生活中,一些公共政策的制定因程序不完善、缺乏征求公民意愿,其实施结果并不理想,甚至损坏了群众利益。如假期高速

公路免费通行政策，本是一项利民政策，却最终引起高速公路拥堵。由此可见，政府应努力采取有效途径，全面提高公共政策的科学化水平，使政策更符合群众意愿。

健全的公共政策制定程序是提高公共政策科学化水平的关键。科学的政策制定程序的建立和完善，首先，应该经过长期的调研及理论探讨，经过专家的详细论证，杜绝完全的经验决策、主观拍板决策。其次，方案的设计要做到"大胆假设，小心求证"，后果的预测要做到对客观条件预测和预期效果预测的统一。最后，通过集体决策，经由权威部门的批准公布，使其合法化。

保证公众有序参与是提高政策科学化水平的重要保证。公共政策的科学化与民主化是相辅相成的。公共政策科学化的前提是民主化，民主化是科学化的基本前提，科学化是民主化的必然要求。还应注意，公共政策科学化和民主化在现实中有时会出现冲突。如专家的专业判断与群众实际认知的冲突等，因此，在强调公共政策科学化的同时，有必要兼顾决策的质量要求和群众的参与要求，提高群众参与环境下的公共政策科学化水平。

法制化、制度化是提高政策科学化水平的有效途径。邓小平同志曾经说过，制度好可以使坏人无法任意横行，制度不好可以使好人无法充分做好事，甚至走向反面。制度化的政策过程是科学决策成效的最大保证，是实现政策科学化的前提。只有政策的前期研究、科学的政策评估指标等各个环节，都有严格的制度规范，才能提高科学化水平。

治大国如烹小鲜。推进公共政策科学化，也不可操之过急。在公共政策制定过程中，要不断完善制定程序，统筹好各方利益，充分征求人民的意愿。只有确保公共决策符合人民意愿、贴近实际情况，才能赢得人民群众的理解、支持与配合，使公共决策在科学化的道路上不断前进！

第三部分

申论热点透视

申论考试是具有模拟公务员日常工作性质的能力测试。而公务员的根本职责从宏观整体的角度讲就是社会管理者，因此，申论考试所涉及的背景材料不可避免会涉及社会生活的方方面面。申论考试时通过考生对各方面社会热点问题进行的分析和论述，考查他们处理公务员日常社会管理工作的潜能。

时政热点对于申论而言，有重要的地位。

(1) 时政热点是申论出题的背景。 申论试卷的主题选择是对近年国家政策和社会热点的选择，进而进行命题。如果考生在日常的学习中，时政热点看得多、看得透、积累得多，就可以让自己更好、更深入地理解申论材料和主题，考试时事半功倍。

(2) 时政热点是培养申论思维、积累对策的重要方法。 刚接触申论的同学通常对于申论作答的用词、表达、规范化等无从下手，那么从国家政策文件中学习如何进行申论表达尤其是作文表达，是非常好的选择。同时，我们在对策题或作文中的对策选择根本上来自政府的要求与报告，因而时政热点积累对答题有直接帮助。

那么，从操作层面，我们应如何去复习和准备时政热点？作为上海地区的考生，我们去看申论考试与时政热点之间的关系，就会发现申论考试所涉及的时政热点从大的范畴上讲就是中央所述的五位一体的总布局，具体分为政治建设、经济建设、社会建设、文化建设、生态文明建设。下面我们就从这五个方面对当前申论考试所涉及的重大社会热点问题从源头和本质上进行简要阐述。

掌握最新易考时事热点，学习公职类考试申论相关重大政策，请扫二维码。

时政热点
视频解析

第一章 政治建设

第一节 不忘初心，牢记使命

习近平总书记在"不忘初心、牢记使命"主题教育大会上的讲话

"不忘初心、牢记使命"主题教育工作会议于 2019 年 5 月 31 日在北京召开。中共中央总书记、国家主席、中央军委主席习近平出席会议并发表重要讲话，内容摘要如下：

党的十九大决定，以县处级以上领导干部为重点，在全党开展"不忘初心、牢记使命"主题教育。今年是中华人民共和国成立 70 周年，也是我们党在全国执政第 70 个年头，在这个时刻开展这次主题教育，正当其时。党中央已经印发了关于在全党开展"不忘初心、牢记使命"主题教育的意见。今天会议就是对全党开展这次主题教育进行动员部署。

一、充分认识开展主题教育的重大意义

为中国人民谋幸福，为中华民族谋复兴，是中国共产党人的初心和使命，是激励一代代中国共产党人前赴后继、英勇奋斗的根本动力。开展这次主题教育，是党中央统揽伟大斗争、伟大工程、伟大事业、伟大梦想作出的重大部署，对统筹推进"五位一体"总体布局、协调推进"四个全面"战略布局，决胜全面建成小康社会、夺取新时代中国特色社会主义伟大胜利、实现中华民族伟大复兴的中国梦，具有重大而深远的意义。

第一，开展这次主题教育，是用新时代中国特色社会主义思想武装全党的迫切需要。马克思主义是我们立党立国的根本指导思想。中国共产党从诞生之日起，就把马克思主义鲜明地写在自己的旗帜上。我们党一路走来，无论是处于顺境还是逆境，从未动摇对马克思主义的坚定信仰。改革开放以来，我们党先后开展了整党、"三讲"教育、先进性教育活动、学习实践科学发展观活动、群众路线教育实践活动等，

推进"两学一做"学习教育常态化制度化，通过集中性教育和经常性教育相结合，不断强化党的理论学习、教育、武装工作。在新时代，我们党顺应时代发展新要求，创立了新时代中国特色社会主义思想。理论创新每前进一步，理论武装就要跟进一步。

目前，一些党员干部在理论学习上同党中央要求相比还存在不小差距，没有做到往深里走、往心里走、往实里走。开展这次主题教育，就是要坚持思想建党、理论强党，坚持学思用贯通、知信行统一，推动广大党员干部全面系统学、深入思考学、联系实际学，不断增强"四个意识"、坚定"四个自信"、做到"两个维护"，筑牢信仰之基、补足精神之钙、把稳思想之舵。

第二，开展这次主题教育，是推进新时代党的建设的迫切需要。党的十八大以来，我们坚持党要管党、全面从严治党，坚持问题导向，以整治"四风"为突破口，着力解决党内存在的突出问题，以雷霆万钧之力反对腐败，刹住了一些过去被认为不容易刹住的歪风邪气，克服了一些司空见惯的顽瘴痼疾，党风政风明显好转。

全面从严治党永远在路上。我们党面临的"四大考验"是长期的、复杂的，面临的"四种危险"是尖锐的、严峻的，党内存在的思想不纯、政治不纯、组织不纯、作风不纯等突出问题尚未得到根本解决。还要看到，"四风"问题树倒根存，形式主义、官僚主义问题依然突出。开展这次主题教育，就是要认真贯彻新时代党的建设总要求，奔着问题去，以刮骨疗伤的勇气、坚忍不拔的韧劲坚决予以整治，同一切影响党的先进性、弱化党的纯洁性的问题作坚决斗争，努力把我们党建设得更加坚强有力。

第三，开展这次主题教育，是保持党同人民群众血肉联系的迫切需要。人民是我们党执政的最大底气，是我们共和国的坚实根基，是我们强党兴国的根本所在。我们党来自人民，为人民而生，因人民而兴，必须始终与人民心心相印、与人民同甘共苦、与人民团结奋斗。每个共产党员都要弄明白，党除了人民利益之外没有自己的特殊利益，党的一切工作都是为了实现好、维护好、发展好最广大人民根本利益；人民是历史的创造者、人民是真正的英雄，必须相信人民、依靠人民；我们永远是劳动人民的普通一员，必须保持同人民群众的血肉联系。

第四，开展这次主题教育，是实现党的十九大确定的目标任务的迫切需要。党的十九大提出的"两个一百年"奋斗目标，是人民对美好生活向往的集中体现，是当代中国共产党人最重要最现实的使命担当。明年，我们将努力实现第一个百年奋斗目标，全面建成小康社会。那将是中国历史乃至人类发展史上一个令人激动的重大时刻。越是接近目标，越需要全党同志增强信心、勠力同心，保持忧患意识、增强斗争精神，沉着应对各种风险挑战。现在，外部环境复杂，风险挑战严峻，不稳定不确定因素明显增多。实现党的十九大确定的宏伟目标，完成艰巨繁重的改革发展稳定任务，需要全党付出更为艰巨、更为艰苦的努力。

还要特别强调的是，今年是新中国成立70周年。在这个重要时间节点开展"不忘初心、牢记使命"主题教育，其特别意义在于，无论我们走得多远，都不能忘记来时的路。前几天，我去了江西于都，参观中央红军长征出发地，目的是缅怀当年党中央和中央红军在苏区浴血奋战的峥嵘岁月，牢记红色政权是从哪里来的、新中国是怎么建立起来的，不忘历史、不忘初心。现在，我们正在进行实现中华民族伟大复兴的新长征，广大党员干部必须牢记党的理想信念和根本宗旨，必须弘扬伟大的长征精神，必须发扬革命战争年代那种敢于战斗、不怕困难的奋斗精神，勇于战胜各种艰难险阻、风险挑战，奋力夺取新时代中国特色社会主义新胜利。

二、准确把握主题教育的目标要求

党中央对这次主题教育的总要求、目标任务、方法步骤作出了明确规定，要准确把握党中央精神，结合本地区、本部门、本单位实际，对准目标，积极推进，确保取得预期效果。

第一，认真贯彻总要求。"守初心、担使命，找差距、抓落实"的总要求，是根据新时代党的建设任务、针对党内存在的突出问题、结合这次主题教育的特点提出来的。守初心，就是要牢记全心全意为人民服务的根本宗旨，以坚定的理想信念坚守初心，牢记人民对美好生活的向往就是我们的奋斗目标；以真挚的人民情怀滋养初心，时刻不忘我们党来自人民、根植人民，人民群众的支持和拥护是我们胜利前进的不竭力量源泉；以牢固的公仆意识践行初心，永远铭记人民是共产党人的衣食父母，共产党人是人民的勤务员，永远不能脱离群众、轻视群众、漠视群众疾苦。

担使命，就是要牢记我们党肩负的实现中华民族伟大复兴的历史使命，勇于担当负责，积极主动作为，用科学的理念、长远的眼光、务实的作风谋划事业；保持斗争精神，敢于直面风险挑战，知重负重、攻坚克难，以坚忍不拔的意志和无私无畏的勇气战胜前进道路上的一切艰难险阻；在实践历练中增长经验智慧，在经风雨、见世面中壮筋骨、长才干。

找差距，就是要对照新时代中国特色社会主义思想和党中央决策部署，对照党章党规，对照人民群众新期待，对照先进典型、身边榜样，坚持高标准、严要求，找一找在增强"四个意识"、坚定"四个自信"、做到"两个维护"方面存在哪些差距，找一找在知敬畏、存戒惧、守底线方面存在哪些差距，找一找在群众观点、群众立场、群众感情、服务群众方面存在哪些差距，找一找在思想觉悟、能力素质、道德修养、作风形象方面存在哪些差距，有的放矢进行整改。

抓落实，就是要把新时代中国特色社会主义思想转化为推进改革发展稳定和党的建设各项工作的实际行动，把初心使命变成党员干部锐意进取、开拓创新的精气神和埋头苦干、真抓实干的自觉行动，力戒形式主义、官僚主义，推动党的路线方针政策落地生根，推动解决人民群众反映强烈的突出问题，不断增强人民群众获得感、幸福感、安全感。

"守初心、担使命，找差距、抓落实"是一个相互联系的整体，要全面把握，贯穿主题教育全过程。

第二，牢牢把握目标任务。开展这次主题教育，根本任务是深入学习贯彻新时代中国特色社会主义思想，锤炼忠诚干净担当的政治品格，团结带领全国各族人民为实现伟大梦想共同奋斗。具体目标是理论学习有收获、思想政治受洗礼、干事创业敢担当、为民服务解难题、清正廉洁作表率。这一目标任务，体现了党对新时代党员干部思想、政治、作风、能力、廉政方面的基本要求。

理论学习有收获，重点是教育引导广大党员干部在原有学习的基础上取得新进步，加深对新时代中国特色社会主义思想和党中央大政方针的理解，学深悟透、融会贯通，增强贯彻落实的自觉性和坚定性，提高运用党的创新理论指导实践、推动工作的能力。

思想政治受洗礼，重点是教育引导广大党员干部坚定对马克思主义的信仰、对中国特色社会主义的信念，传承红色基因，增强"四个意识"、坚定"四个自信"、做到"两个维护"，自觉在思想上、政治上、行动上同党中央保持高度一致，始终忠诚于党、忠诚于人民、忠诚于马克思主义。

干事创业敢担当，重点是教育引导广大党员干部以强烈的政治责任感和历史使命感，保持只争朝夕、奋发有为的奋斗姿态和越是艰险越向前的斗争精神，以钉钉子精神抓工作落实，坚决摒弃一切明哲保身、得过且过、敷衍塞责、懒政怠政等消极行为，努力创造经得起实践、人民、历史检验的实绩。

为民服务解难题，重点是教育引导广大党员干部坚守人民立场，树立以人民为中心的发展理念，增进同人民群众的感情，自觉同人民想在一起、干在一起，着力解决群众的操心事、烦心事，以为民谋利、为民尽责的实际成效取信于民。

清正廉洁作表率，重点是教育引导广大党员干部保持为民务实清廉的政治本色，正确处理公私、义利、是非、情法、亲清、俭奢、苦乐、得失的关系，自觉同特权思想和特权现象作斗争，坚决预防和反对腐败，清清白白为官、干干净净做事、老老实实做人。

第三，落实重点措施。这次主题教育不划阶段、不分环节，不是降低标准，而是提出更高要求。各地区、各部门、各单位要结合实际，创造性开展工作，把学习教育、调查研究、检视问题、整改落实贯穿主题教育全过程，努力取得最好成效。

"一语不能践，万卷徒空虚。"要教育引导广大党员干部了解民情、掌握实情，搞清楚问题是什么、症结在哪里，拿出破解难题的实招、硬招。调查研究要注重实效，使调研的过程成为加深对党的创新理论领悟的过程，成为保持同人民群众血肉联系的过程，成为推动事业发展的过程。要防止为调研而调研，防止搞"出发一车子、开会一屋子、发言念稿子"式的调研，防止扎堆调研、"作秀式"调研。

资料来源：《求是》杂志。

第二节 奋力担当新时代新使命

进一步加强干部队伍建设，奋力担当新时代新使命

中国共产党上海市第十一届委员会第七次全体会议2019年6月27日在世博中心举行。全会以习近平新时代中国特色社会主义思想为指导，深入学习贯彻习近平总书记考察上海重要讲话精神，审议通过《中共上海市委关于进一步加强干部队伍建设奋力担当新时代新使命的若干意见》，就打造一支充满激情、富于创造、勇于担当的干部队伍作全面部署。

干事创业要充满激情、面对困难要富于创造、迎接挑战要勇于担当。

全会指出，党的十八大以来，习近平总书记就干部队伍建设提出了一系列新要求，明确了"信念坚定、为民服务、勤政务实、敢于担当、清正廉洁"的好干部标准，作出了建设高素质专业化干部队伍的部署，对上海干部提出"干事创业要充满激情、面对困难要富于创造、迎接挑战要勇于担当"的明确要求，为上海干部队伍建设提供了根本遵循和行动指南。上海要切实担负起中央赋予的新使命，创造新时代上海发展新传奇，必须要有一支本领过硬、素质过硬、能打硬仗的干部队伍。要坚持以习近平新时代中国特色社会主义思想为指导，更加自觉地将守初心、担使命体现在工作中，切实回答好如何始终保持创业初期的那股激情、如何继续走在全国改革开放最前列、如何更好代表国家参与国际合作与竞争、如何让工作生活在这座城市的人们更幸福这些时代命题。

保持热火朝天、只争朝夕的创业氛围，点燃灯火通明、挑灯夜战的创业之光，追寻披荆斩棘、筚路蓝缕的创业足迹。

全会指出，要激发干事创业的原动力。奋力担当新时代新使命，必须始终保持那一股子气和劲，始终保持锐意创新的勇气、敢为人先的锐气、蓬勃向上的朝气，这是新时代上海发展须臾不可或缺的精神力量。我们的事业是为人民服务、为城市发展奋斗、为实现中国梦拼搏的事业，我们的党员干部要做负重前行的人、披星戴月的人、鞠躬尽瘁的人，我们共产党人要有博大深沉的情怀，使命在肩、奋斗有我的精神。今天的上海依然要保持热火朝天、只争朝夕的创业氛围，点燃灯火通明、挑灯夜战的创业之光，追寻披荆斩棘、筚路蓝缕的创业足迹。要教育引导干部树立山一样的崇高信仰、增强海一样的为民情怀、锤炼铁一样的责任担当、激发火一样的奋斗激情，在干事创业中创造上海美好未来。全市各级党组织要善于调动干部的积极性、主动性、创造性，用组织的关心关爱，滋养涵养激情勇气，为干部干事创业保驾护航。

让干部到一线、火线上加强学习、积累经验，真正经风雨、见世面、长才干。

全会指出，要练就攻坚克难的硬本领。落实国家战略，走在全国前列，手里必须要有几把"刷子"，掌握几门"硬功"，克服本领恐慌，争当行家里手。要刻苦学习，养成终身学习的习惯。既要向书本学习，也要通过调查研究向基层群众学习，向专家学者学习，向国内外的先进经验学习。要加强实践锻炼，在游泳中学会游泳。任务越重、越急、越难的地方，越能锻炼锻造干部，要让干部到一线、火线上加强学习、积累经验，实打实、硬碰硬培养，真正经风雨、见世面、长才干。要拿出针对性的措施，提升干部专业化能力。要加强作风建设，力戒好人主义，坚持全面从严，一严到底，把纪律和规矩挺在前面，不遮掩、不纵容、不护短。要切实保护好敢于动真碰硬的干部。

坚持鲜明的实绩导向，让干得出色、干出成绩的干部有舞台、有前途、有奔头。

全会指出，要提高选人用人的科学性。深入落实新时期好干部标准，把政治标准放在第一位，立起选人用人政治标尺。要坚持鲜明的实绩导向，看干部干了什么事、干了多少事、干的事组织和群众认不认可。谁有本事谁来，谁有潜力谁干，谁先成才谁先上，让干得出色、干出成绩的干部有舞台、有前途、有奔头。要完善考核机制，改进干部考察，重点考核干部在抓发展中的表现，注重全面考核，强化分类考核，把干部业绩考准考实。要加大年轻干部选拔培养使用力度，打破条条框框、隐性台阶，不拘一格选人才，压担子、经磨砺，推动形成数量充足、质量优良的优秀年轻干部梯队。

"痕迹主义"必须叫停，"责任甩锅"必须防止，"问责走样"必须纠正，督查检查必须精简。

全会强调，要形成真抓实干的高效能。着力整治形式主义、官僚主义，为基层减负增能，把干部从一些无谓的事务中解脱出来，集中精力抓主业、干大事、创大业。**"痕迹主义"必须叫停。**下决心清理台账，认真规范痕迹管理，更多从效果导向、从实际成果、从群众反映抓督查检查，既无繁文缛节又深入细致。**"责任甩锅"必须防止。**工作责任该是谁的就是谁的，不能上推下卸、左推右挡。领导干部要干在实处、走在前列，以上级有担当推动下级有作为。**"问责走样"必须纠正。**划出明确的红线和底线，把问责深化细化制度化，合法合规、合情合理，切实防止"鞭打快牛""多干多错"。**督查检查必须精简。**加强统筹安排，大幅精简督查检查事项，让基层腾出时间精力，用心抓好经济社会发展的大事、要事、实事。

在新片区、示范区探索更加开放灵活、互联互通的选人用人平台和机制。

全会强调，要展开干部工作的新探索。随着长三角一体化发展规划纲要的出台，上海自贸试验区新片区、长三角生态绿色一体化发展示范区将进入加快实施阶段。**要探索更加开放灵活、互联互通的选人用人平台和机制，激发干部活力和创造力，提高工作效率，促进区域快速发展。**身份要打破固化，铁饭碗能打破的就打破。用人要拓宽视野，真正广聚天下英才而用之。人员要充分流动，优者上、庸者下、劣者汰。激励要拉开差距，让能干者、实干者更有动力，让平庸者、观望者没有市场。要及时复制推广新片区、示范区探索出来的好经验、好做法，在全市形成"比学赶超"的良好氛围。

坚定信心，迎难而上，以更加昂扬的斗志做好当前各项工作。

全会指出，当前，我们肩负的任务艰巨繁重，**需要各级党员干部有不一般的精神、不一般的干劲、不一般的担当**。要坚定信心，迎难而上，以更加昂扬的斗志做好当前各项工作。一是全力实施好**三项新的重大任务**，高质量、高水平抓好落实，将中央战略要求切实体现到我市发展规划中，落实到具体工作中。**二是切实做好第二届中国国际进口博览会服务保障工作**，持续抓好重大任务推进，全面提升服务保障水平，不断放大溢出带动效应。**三是促进经济平稳健康发展，**把稳增长摆在更加重要的位置，集中精力抓经济、心无旁骛谋发展，全力抓好政策落地、投资带动、转型升级，加快推进"五个中心"建设，不断培育新的增长点。要多到企业走访，帮助解决实际问题，扎实做好招商稳商安商工作。**四是扎实做好保障和改善民生工作，**养老服务要提升质量，旧区改造要找准路子，乡村振兴要强化内生动力，垃圾分类要让规范成习惯，把工作做深做细做透。**五是切实防范化解重大风险，确保城市运行安全。**要深入开展扫黑除恶专项斗争，扎实做好防汛防台等工作，确保人民群众生命财产安全，确保社会大局稳定。

把推进主题教育与落实国家重大战略任务紧密结合，与完成改革发展稳定各项工作紧密结合。

全会强调,要持续抓好"不忘初心、牢记使命"主题教育。进一步聚焦总要求、目标任务和重点措施,坚持领导带头,强化问题整改,提高主题教育质量,确保取得预期效果。要在理论学习上下功夫,坚持读原著、学原文、悟原理,坚持全面系统学、深入思考学、联系实际学,坚持用习近平新时代中国特色社会主义思想武装头脑、指导实践、推动工作。要在担当作为上下功夫,把推进主题教育与落实国家重大战略任务紧密结合,与完成改革发展稳定各项工作紧密结合,真正把初心和使命转化为党员干部锐意进取、开拓创新的精气神和埋头苦干、真抓实干的自觉行动。要在为民服务上下功夫,着力解决群众的操心事、烦心事,让群众有扎扎实实的获得感、幸福感、安全感。

资料来源:东方网。

第三节　优化营商环境

上海市进一步优化营商环境实施计划(摘要)

(2019年3月13日)

为深入贯彻党中央、国务院关于进一步优化营商环境的重要部署,进一步优化政务服务,打造国际一流营商环境,按照市委、市政府印发的《着力优化营商环境加快构建开放型经济新体制行动方案》明确的各项任务,制定本实施计划。

一、工作目标

深入贯彻习近平总书记关于"上海要瞄准最高标准、最高水平,打造国际一流营商环境"的重要指示,按照党中央、国务院关于进一步优化营商环境的重要部署,持续深入推进"放管服"改革,把打造法治化、国际化、便利化营商环境作为促进高质量发展、提升城市软实力和核心竞争力的重要举措,在扎实有效推进我市营商环境建设的基础上,聚焦制度建设、能力建设、窗口建设、机制建设,持续提升营商环境改革质量,不断提高企业对营商环境的满意度,进一步提升上海在世界银行营商环境评价中的表现,在国家营商环境评价中继续保持前列。

二、主要任务

以对标一流营商环境深化改革为抓手,以优化深化"互联网+政务服务"为重点,以目标导向与问题导向相结合的制度建设为核心,以更有效的工作机制为保障,着力解决企业遇到的实际问题,更好满足企业提出的实际需求,推进营商环境改革取得实实在在的新成效。

(一)持续深化对标改革

借鉴国际先进理念和最佳实践,瞄准最高标准、最高水平,采取更加积极有效的改革举措,在巩固深化世界银行营商环境评价对标改革成效基础上,进一步全面提升我市营商环境评价表现。扎实推动各项改革举措落细落实,切实提高企业对营商环境改革的获得感。在开办企业、办理施工许可、获得电力、财产登记、跨境贸易、纳税、积极争取营商环境改革先行先试七个方面进行对标改革。

(二)深入推进制度创新

进一步提升营商环境改革工作精准性、落地率和覆盖面,以"一网通办"和自贸试验区制度创新为突破口,以"证照分离"改革和简政放权为实现路径,聚焦企业办事全流程便利,破解优化营商环境中的体制机制难题,在政府服务能力建设上取得新突破。在提升"一网通办"政务服务效能、将"证照分离"改革推向深入、进一步加大简政放权力度、继续推进高水平扩大开放、积极探索包容审慎监管、树立自贸试验区营商环境新标杆六个方面进行制度创新。

(三)着力加强精准服务

按照"有求必应,无事不扰"的要求,主动服务、靠前服务、积极作为,全面加强政府服务能力建设,切实当好服务企业的"店小二",把优化提升服务体验贯穿于改革始终。在打响上海"窗口服务"品牌,推动涉企优惠政策一窗通办,加大对中小企业的支持力度(完善"12345"市民服务热线、企业服务云"两位一体"的企业诉求收集和分派、研究、处理机制,确保企业诉求得到限时回应),着力加强知识产权保护,降低企业运营成本,建立更加完善的市场主体退出机制六个方面加强精准服务。

(四)健全完善工作机制

1. 实施国家营商环境评价指标专项改革。采取市领导牵头和部门协同的有效机制,以获得用气用水、政务服务、知识产权创造保护、信用监管、包容普惠创新等参评指标为重点,按照国家明确的具体评价指标和评价方法,聚焦办事减环节、减时间、减材料、减跑动、减成本,借鉴世界银行营商环境评价对标改革方法,总结深化对标改革经验,进一步出台针对性举措,推动政府管理流程再造。对劳动力市场监管、政府采购和招标投标等观察指标,针对企业诉求探索新的改革举措,创造上海经验。

2. 进一步完善营商环境工作推进机制。建立市营商环境建设部门联席会议,由市发展改革委和市经济信息化委牵头,相关单位参加,把营商环境改革与服务企业工作更加紧密地结合起来。深度契合长江三角洲区域一体化发展国家战略,加强区域内营商环境改革的相互学习借鉴,强化区域市场监管联动,不断拓展营商环境建设的广度和深度。

3. **优化提升营商环境合作共建机制**。设立"上海营商环境优化提升咨询会",聘请行业协会、商会、招商服务部门、专业服务机构以及人大代表和政协委员等作为咨询顾问,按照行业或领域设立若干工作小组,提出政策完善、标准修订、流程再造等优化营商环境的工作方案和工作建议加强面向国内外知名律师事务所、会计师事务所、管理咨询公司、广告公司、金融服务公司的营商环境宣传推介,着力引进更多知名专业服务企业、国际企业总部和机构。

4. **构建上海市优化营商环境法治保障共同体**。推动人大机关、相关政府部门、司法机关和知名法学院校、研究机构、学会协会以及仲裁机构、律师事务所等构建优化营商环境法治保障共同体,就优化营商环境涉及的立法修法修规等重大问题开展深化研究、政策研究、宣传培训、评估优化等工作。

5. **加强营商环境政策宣传和形象推广**。开展优化营商环境案例评选及典型案例宣传,发布上海营商环境白皮书。加强与具有国际影响的城市排名指标编制机构的沟通交流,主动学习借鉴国际先进的营商环境建设经验,介绍我市营商环境的特色和优势。结合我市营商环境改革重要节点,由各部门、各区开展系列宣传活动,提高宣传效果。

6. **组织开展全市营商环境考核评估**。结合世界银行营商环境评价对标改革和国家营商环境评价,兼顾指标水平评价和工作绩效评价、政策落实和工作创新,研究形成上海营商环境评估指标体系。委托社会第三方机构,对全市各区和重点园区组织开展营商环境评估,并纳入全市绩效考核体系。

资料来源:上海市人民政府网站。

注:2019年春节后上班第一天,上海特别安排了一场全市性大会。在这场高规格的"上海市进一步优化营商环境工作会议"上,李强书记讲话,应勇市长主持。李强说,这是落实习近平总书记交给上海的三项新的重大任务的先手棋,是提升城市能级和核心竞争力的内在需要,更是应对经济下行压力的关键一招。"现在有的企业家和专家说要准备'过冬',上海要率先点燃'冬天里的一把火',优化营商环境就是点燃这把'火'不可或缺的重要'燃料'。"对上海这样的城市来说,要赢得城市发展的主动,不可能简单依靠优惠政策的比拼,更不可能靠低要素成本来竞争,唯有优化营商环境才是最持久、最强劲的制胜之道。今年推出优化营商环境2.0版,关键是要坚持系统施策,多维度、立体化、全方位地推动营商环境持续优化,实现营商环境质量的全面提升、全面进步。"这需要方方面面的合力。各级党政公务人员要当好"店小二",关键就是"眼睛亮、反应快、手脚勤"。各部门、各环节,都要把自己变成一个高效运作的枢纽节点,强化协同配合,不能有一个环节掉链子。

第四节 扫黑除恶

扫出一片朗朗乾坤

这是一场保障国家长治久安、进一步巩固党的执政基础的伟大斗争;这是一项确保人民安居乐业、维护社会安定有序的关键之举。

2018年1月,以习近平同志为核心的党中央,站在统筹推进"五位一体"总体布局、协调推进"四个全面"战略布局的高度,立足中国特色社会主义进入新时代、"两个一百年"奋斗目标进入历史交汇期的宏大视野,部署开展为期3年的扫黑除恶专项斗争。

一年来,扫黑除恶专项斗争将打击黑恶势力犯罪和反腐败、基层"拍蝇"相结合,将扫黑除恶和加强基层组织建设相结合,既有力打击威慑黑恶势力犯罪,形成压倒性态势,又有效铲除黑恶势力滋生土壤,形成长效机制,不断增强人民获得感、幸福感和安全感,为决胜全面建成小康社会、夺取新时代中国特色社会主义伟大胜利,营造安全稳定的社会环境。

高位推动、全面部署,形成扫除黑恶势力的强大合力。

2018年1月,中共中央、国务院联合发出《关于开展扫黑除恶专项斗争的通知》,拉开了扫黑除恶专项斗争的序幕,擘画了扫黑除恶专项斗争的"路线图"。从《通知》中可以发现,已经开展10多年的"打黑除恶"专项斗争,变成了"扫黑除恶"专项斗争,从"打"到"扫"一字之变,其深度、广度和力度前所未有。随后,按照《通知》的明确要求,中央成立全国扫黑除恶专项斗争领导小组,整合政法、组织、纪检监察等24个部门参与其中,对各部门都明确了具体的扫黑除恶职责。同时,各地各有关部门也建立相应的领导和办事机构,形成上下联动、齐抓共管、综合治理的工作格局。

在党中央、国务院高度重视、全面部署下,各地各部门在各级党委和政府统一领导下,有效统筹各方资源力量,综合运用法律、经济、行政等多种治理手段,坚持系统治理、源头治理、综合治理,形成涤荡黑恶势力的强大合力。

高压严打、依法严惩,形成打击黑恶势力的压倒性态势。

人民群众的获得感、幸福感和安全感,是对扫黑除恶专项斗争成效的最好注解。这得益于扫黑除恶专项斗争的高压严打、依法严惩,形成打击黑恶势力的压倒性态势:截至2018年11月,全国共打掉涉黑组织1 082个。2018年1月,最高法、最高检、公安部、司法部联合出台《关于办理黑恶势力犯罪案件若干问题的指导意见》，明确将把持基层政权、横行乡里、欺行霸市等11类黑恶势力违法犯罪作为打击重点。针对涉黑涉恶违法犯罪新动向，以及涉黑涉恶案件证据标准、恶势力违法犯罪认定、涉案财产处置等存在争议的问题，政法部门出台对"保护伞"、恶势力和"软暴力"违法犯罪的认定，依法打击"套路贷"、黑恶势力非法放贷、网络涉黑涉恶犯罪等7个方面的司法解释和指导意见，为办理涉黑涉恶案件提供更加明确细化的法律依据。

在全面推进依法治国的背景下，扫黑除恶专项斗争始终坚持在法治轨道、法治框架内有序进行，始终坚持严格依法办案，确保办案质量和办案效率的统一，确保政治效果、法律效果和社会效果的统一。

深挖彻查、反腐"拍蝇"，坚决惩治涉黑涉恶腐败及其"保护伞"。

实践证明，黑恶势力之所以能够横行乡里、鱼肉百姓多年，与"保护伞"的纵容包庇密不可分。而"保护伞"之所以存在，根子在于有的地方党委政府和职能部门惩治不力、疏于监管、失职渎职，党组织软弱涣散、履责不力，没有切实扛起全面从严治党和扫黑除恶主体责任。

2018年2月，中央纪委印发《关于在扫黑除恶专项斗争中强化监督执纪问责的意见》，把专项斗争纳入巡视巡察工作的重点内容，各地纪检监察机关相继制定了相关方案、意见，推广"一案三查"、领导联点包案等制度，加强执纪问责，推动地方党委落实深挖彻查"保护伞"主体责任。截至11月底，全国纪检监察机关共立案查处涉黑涉恶腐败和"保护伞"问题11 829起，给予党纪政务处分8 288人、移送司法机关1 649人。通过深挖彻查"保护伞"，进一步清除了党员干部队伍中的害群之马，净化了党风政风，崇法尚德、扶正祛邪的正气更加充盈。

筑牢堤坝、夯实基础，铲除黑恶势力滋生蔓延土壤。

"源清则流清，源浊则流浊。"如果基层组织软弱涣散，基层治理缺乏足够的政治指引、组织保障和社会支持，黑恶势力就有滋生蔓延的空间。加强基层组织建设，正是铲除黑恶势力滋生土壤的治本之策、关键之举。

——大力整顿软弱涣散基层党组织，着力解决突出问题。推动县乡两级党委对软弱涣散村党组织逐一摸清情况、找准症结，有针对性地制定整顿方案，采取调整撤换、选派等办法选优配强村党支部书记。

——严格规范村"两委"换届选举，落实县级联审机制。严格人选标准、严格资格审查，在全国建立组织、民政、纪检监察、公检法等相关单位参与的村干部候选人联审机制。

——发挥基层党组织政治功能，组织发动党员群众积极参与扫黑除恶专项斗争。

进一步加强思想政治教育，引导党员干部敢于发声亮剑，旗帜鲜明地与涉黑涉恶、黄赌毒等不法行为作斗争。

上海市深入开展扫黑除恶专项斗争，要在群众反映最强烈的问题上持续发力。"套路贷"危害社会稳定和群众人身财产安全，要下定决心，以更大力度、更大作为把打击"套路贷"专项行动抓紧抓好。坚持问题导向、效果导向，打击要更严厉、防范要更有效、协同要更有力，全面加力、多方使力，全力打赢这场攻坚战。

要加大线索核查、案件办理、深挖彻查、"打财断血"力度，不放过任何一条有价值的线索，持续依法严惩"套路贷"犯罪，坚决铲除背后的"关系网""保护伞"，坚决打掉犯罪组织的经济基础。要加强源头治理和制度供给，行业主管部门要跨前作为，切实做到监管无死角、无遗漏、全覆盖。基层要加强一线排查，及早发现问题苗头，及时提供情况线索。宣传教育要再强化，以案说法，切实提高广大市民群众自我防范意识和能力。要加强统筹协调，形成工作合力，各相关部门要各尽其责、协同发力，形成齐抓共管的良好局面，确保专项行动有序有力开展。

资料来源：《人民日报》《解放日报》。

第二章 经济建设

第一节 上海的三项新重大任务和五项重点工作

中央交给上海的三项新的重大任务和五项重点工作

2018年11月7日下午,习近平总书记听取了市委和市政府工作汇报,对上海各方面工作给予肯定,并发表了重要讲话。习近平总书记希望上海继续当好全国改革开放排头兵、创新发展先行者,勇于挑最重的担子、啃最难啃的骨头,发挥开路先锋、示范引领、突破攻坚的作用,为全国改革发展作出更大贡献。一是更好为全国改革发展大局服务。要把增设上海自由贸易试验区新片区、在上海证券交易所设立科创板并试点注册制、实施长江三角洲区域一体化发展国家战略这3项新的重大任务完成好,坚持推动高质量发展的要求,构筑新时代上海发展的战略优势。二是推动经济高质量发展。要主动推动质量变革、效率变革、动力变革,在提高城市经济密度、提高投入产出效率上下功夫,在提升配置全球资源能力上下功夫,在增强创新策源能力上下功夫,加快建设现代化经济体系。三是推动改革开放向纵深发展。要进一步解放思想,准确识变、科学应变、主动求变,坚决破除条条框框、思维定势的束缚,深入推进重要领域和关键环节改革,加强系统集成。要瞄准最高标准、最高水平,优化政务服务,打造国际一流营商环境。要在更深层次、更宽领域、以更大力度推进全方位高水平开放,为长远发展夯实基础。四是深化社会治理创新。要提高社会治理社会化、法治化、智能化、专业化水平,更加注重在细微处下功夫、见成效。要坚持以人民为中心的发展思想,坚持共建共治共享,坚持重心下移、力量下沉,着力解决好人民群众关心的就业、教育、医疗、养老等突出问题,不断提高基本公共服务水平和质量,让群众有更多获得感、幸福感、安全感。五是提高党的建设质量和水平。要贯彻新时代党的组织路线,坚持把政治标准作为第一标准,建设忠诚干净担当的高素质干部队伍,确保干部队伍政治上信得过、靠得住、能放心。要加强对新时代中国特色社会主义思想的学习，不断提高思想觉悟和理论水平，坚定理想信念，不断增强"四个意识"、坚定"四个自信"，补足精神之钙，把稳思想之舵。要加快培养各领域各方面的专业人才，引导干部自觉更新知识、提高本领，经风雨、见世面、壮筋骨、长才干。

总书记交给上海三项新的重大任务都在扎实推进过程中：上海画好"工笔画"

十三届全国人大二次会议上海代表团2019年3月6日下午在人民大会堂上海厅举行全体会议，审议政府工作报告，对中外媒体开放。中央交给上海的三项新的重大任务、"一网通办"、重大产业项目、城市生活垃圾分类、科创中心和金融中心联动发展、打响"上海购物"品牌等成为提问聚焦的重点。

习近平总书记在首届中国国际进口博览会开幕式上宣布了这三件大事：==一是增设上海自贸试验区新片区，二是在上交所设立科创板并试点注册制，三是将长三角区域一体化发展上升为国家战略。==两天后，总书记在听取上海市委、市政府工作汇报后，又对这三件事做了进一步详细阐述，提出了更明确的要求。

习近平总书记在首届进博会开幕式这样的场合，向全世界郑重宣布这三项新的重大任务，其意义非同寻常，远不止是一般所讲的"三大利好"。

==首先，这既是重大宣示==，也是重大布局。向全世界再次亮明了中国开放的大门不会关闭、改革的步伐不会停止的鲜明态度和坚定决心，对推动我国新一轮改革开放向纵深发展作出了重大战略布局。

增设自贸试验区新片区，不是简单的区域扩大，更重要的是推动更高水平对外开放，通过制度创新和功能重构，打造更具国际市场影响力和竞争力的特殊经济功能区，使其成为我国深度融入经济全球化的重要载体。

设立科创板并试点注册制，是资本市场的重大制度创新，可以推动资本市场与创新资源更有效的对接，打通上海科创中心建设与金融中心建设联动的桥梁，进一步提升资本市场服务科创企业、实体经济的能力。

实施长三角一体化发展国家战略，是对我国改革开放空间布局的进一步完善。在沪苏浙三省市交界区域建设长三角一体化发展示范区，就是要打造进一步扩大对内开放的载体，对党的十八届三中全会以来，党中央明确的全面深化改革举措，可以在地方试点的，进行集中落实、率先突破、系统集成，努力打造贯彻新发展理念的新标杆、一体化体制机制的试验田、引领长三角更高质量一体化发展的新引擎。

==其次，这既是上海自身发展的重大机遇，更是上海更好服务全国的重大平台。==上海对外开放，浦东新区特别是自贸试验区是重要载体；对内开放，特别是面向长三角和长江流域，一直缺少一个核心承载区。长三角一体化发展示范区的建设，补上了这个"缺"。==它与自贸试验区新片区一道，将有力带动上海一东一西"两翼齐飞"的发展格局，更好发挥对外、对内开放"两个扇面"的枢纽作用，做强上海更好为全国服务的大平台。==

中央把这么重要的国家战略任务交给上海，我们一定要抓好落实、答好卷。中央绘好"大写意"，我们接下来要画好"工笔画"，一件一件抓落实、抓推进。希望媒体的朋友对这三件大事继续给予关心和支持。

资料来源：《人民日报》《解放日报》。

第二节 上海的"四大品牌"

上海品牌建设

上海深入推进"五个中心""四大品牌"建设，加快建设现代产业体系，巩固提升实体经济能级。主要包括：着力提升科技创新中心集中度、显示度，加强创新平台和载体建设，大力推进张江综合性国家科学中心建设；拓展提升国际金融、贸易、航运中心配置全球资源能力；加快落实集成电路、人工智能、生物医药等产业专项政策，加快培育创新企业集团和现代产业集群；着力提高经济密度和投入产出效率，推进土地复合混合高效利用；深化落实"文创产业50条"，高质量办好第十二届中国艺术节；加快世界著名旅游城市建设，打造黄浦江游览等世界级旅游精品；全面贯彻落实军民融合发展战略纲要。

上海服务——以新作为打造"上海服务"金字招牌

作为品牌的"上海服务"，其内涵非常丰富，既有城市综合服务功能的打造，也有服务经济能级的提升，还有服务环境和营商环境的不断优化。重点指向的是辐射全国乃至全球的服务功能。目标是要具有更加强大的服务能级，能在全国乃至全球范围配置资源，有能力为全国服务、为更大范围的企业和人群服务。

上海制造——在追求卓越中彰显"上海制造"优质品格

面对激烈的全球竞争，打响"上海制造"品牌，既要继承发扬老品牌，又要做大做强新品牌，发展高端制造，向产业价值链高端迈进，从品牌营销、质量提升、标准引领、研发设计、精细化管理等各个领域，提升产品品质、知名度和美誉度，提高企业核心竞争力和高端制造能级。对标最高标准、最好水平，聚焦重点领域、产业链的关键环节，持续发力，提升企业核心竞争力和高端制造能级。

上海购物——打造国际消费城市

上海已经形成会展、商务、旅游、文化、体育联动的新格局，购物节、旅游节、艺术节、电影节、F1大奖赛、网球大师赛等节庆活动拉动消费作用明显。创造更加便利的购物消费环境，汇聚更加丰富的全球高端品牌，打造更有特色的知名商圈，抓住2018年11月在上海召开的中国国际进口博览会重大机遇，把上海建成人人向往的购物天堂。

上海文化——为建设"人文之城"提供丰富滋养与厚实支撑

用好用足上海丰富的红色文化、海派文化、江南文化等宝贵资源，大力发展有竞争力和影响力的文化产业，支持文化展示、文化演艺、文化市场发展，增强文化辐射力、集聚力，打造更具标识度的文化核心竞争力，要做文化传播的平台和源头，使上海文化金名片更加闪亮。

资料来源：《解放日报》等。

第三节　提升上海城市的核心竞争力

上海要如何提升城市能级和核心竞争力，着力点在哪里

十一届市委四次全会通过《中共上海市委关于面向全球面向未来提升上海城市能级和核心竞争力的意见》，提出了一个新命题——提升城市能级和核心竞争力，并将其作为实现新时代上海发展战略目标的集中体现、核心任务和必由之路。

上海要如何提升城市能级和核心竞争力，着力点在哪里？会场上，市委委员、候补委员和全会列席人员展开热烈讨论。

【关键词】经济密度：突破空间资源瓶颈，提升经济体量质量

《意见》提出，着力提高城市经济密度，提高投入产出效率，持续推动城市经济规模和经济效益提升。

"能级体现一个城市的势能，核心竞争力体现一个城市的动能，两者相辅相成。只有势能和动能的有机结合，才能推动城市行稳致远。"市委委员、市政府副秘书长、市发展改革委主任马春雷说，城市能级和核心竞争力，是上海落实国家战略和中央要求

的重要抓手和载体。

对于提高城市经济密度，马春雷认为，做大经济规模一般有两种方式，一种是像摊大饼一样，靠大量资源和要素投入；还有一种是在有限资源条件下通过提升效益、质量、水平，跟上时代发展的科技趋势，提升经济运行的内在动力。"上海实际上是一个'小地方'，'小地方'要建'大城市'，碰到的制约和瓶颈就是空间资源有限。在有限的空间资源中提升经济体量和经济质量，特别要强调经济密度。"所以，上海强调"以亩产论英雄""以效益论英雄""以能耗论英雄""以环境论英雄"的发展导向。"我们希望在要素资源相对比较少的条件下，由以往要素驱动、财富驱动转向创新驱动，在特大型城市迈向全球城市进程中，走出一条实现经济高质量发展、高品质生活的新路。"

在中心城区，"经济密度"尤为重要。市委委员、静安区委副书记、区长陆晓栋说，跟纽约等国际大都市相比，上海中心城区的经济密度还是有差距。提高中心城区经济密度，需要大力发展总部经济、楼宇经济、涉外经济，特别是在引入跨国公司总部的过程中，要关注其运营、结算和对当地税收的贡献度。"陆家嘴、南京西路、环人民广场等中心城区CBD，也要提升土地经济承载容量。"陆晓栋认为，需要按照《意见》的要求，认真审视中心城区的规划，提升产业能级。

【关键词】全球资源配置：集聚高端要素、主导战略资源配置

《意见》提出，要加快全球功能性机构高度集聚，不断增强配置全球高端资源要素的能力。

市委委员认为，全球资源配置功能是全球城市的核心功能，是提升城市能级和核心竞争力的关键所在。

市委委员、市金融工委书记、市金融办主任郑杨说，金融市场是上海国际金融中心的核心，经过多年发展，上海金融市场体系完备、规模巨大、功能多元、开放有序，但是对标国际成熟市场，市场功能仍存在较大提升空间，表现在市场定价权和话语权不足，整体对外开放程度仍显不足，如股票市场外资持有不足5%，债券市场外资持有不足2%，进一步提升金融要素市场能级和国际竞争力是当前上海国际金融中心建设冲刺阶段的一项重要任务。

郑杨认为，提高金融要素市场的能级和国际竞争力，关键要做两件事：对外扩大开放；对内互联互通。"只有开放的金融市场才会有真正的广度和深度，形成具有代表性和影响力的价格信号"，要丰富开放形式，优化现有渠道，加强国际合作，发行跨境产品、打造国际平台；优化金融开放结构，加强金融市场开放的协调性和配合度；加

强国际互联,兼顾中国国情和国际惯例,探索多种互通方式;在税制、会计、审计等方面提供稳定预期。另一方面,要加强市场合作,在现有监管格局下,加大登记、托管、清算等金融基础设施之间的合作,推动金融市场之间的互联互通。优化营商环境,在金融法制、信用体系、金融人才等方面为金融市场提供卓越的软环境支持。

"顶级全球城市,都集聚了全球高端要素,主导全球战略性资源配置。"委员们认为,要在国际贸易中心建设中拓展市场功能,全方位提高统筹利用市场资源的能力,在航运中心建设中,补上高端航运服务配置功能不强的短板。

【关键词】创新策源:实现核心技术突破,让纸变钱更快捷

《意见》提出,瞄准世界科技前沿,强化科技创新的前瞻布局和融通发展,努力成为全球学术新思想、科学新发现、科技新发明、产业新方向的重要策源地。

市委委员、市科技工作党委书记刘岩说,上海要提升城市竞争力,必须面向世界科技前沿,面向国家战略要求,努力成为全球学术新思想、科学新发现、技术新发明、产业新方向的重要策源地,努力产出一批全球前瞻性基础研究和引领性原创成果。

"在推进国际科技创新中心策源能力方面,我们是有底气的。"刘岩说,目前在若干重点领域,比如,生物医药产业、集成电路产业,上海已经能够代表国家参与全球竞争,未来在脑科学与类脑研究、人工智能、航空航天、海洋科学等战略领域,要建设一批高水平功能平台,在关键核心技术领域实现大的突破。

提升科技成果转化的效率,需要让纸变钱更快捷。市委委员、上海联和投资有限公司党委书记、董事长秦健说,政府对于国资创投企业的考核评价和管理,也要适应科创策源能力的需要。科创投资是有规律的,相当一部分科创项目可能会失败。创投平台因此在审计、巡视、评估过程中面临很大压力。上海要大力发展科技金融,扩大政府天使投资引导基金规模,解决初创科技企业融资难问题,就需要给国资创投平台"松绑"。

"科创中心建设,一是策源能力,二是产业转化能力。"一些委员表示,要把临港作为科创中心的主体承载区、成果转化的重要基地,要把培育现代产业集群和创新企业集群作为自己的使命。

市委委员、松江区委书记程向民说,吨位决定地位,上海要打造经济"航母",不仅吨位要重,而且综合战斗力强,关键是提高科技创新能力,通过创新提升经济发展能级。

【关键词】全球网络枢纽:建设高端节点,增强集聚辐射能力

《意见》提出，要全面建设各类有形和无形的网络通道，提速增效，互联互通，增强面向国际国内"两个扇面"的集聚和辐射能力。

能级高才能"辐射"，有核心竞争力才能"带动"。一些市委委员表示，提升城市能级和核心竞争力，既要把自身功能做强，更要让别人能借助上海的网络和通道，参与全球价值的竞争和分配。

市委委员、市商务委主任尚玉英说，要把一些论坛、会展、赛事、节庆活动，作为城市发展的重要载体和平台，以此建设卓越城市、打响"四大品牌"，提升全球影响力。以举办中国国际进口博览会为契机，加快建设国际消费城市，上海要打造有国际标识度的上海品牌新高地。要在打造面向国际的大宗商品交易功能、贸易结算功能、供应链管理中心等方面有新突破。

市委委员、市文广影视局党委书记、局长于秀芬说，要在节庆论坛上打造精品，提升核心竞争力。上海国际电影电视节已经举办25届，在全国和国际上已有一定的影响力。但与国际上最知名的电影节还有差距，主要体现在首映数量、市场交易数量、参展商数量等方面。要通过多方努力，把上海国际电影节打造成全球影视人交流展示的顶级平台、讲活中国故事的展示平台。

"建设全球城市体系高端节点，要打造高效率的网络通道。"委员们认为，要依托上海金融中心、贸易网络、自贸试验区建设等通道，为企业实施国际战略布局提供便利。市委委员、黄浦区委书记、区长杲云说，黄浦将打造上海服务品牌的核心引领区，加速金融市场要素集聚，吸引更多国际性机构入驻；聚焦高端服务业，打造"上海之窗"，体现"最上海"的购物场景。

市委委员们表示，网络枢纽不仅面向全球，同时也要对内开放，目的是更好地服务长三角、服务长江经济带、服务全国。要进一步发挥上海的龙头带头作用，认真落实三年行动计划，推动长三角地区实现更高质量一体化发展。

【关键词】国际规则：参与国际规则制定，让话语权从上海发出

《意见》提出，要坚持以自由贸易试验区建设为突破口，解放思想、勇于突破，建立同国际投资和贸易通行规则相衔接的制度体系。

一些市委委员表示，建设自贸区，就是要在新的国际贸易和投资规则、法律规范、政府服务、运作规模等方面先行先试。我们必须打造自贸区"升级版"，抓住制度创新这个核心，对标最高标准、最好水平，探索建立符合国际惯例的制度体系。

"国际一流的营商环境，关键在制度规则的竞争。"市委委员、市市场监管工作党委书记阎祖强说，打造衔接国际通行规则的制度创新高地，上海在制度制定和供给上

应有所作为。优化营商环境，不是简单的行政审批提速，还包括营造风清气正的政治环境、公平正义的法治环境、公开透明的市场环境、包容关爱的人文环境、优美宜居的生态环境、安全和谐的社会环境等。他提到，对待新的业态、新的经营模式，应当提供"审慎、包容"的服务监管。

市委委员、青浦区委副书记、区长夏科家说，优化营商环境，过去一段时间有了很大的进展，要继续做好"放管服"改革，推进"一网通办"政务服务，做好服务企业的"店小二"。在进一步优化营商环境的同时，也要进一步聚焦产业和企业，做到既要有紧迫感，也要保持战略定力。

也有市委委员提到，可以借用上海已有的会计、审计、法律等国际专业力量，为上海、为国家打造衔接国际通行规则的制度体系，从而掌握相关领域国际标准制定的话语权。

资料来源：《上观新闻》。

第三章 社会建设

第一节 上海的精细化建设

上海推进城市管理精细化工作,磨亮"绣花针",再绘新画卷

"绣花缝衣,小小银针越用越亮",城市管理也在回顾和审视、展望和期许中增添活力。2018年,是上海《贯彻落实〈关于加强本市城市管理精细化工作的实施意见〉三年行动计划(2018—2020年)》(以下简称《三年行动计划》)起步之年,该市上下以举办中国国际进口博览会(以下简称进博会)为契机,对标最高标准、最好水平,全力推进城市管理精细化工作,以有序、安全、干净的高品质市容市貌,圆满完成了首届进博会的城市管理保障工作,在推动落实城市管理精细化《三年行动计划》的路上,迈出了坚实的一步。

2019年,上海将认真落实习近平总书记在上海考察时强调的"一流城市要有一流治理"的重要指示精神,继续对标全球卓越城市,以"三心一针"和"三全四化"为着力点,按照"做减法、全要素、一体化"的工作要求,坚持干劲不松、标准不降、要求不减,有效借鉴各方面经验做法,动员社会力量广泛参与,推进"美丽街区""美丽家园""美丽乡村"建设,推动城市管理精细化工作更上新台阶。

进博会,全球瞩目,更令举办城市受益匪浅,上海借此盛会实现了城市面貌和管理水平的"撑杆跳"。上海更靓了。进博会更是一块"试金石"。

美丽街区建设成为上海塑造彰显城市特质的有力载体。上海下发了《本市"美丽街区"建设专项工作方案(2018—2020)》,结合架空线入地和合杆整治等工作,突出市政市容全要素规划建设,经过两轮摸排梳理,共锁定10处"双最"示范区、37处休闲服务功能区域、101条(段)主要道路及两侧区域、126个市民集中居住区域和79条(段)市民集中居住道路等。

2018年,上海全市上下广泛形成"做减法、全要素、一体化"的城市管理共识,

==突出体现为更加注重城市规划设计、突出内涵底蕴特质==。在实践过程中围绕问题、需求、效果"三个导向",推行清单式项目管理,取得了市民群众满意、城市环境提升的双赢效应。

2019年,上海城市管理致力于进一步固化好做法,形成新标准,努力推动精细化管理向纵深拓展。在确保重大活动顺利开展、确保重要时段安全有序、确保重点区域环境美观、对标国际一流努力打造城市亮点的同时,将围绕民生热点持续推进短板治理。通过发挥城市管理精细化办公室等平台的综合协调优势,进一步聚焦桥梁天桥、高架桥影、地道通道、无名道路以及区际、城乡、条块接合部等市容问题多发易发的卫生死角和管理盲区,突出对零星乱设摊、高架乱张贴、立面乱设置、单车乱停放、绿地乱抛物等专项"微治理",有效消除市政市容环境短板。全力推进占道经营性亭棚专项治理收尾工作,确保全市占道经营性亭棚基本入场入室。进一步推进违规户外招牌整治,重点解决违规设置屋顶招牌、大型侧招、一店多招等隐患问题。

资料来源:《中国建设报》。

第二节 垃 圾 分 类

关于贯彻《上海市生活垃圾管理条例》推进全程分类体系建设的实施意见

《上海市生活垃圾管理条例》于2019年7月1日正式施行。日前,上海市政府办公厅发布"推进全程分类体系建设实施意见",明确了包括70%以上居住区实现垃圾分类实效达标等三大目标。

新规在旅馆、餐饮、快递、超市、菜场等场所如何推进?混装混运现象如何杜绝?干湿垃圾处置能力如何提高?

市政府办公厅印发贯彻《上海市生活垃圾管理条例》推进全程分类体系建设实施意见的通知,对此做出详细解读。

关于贯彻《上海市生活垃圾管理条例》推进全程分类体系建设的实施意见(节选)

一、明确总体要求

(一)指导思想。以党的十九大精神为指引,全面贯彻习近平总书记视察上海重要讲话精神和普遍推行垃圾分类制度的重要指示，以生活垃圾"减量化、资源化、无害化"为目标，对标国际"最高标准、最好水平"，遵循"全生命周期管理、全过程综合治理、全社会普遍参与"理念，形成以法治为基础，政府推动、全民参与、市场运作、城乡统筹、系统推进、循序渐进的上海市生活垃圾管理体系，全面提高实效，加快建成生态之城。

（二）工作目标。2019年全市生活垃圾分类工作明确三大目标：一是生活垃圾分类全面覆盖格局基本成型，二是生活垃圾全程分类体系基本建成，三是《条例》贯彻实施社会氛围基本形成。

二、全面完善《条例》贯彻落实的制度环境

（一）加强组织领导。将生活垃圾管理作为生态文明建设和城市精细化管理的重要内容，纳入专项督查和绩效评价指标体系。按照"市级统筹、区级组织、街镇落实"的思路，建立健全"两级政府、三级管理、四级落实"的生活垃圾分类责任体系，落实属地政府和社区管理职责。

（二）推进基层建设。将垃圾分类工作纳入基层尤其是居民区党组织管理工作职责，发挥基层党组织核心作用，形成社区党组织、居委、物业、业委的"四位一体"合力，抓实四级生活垃圾分类工作联席会议制度，特别是落实街镇联办及居（村）委每1～2周的垃圾分类工作分析评价制度，发挥居民自治功能，充分调动居民的积极性和主动性。

（三）完善制度配套。一是主管部门负责类。二是需要协同推进类。

三、全面推进生活垃圾分类全程体系建设

（一）推进全面覆盖。

（二）加快体系建设。一是继续推动"两网融合"体系建设。二是提升分类收运能力。三是提高分类中转能力。加强中转环节分类标识的规范性检查，优化全程分类体系对市民的科普教育作用。

（三）提高处理能力。一是坚持高标准，加快项目落地。二是落实末端设施严格监管。

四、全面营造垃圾分类全民参与的社会氛围

（一）推动源头减量。一是推动旅馆、餐饮行业限制或减少使用一次性用品，倡导绿色消费，推广使用可循环利用物品，并组织开展联合检查执法；二是加强对在本市经营的快递业指导，提高快递包装物回收利用率；三是加大净菜上市在标准化菜场和生鲜超市、大型超市等场所的推进力度；四是排摸本市农贸市场、标准化菜场现状，落实新建和已建农贸市场、标准化菜场的湿垃圾就地处理设施配套工作。

（二）强化执法监督。一是严格行业监督。二是鼓励社会监督。三是开展系列执法

行动。

(三) 营造良好氛围。 一是组织开展《条例》培训。二是实施《条例》宣传"五个一"工程。三是开展垃圾分类社会动员。

资料来源：上海市政府网站。

第四章 文化建设

第一节 上海的城市精神和城市品格

从 16 字城市精神到 6 字城市品格，打响上海文化品牌需如何发力

生活在上海这样的国际大都市，身经目睹多元多样的节庆博览展示活动，耳濡目染洗练的商业文明，饱领思想家和大手笔的风范情怀，渐渐感知这个城市的文化品格，是点滴汇成，也是水到渠成。"一座城市有一座城市的品格。上海背靠长江水，面向太平洋，长期领中国开放风气之先。开放、创新、包容已成为上海最鲜明的品格。这种品格是新时代中国发展进步的生动写照。"习近平总书记在首届中国国际进口博览会开幕式上的这一番讲话，既是对上海城市品格的现代表达，也贴切反映了改革开放以来广大民众日用而不知的自我意识。

上海城市品格的自我意识与现代表达实际上经历了一个认识逐步深化的过程。2003 年，上海召开精神文明建设工作会议，正式将"海纳百川""追求卓越"八个字作为上海城市精神。2007 年 5 月，在市第九次党代会上，时任上海市委书记的习近平在代表第八届上海市委所作的工作报告中提出"与时俱进地培育城市精神"，新增了"开明睿智""大气谦和"的表述。至此，上海城市精神 16 字表达正式出台。2011 年 11 月，市委九届十六次全会上提出，要结合上海历史文化积淀和现阶段发展实际，积极倡导"公正""包容""责任""诚信"的价值取向，结合城市精神，把握价值取向，培育和践行社会主义核心价值观。2018 年 4 月，市委、市政府召开全力打响"四大品牌"推进大会，强调文化是提升城市能级和核心竞争力的重要支撑，要以习近平新时代中国特色社会主义思想为指导，用好红色文化、海派文化、江南文化资源，充分激发上海文化的创新创造活力，加快建成更加开放包容、更具时代魅力的国际文化大都市，努力使"上海文化"品牌成为上海的金字招牌。

今天，上海的发展站在了一个新起点上，我们需要进一步提升认知、凝聚共识，从上海在新时代中国特色社会主义文化建设中当好排头兵和先行者的高度，深刻领会习近平总书记在进博会开幕式和随后上海调研时的讲话精神，把开放、包容、创新的城市品格转化为行动和实践。

上海不仅仅是上海人的上海，也是世界的上海、全国的上海、长三角的上海，因此要在开放、包容、创新的城市品格引领下，立足上海又跳出上海，立足已有成绩又善于发现不足和问题，立足已有体制机制改革又聚焦难点痛点，在服务"一带一路"、长三角一体化等国家战略中实现文化担当，作出新的贡献。

目前对"上海文化"品牌建设的目标要求重在提升城市文化软实力、影响力，这就特别需要通过推进理论创新、智库建设，体现上海在中国特色社会主义理论发展中的影响力；需要通过文化创新与制度创新并举，有效提升文化治理能力，体现上海在中国特色社会主义文化发展道路上创造贡献的影响力；需要通过体制机制创新，持续推进"源头""码头"建设，着力提升文化产业能级，催生文艺创作的精品力作，体现上海文化创新创造活力和实力。在产品、作品、人品三者之中，人品为重，要认真、科学树立先进榜样，发挥人格示范的引领作用，尤其要重视先进榜样的多样化、团队化、年轻化，改进宣传方式，扎实树立上海的"人品"；要以多种方式开展公共意识教育，协同解决"文明养狗""无性别厕所"和"垃圾分类"等难点问题，学习借鉴长三角兄弟省市的做法和经验，细化制度管理，坚持以人为本。

从具体实践中看，通过多年国际文化大都市建设的积累，上海已逐步成为国内外演艺作品首发之都，音乐剧是其中的典型代表。应用足用好这一品牌资源，不断扩展上海艺术节、上海国际电影节、上海音乐节、上海白玉兰表演艺术奖等平台的功能和效应，更好地服务长三角、服务全国，吸引各种类型的文化产品到上海"首发"，真正体现开放、包容、创新的城市品格。

此外，需要积极搭建类似"长三角文博会"这样的标杆性平台，以平台带动区域空间集聚和产业要素整合，实现真正意义上的"政府搭台、产业唱戏"。根据上海的实际情况，还需要进一步聚焦影视、演艺、视听、艺术品交易等产业，深度分析上海这些领域的比较优势和成长空间，注重创意与技术的融合，在此过程中逐步形成和发展上海的核心文化产业。

资料来源：《上观新闻》。

第二节 建党精神（红船精神）

建党过程中多个"第一"诞生在上海，如何建设守护好中国共产党人的精神家园

上海的建党历史资源十分丰富，中国第一个共产党早期组织在上海诞生、第一份党刊《共产党》月刊在上海创办、《共产党宣言》最早的中文全译本在上海出版、第一部《中国共产党章程》在上海制定。全市保存完好的革命遗迹多达440处，其中，中央早期在上海的各类机关重要旧址30余处，仅中共一大会址纪念馆的藏品就多达10万余件。习近平总书记多次指出，中国共产党诞生在上海，这是上海的骄傲。上海作为中国工人阶级的大本营和中国共产党的诞生地，全市广大党员干部肩负着把中国共产党人的精神家园建设好、守护好，使其放射出更加璀璨的时代光芒的政治责任和历史使命。

全力打造建党历史资源高地。举全市之力推动"中国共产党第一次全国代表大会纪念馆"建设，未来将建设形成以中共一大会址为核心的"红色源头"历史文化区域。开展全市革命文物普查，推进全市革命文物资源信息开放共享，推动全市革命类博物馆、纪念馆的数字化建设，让革命遗址和文物史实活起来，切实发挥好教育全党、引导社会、激励人民的重要作用。

全力打造建党精神（红船精神）研究高地。立足我们党百年发展的历史进程和伟大实践，深入开展建党精神研究，阐明伟大建党精神作为中国革命精神谱系的起点，与井冈山精神、延安精神、长征精神、西柏坡精神等一道，共同构成我们党不断从胜利走向胜利的强大精神力量。引导广大党员大力弘扬首创精神，敢为人先、追求卓越、锐意改革、勇于创新，始终走在前列；大力弘扬奋斗精神，坚定理想信念，始终保持一往无前的奋斗姿态和永不懈怠的精神状态；大力弘扬奉献精神，牢记党的宗旨，坚持以人民为中心，始终保持同人民群众的血肉联系。把弘扬建党精神与深入贯彻习近平总书记对上海工作"四个有新作为"的指示要求结合起来，加快落实总书记交给上海的三项新的重大任务，奋力推进上海改革发展各项事业不断前进。

全力打造建党故事传播高地。把红色血脉与城市文脉结合起来，全面推进各个艺术门类文艺精品的创作生产。积极用好"中国共产党的诞生地·上海"形象表达主题标识，建设一批主题鲜明、内涵深刻、特色明显的党性教育现场教学基地，用红色文

化构筑起城市文化软实力的坚实基础。充分用好长三角红色文化旅游区域联盟等合作机制，着力打造在全国具有影响力的红色文化旅游品牌，努力让爱国主义教育和革命传统教育日常化、大众化、常态化。

资料来源：《上观新闻》。

第五章　生态文明建设

第一节　乡村振兴

乡村振兴事关上海城市发展全局，是上海必须做好的一篇大文章

（1）全市上下要统一思想，重新认识和发现乡村的价值。

（2）上海的发展离不开乡村，正是有了乡村的滋养，城市才能生生不息、持续发展。

（3）未来乡村不仅是重要的居住空间，还是打响"上海制造"品牌、吸引创新创业群体的重要发展空间。

（4）我们要以更大的责任担当，用好背靠超大城市的优势，谋划好乡村发展，思想更解放一些，步子更大一些，积极探索超大城市郊区的乡村振兴举措。

——市委书记李强在实施乡村振兴战略工作会议上的讲话（2018年4月4日）

要转换思维方式，更好发挥自身优势，创造性地实施乡村振兴战略

（1）从单纯"补短板"，转向立足面向全球、面向未来，在更高层次上审视谋划上海郊区的乡村振兴工作。

（2）把乡村作为超大城市的稀缺资源，作为城市核心功能的重要承载地，作为提升城市能级和核心竞争力的战略空间。

——市委书记李强在朱家角镇举行实施乡村振兴战略现场推进会上的讲话（2018年7月13日）

关键是做好"放"字文章

（1）要有效释放乡村资源价值，创造更为平等的制度环境，增强乡村自身的竞争力和吸引力。

（2）要向基层放权，激发基层的积极性和创造性，支持熟悉农村、了解农民的基层干部把乡村的事情办好。

（3）要放手让市场参与，鼓励引导国有企业以及各类社会力量在乡村振兴中发挥积极作用。

——市委书记李强在上海市实施乡村振兴战略工作领导小组会议（2019年1月15日）

做好农业强、农村美、农民富的大文章

乡村振兴事关上海城市未来发展、事关广大农民对美好生活的向往，要深入贯彻落实习近平总书记考察上海重要讲话精神和关于"三农"工作的重要论述，切实增强实施乡村振兴战略的紧迫感和使命感，坚持规划为先，抓牢主攻方向，强化内生动力，狠抓推进落实，做实做好农业强、农村美、农民富的大文章，推动郊区农村在上海提升城市能级和核心竞争力中发挥更重要的作用，让广大农民有更多的获得感、幸福感、安全感。

——市委书记李强在奉贤考察乡村振兴时的讲话（2019年7月4日）

第二节　上海的绿色发展

坚决打好污染防治攻坚战　建设美丽上海

为贯彻落实习近平生态文明思想和全国生态环境保护大会精神，坚决打好污染防治攻坚战，市委、市政府按照"1＋1＋3＋X"体系对本市污染防治攻坚进行了全面部署。第一个"1"是指制定1个总纲，即印发《中共上海市委上海市人民政府关于全面加强生态环境保护坚决打好污染防治攻坚战建设美丽上海的实施意见》；第二个"1"是推进1个综合性环保计划，即滚动实施本市环保三年行动计划；"3"是指继续推进大气、水、土壤三个污染防治专项计划；"X"是指对应中央污染防治攻坚要求，结合上海实际，对三年内必须取得明显进展、环境改善贡献较大的具体任务重点突破，出台11个专项行动。

攻坚目标

以2020年为主要节点，从质量、总量、风险3个层面，统筹中央要求、上海实际和市民需求3个维度，综合确定本市污染攻坚目标，进一步突出群众感受度和获得感。

具体指标上，到2020年，大气方面，PM2.5年均浓度降到37微克/立方米，基本消除重污染天气，环境空气质量优良率（AQI）达到80%左右；水方面，全面稳定消除河

道黑臭，力争全面消除劣Ⅴ类水体；土壤方面，土壤环境质量总体保持稳定，受污染耕地及污染地块安全利用率达到95%左右；生态方面，森林覆盖率达到18%，人均公园绿地面积达到8.5平方米，湿地总面积维持在46.46万公顷，河湖水面率不低于10.1%。

11个专项行动

包括优"化"行动、减煤行动、治柴行动、绿通行动、减硝行动、消重行动、净水行动、清水行动、清废行动、增绿行动和绿农行动。

"优'化'行动"聚焦化工行业优化提升，通过严格项目准入、严格执法监管、实施清洁生产、推进治理升级等多种手段，加快淘汰化工行业落后产能，抓紧推动化工企业搬迁入园，持续优化化工行业空间布局，不断提升专业园区产业能级。

"减煤行动"聚焦煤炭消费总量控制，进一步削减钢铁、石化行业用煤总量，控制发电行业煤炭总量，稳定增加外来电供应比例和非化石能源消费比重。到2020年，煤炭消费总量比2015年下降5%以上，煤炭占一次能源消费比重下降到33%以下。

"减硝行动"聚焦中小燃气（油）锅炉提标改造，通过政策引导、标准引领、执法推动、示范先行等措施，确保到2020年9月底完成5525台中小燃气（油）锅炉低氮燃烧治理改造。

"治柴行动"聚焦柴油货车污染治理，坚持源头控制与末端治理相结合、鼓励淘汰与强制限行相结合、本市治理与区域联动相结合，建成柴油货车远程在线监控系统，进一步加强日常监管和部门联动。到2020年，柴油货车氮氧化物和颗粒物排放总量比2017年下降15%。

"绿通行动"聚焦交通运输结构调整，大力发展水中转、水铁联运等多式联运，加大新能源汽车推广，实施更严格船舶排放区控制，推进绿色港口、机场建设等。到2020年，基本建成绿色高效交通运输体系。

"消重行动"聚焦重点时段（秋冬季）和重点领域（高污染重点行业），以减少重污染天气为着力点，科学预警、分级管控，合理实施差别化错峰生产和错峰运输，确保到2020年基本消除重污染天气。

"净水行动"聚焦饮用水水源地安全保证，全面深化水源地保护区污染整治，严控交通、工业、农业等环境风险，强化水质监测预警和应急保障能力，持续推进流域共保共治。到2020年，本市原水水质达到地表水Ⅲ类水质标准。

"清水行动"聚焦水环境质量持续改善，依托河湖长制平台，以"苏四期"环境综合整治为牵引，坚持问题导向，突出机制创新，实施水环境综合治理、设施能力提升、河湖生态修复、河道长效管理等措施，确保到2020年力争全面消除劣Ⅴ类水体。

"清废行动"聚焦各类固体废物全过程管理，全面排查整治各类垃圾的非法倾倒和历史堆点,加快各类固废利用处置设施建设完善,确保各类固废利用处置能力全面提升。

"增绿行动"聚焦生态系统服务功能提升,加快推进绿地系统建设,全面推进生态廊道建设,不断提升绿地花园服务能级,加大湿地、绿林地等生态资源保护力度。

"绿农行动"聚焦农业面源污染防治,坚持绿色生态导向,推进实施化肥农药减量、畜禽粪污治理、水产养殖治理、绿色生产示范等系列工程,完善农业生产监测监管体系,加快转变农业发展方式,打造现代绿色农业体系。

此外,为坚决打好污染防治攻坚战,本市实施意见还提出了夯实责任、加强督察、强化考核、严格问责等有关要求,明确了完善监管体系、健全制度政策、加强法治建设、强化能力保障、打造环保铁军、推进社会共治和深化区域联防联控等七大保障措施。

资料来源:上海环境网。

附录　写作素材之好句积累

1. 不忘历史才能开辟未来，善于继承才能善于创新。
   ——2014年9月，习近平总书记在纪念孔子诞辰2 565周年国际学术研讨会上的讲话

2. 环境就是民生，青山就是美丽，蓝天也是幸福。要着力推动生态环境保护，像保护眼睛一样保护生态环境，像对待生命一样对待生态环境。
   ——2015年3月6日，习近平在参加江西代表团审议时强调

3. 家风是社会风气的重要组成部分。家庭不只是人们身体的住处，更是人们心灵的归宿。
   ——2016年12月12日，习近平在会见第一届全国文明家庭代表时的讲话

4. 老挝谚语："一根柴棍烧不成旺火，一根木棍围不成篱笆。"
   ——2017年11月13日，习近平在老挝媒体发表署名文章

5. 越南俗语："莫见浪头高，放下手中桨。"
   ——2017年11月9日，习近平在越南媒体发表署名文章

6. 德国谚语："一个人的努力是加法，一个团队的努力是乘法。"
   ——2017年7月7日，习近平在二十国集团领导人汉堡峰会上关于世界经济形势的讲话

7. 阿拉伯谚语："金字塔是一块块石头垒成的。"
   ——2017年5月14日，习近平在"一带一路"国际合作高峰论坛开幕式上的演讲

8. 俄罗斯谚语："通向成功的道路永远都是曲折坎坷的。"
   ——2015年7月9日，习近平在金砖国家第七次会晤上的讲话

9. 狄更斯："这是最好的时代，也是最坏的时代。"
   ——2017年1月17日，习近平在世界经济论坛2017年年会开幕式上的主旨演讲

10. 莎士比亚："凡是过去，皆为序章。"

——2015年10月20日，习近平在英国议会发表的讲话

11. 时代是出卷人，我们是答卷人，人民是阅卷人。

——2018年1月5日，习近平在学校贯彻习近平新时代中国特色社会主义思想和党的十九大精神研讨班开班式上的讲话

12. 人民有信心，国家才有未来，国家才有力量。

——2018年3月20日，习近平在第十三届全国人民代表大会第一次会议上的讲话

13. 把蓝图变为现实，是一场新的长征。

——2018年3月20日，习近平在第十三届全国人民代表大会第一次会议上的讲话

14. 中国进行改革开放，顺应了中国人民要发展、要创新、要美好生活的历史要求。

——2018年4月10日，习近平在博鳌亚洲论坛2018年年会开幕式上的主旨演讲

15. 历史从不眷顾因循守旧、满足现状者，机遇属于勇于创新、永不自满者。

——2018年4月13日，习近平在庆祝海南建省办经济特区30周年大会上的讲话

16. 信息化为中华民族带来了千载难逢的机遇。

——2018年4月20日，习近平在全国网络安全和信息化工作会议上的讲话

17. 青春理想，青春活力，青春奋斗，是中国精神和中国力量的生命力所在。

——2018年5月2日，习近平在北京大学师生座谈会上的讲话

18. 理论自觉、文化自信，是一个民族进步的力量；价值先进、思想解放，是一个社会活力的来源。国家之魂，文以化之，文以铸之。

——2018年5月4日，习近平在纪念马克思诞辰200周年大会上的讲话

19. 生态兴则文明兴，生态衰则文明衰。

——2018年5月18日，习近平在全国生态环境保护大会上的讲话

20. 绿水青山就是金山银山。

——2018年5月18日，习近平在全国生态环境保护大会上的讲话

21. 在新科技带来的新机遇面前，每个国家都有平等发展权利。

——2018年7月25日，习近平在金砖国家工商论坛上的讲话

22. 做好新形势下宣传思想工作，必须自觉承担起举旗帜、聚民心、育新人、兴文化、展形象的使命任务。

——2018年8月21日，习近平在全国宣传思想工作会议上的讲话

23. 教育是民族振兴、社会进步的重要基石，是功在当代、利在千秋的德政工程。

——2018年9月10日，习近平在全国教育大会上的讲话

24. 中国经济是一片大海，而不是一个小池塘。狂风骤雨可以掀翻小池塘，但不能掀翻大海。

　　——2018年11月5日，习近平在首届中国国际进口博览会开幕式上的主旨演讲

25. 一花独放不是春，百花齐放春满园。

　　——2018年11月5日，习近平在首届中国国际进口博览会开幕式上的主旨演讲

26. 《大学》："苟日新，日日新，又日新。"

　　——2018年11月12日，习近平会见香港澳门各界庆祝国家改革开放40周年访问团时的讲话

27. 心中有信仰，行动有力量。

　　——2018年11月23日，习近平在纪念刘少奇同志诞辰120周年座谈会上的讲话

28. 创新是改革开放的生命。实践发展永无止境，解放思想永无止境。

　　——2018年12月18日，习近平在庆祝改革开放40周年大会上的讲话

29. 只要把握住历史发展大势，抓住历史变革时机，奋发有为，锐意进取，人类社会就能更好前进。

　　——2018年12月18日，习近平在庆祝改革开放40周年大会上的讲话

30. 事者，生于虑，成于务，失于傲。

　　——2018年12月18日，习近平在庆祝改革开放40周年大会上的讲话

31. 因势而谋、应势而动、顺势而为，加快推动媒体融合发展。

　　——2019年1月25日，习近平主持中共中央政治局第十二次集体学习并发表重要讲话

32. 推动媒体融合发展，要坚持一体化发展方向。

　　——2019年1月25日，习近平关于全媒体时代和媒体融合发展发表的讲话

33. 奔着问题去，以刮骨疗伤的勇气、坚忍不拔的韧劲坚决予以整治。

　　——2019年5月31日，习近平在"不忘初心、牢记使命"主题教育工作会议上发表的重要讲话

34. 可持续发展是社会生产力发展和科技进步的必然产物，契合世界上绝大多数国家的共同诉求。

　　——2019年6月7日，习近平在第二十三届圣彼得堡国际经济论坛全会上的致辞

35. 吉尔吉斯斯坦有句谚语，"兄弟情谊胜过一切财富。"中国人也常说，"兄弟同心，其利断金。"

——2019年6月11日，习近平在吉尔吉斯斯坦《言论报》、"卡巴尔"国家通讯社发表题为《愿中吉友谊之树枝繁叶茂、四季常青》的署名文章

36. 中国古人说，"与朋友交，言而有信。"

——2019年6月12日，习近平在塔吉克斯坦《人民报》、"霍瓦尔"国家通讯社发表题为《携手共铸中塔友好新辉煌》的署名文章

37. 当前，国际形势风云激荡，但和平、发展、合作、共赢的时代潮流不可逆转。

——2019年6月14日，习近平在上海合作组织成员国元首理事会第十九次会议上的讲话

38. 《论语》："君子务本，本立而道生。"

——2019年6月15日，习近平在亚信第五次峰会上讲话中的引用

华智公考

华智公考学校2003年在上海创立，是具备公职考前培训资质的教育品牌，拥有独立自主的教研教学和服务体系，专注在上海从事上海公务员、中央及国家机关公务员、上海事业单位、上海警察学员、教师资格与教师考编、公安文职、政法干警、军转干、城管考试、三支一扶、乡镇公务员、党政领导干部公开选拔、选调考试等公职类招考培训项目。学校以"本地考纲本地研发、阶梯化模块化教学、兼职专职优秀教师结合、个性化高效率提分"为办学特色，为国家和上海输送了大量公职人才，并获教育主管部门授予的"优秀教育培训机构"荣誉。

华智公考为满足不同人群需求，因材施教，分级培优，设置了灵活多样的班型，如下图所示。

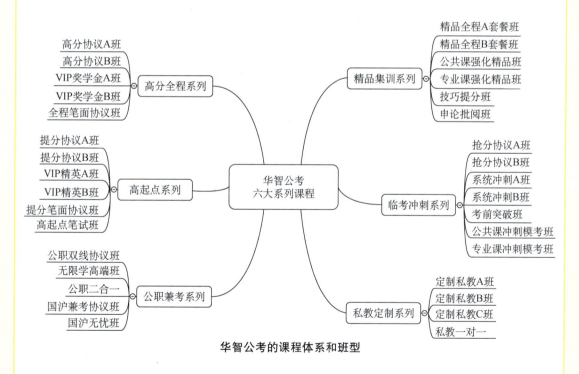

华智公考的课程体系和班型

高分全程系列：适用于零基础或基础一般、立志取得高分的学员；
高起点系列：适用于有一定基础或知识基础较好的学员，保证高效学习；
精品集训系列：适用于需要在一段时间内高强度连续学习并锁定高分效果的学员；

临考冲刺系列：适用于基础较好的学员考前冲刺预测、突击夺分；

公职兼考系列：适用一心考取公职编制的学员；

定制私教系列：适用于根据个性需求定制的高端学员。

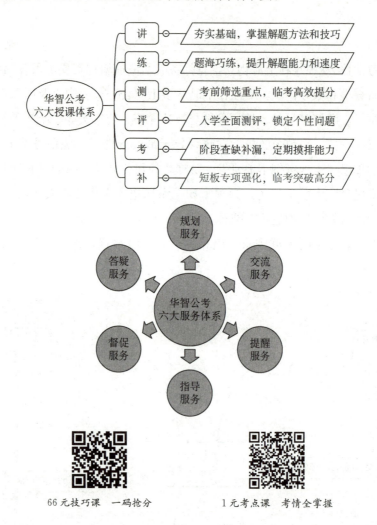

66元技巧课　一码抢分　　　　1元考点课　考情全掌握

图书在版编目(CIP)数据

申论思维解码:精要/上海华智公考学校编著.—上海:复旦大学出版社,2019.10
ISBN 978-7-309-14618-9

Ⅰ.①申… Ⅱ.①上… Ⅲ.①公务员-招聘-考试-中国-自学参考资料 Ⅳ.①D630.3

中国版本图书馆 CIP 数据核字(2019)第 205917 号

申论思维解码:精要
上海华智公考学校 编著
责任编辑/张美芳

复旦大学出版社有限公司出版发行
上海市国权路 579 号 邮编:200433
网址:fupnet@fudanpress.com http://www.fudanpress.com
门市零售:86-21-65642857 团体订购:86-21-65118853
外埠邮购:86-21-65109143
上海丽佳制版印刷有限公司

开本 787×1092 1/16 印张 16.25 字数 292 千
2019 年 10 月第 1 版第 1 次印刷
印数 1—4 100

ISBN 978-7-309-14618-9/D·1008
定价:48.00 元

如有印装质量问题,请向复旦大学出版社有限公司发行部调换。
版权所有 侵权必究